明朝绝对很有趣

李飞◎编著

天津出版传媒集团
天津人民出版社

图书在版编目（CIP）数据

明朝绝对很有趣 / 李飞编著 . —天津 ：天津人民出版社，2017.5

ISBN 978-7-201-11278-7

Ⅰ . ①明… Ⅱ . ①李… Ⅲ . ①中国历史—明代—通俗读物 Ⅳ . ① K248.09

中国版本图书馆 CIP 数据核字（2017）第 010606 号

明朝绝对很有趣

MINGCHAO JUEDUI HENYOUQU

出　　版　天津人民出版社
出 版 人　黄　沛
地　　址　天津市和平区西康路35号康岳大厦
邮　　编　300051
邮购电话　（022）23332469
网　　址　http://www. tjrmcbs. com
电子信箱　tjrmcbs@126.com

责任编辑　刘子伯
装帧设计　紙衣裳書裝 · 孙希前

印　　刷　三河市兴达印务有限公司
经　　销　新华书店
开　　本　710×1000毫米　1/16
印　　张　16
字　　数　230千字
版次印次　2017年5月第1版　2017年5月第1次印刷
定　　价　36. 80元

前言

在中国历史上，明朝是一个王朝性格鲜明的朝代，一个家破人亡的和尚在乱世中开创了这段历史，暴君、明君、昏君、权臣、能臣、名将、宦官、叛乱、起义……这些熟悉的面孔，在明朝也一一露面。终明一朝，天下始终沉浸在血色与战火之中。大明这个朝代有太多的戾气，无论是开国初期的太祖朱元璋、成祖朱棣，还是大明晚期的明熹宗朱由校、明思宗朱由检，他们的手上无不沾满了血腥。而其他的一些皇帝，要么短命，要么像正德皇帝朱厚照、嘉靖皇帝朱厚熜、万历皇帝朱翊、天启皇帝朱由校等，几乎是清一色的昏君或庸君。

也正因如此，明朝留给后人的印象并不是太好，乃至常常被人们所忽略。比如提起中国历史上的一代霸主，大家马上会想起秦皇汉武、唐宗宋祖；说到历朝的盛世繁荣，大家肯定先想到“文景之治”“开元盛世”“康乾盛世”，而明朝则往往是带着几分委屈，躲在尘封的史书中，默默地注视着人们在时光流逝中把它的鲜活遗忘。至于明朝的皇帝给人的印象就更是糟糕。

事实上，明朝的政治、经济、文化各方面都是很值得我们深深回味的。

明朝是一个宽容、奔放的王朝。这里有成熟完备的内阁体制，或暴戾或英明或无助的君主，或贤或淑、或媚或毒、或义或烈的奇女子，或能或无能的内阁大臣，或跋扈或儒雅的太监……君与臣的博弈，忠与奸的对峙，在朝在野的文化人，统统在这个时代被演绎得淋漓尽致。

“靖难之役”“土木之变”“夺门之变”“宁王作乱”“庚戌之变”……内忧外患，风雨飘摇；锦衣卫、东西两厂，权宦当道，朝野昏暗；妖书案、红丸案、移宫案，悬疑丛生，千古之谜，这林林总总，组成了明朝复杂的历史，残酷并精彩。

本书既不像正史般艰深枯燥，又不似野史般胡编乱造，它运用轻松的语言，将明朝时期的历史通俗化，就是希望让更多的读者了解这一时期的历史，并从中有所收获：或者得到启示，或者吸取教训，至少，也能够在闲暇时聊以自乐，在闲谈时聊充谈资。

一、开国篇　从寺庙里走出来的乱世帝王

朱元璋，出身于一个贫苦家庭，从社会最底层的放牛娃、四处讨饭的小和尚，全靠自己的奋斗成了一个统一王朝的开国皇帝。这是中国历史上，乃至世界历史上绝无仅有的事情。然而其杀性过重，屠戮功臣，也使得他在历史上留下了许多争议。

二、传承篇　打江山不易，坐江山更难

“为君难，为臣又难，难也难；创业难，守成更难，难也难；保家难，保身又难，难也难！”明王朝从创立伊始，似乎就笼罩在血雨腥风之中。自朱元璋，明王朝经历了几次兵变，几次祸乱，又有几次中兴，纵观历代王朝，似乎没有这般曲折的了。

三、红颜篇　明朝美人的那些韵事儿

明朝的那些美人们，既是大明帝国的国宝，也是国花中之名花；既是爱情的天使，也是权力的“粉丝”；既是帝王的绿叶，又是帝王的殡葬者；既是命运的信徒，又是反抗的枪弹……明朝美人的那些韵事儿，是明朝的一部美人史，也是一部爱情史，又是一部性色与权力的博弈史。

四、地狱篇　恐怖的明朝特务机关

大明王朝里，有一群恐怖的“魔鬼”在咆哮，他们令明的朝天空阴霾一片，使暴力机器威震天下。这群“魔鬼”就是明朝独一无二的特务机关——厂卫。他们在明朝初建之时给了统治者莫大的帮助，却也成了压垮大明王朝的最后一根稻草。

五、悬疑篇　耸人听闻的明朝惊天疑案

翻开明朝276年的历史，特别是明朝宫廷史，里面充满了权与血的斗争场面：权力是各类悬案的终极谜底，鲜血则是权力斗争的必然结果。从明初的政治屠杀到明末宫廷暗战，在权与血的官场政治中，大明王朝给我们留下了太多在史书上永远找不到答案的悬疑案件。

六、臣子篇　权相能臣的官海浮沉

在明王朝276年的历史中，一大批皇权体制下的名臣们如八仙过海一样，各显神通，演绎了一幕幕人生活剧。可以说，在某种程度上，是他们推动或阻碍着封建社会的向前发展。他们的命运同封建王朝血肉相连，他们的人生悲剧其实也注定了封建王朝的悲剧结局。

七、落日篇 大明挽歌：一个“亡国之君”的悲剧人生

崇祯，一个被许多人同情的皇帝，连李自成也说他“君非甚暗”，历史上对崇祯帝的评价迥异，否定者，谓他是一个苛察残暴的专制帝王，一个刚愎自用的亡国之君，重用袁崇焕、洪承畴等名将能臣，又亲自给他们掘好了悲剧的坟墓；肯定者，谓他是一个励精图治的勤政皇帝，一个精明强干的青年天子。他的一生是悲剧的一生，最后吊死在煤山一棵槐树上，实现了他“国君死社稷”的志向。

一、开国篇

从寺庙里走出来的乱世帝王

朱元璋，出身于一个贫苦家庭，从社会最底层的放牛娃、四处讨饭的小和尚，全靠自己的奋斗成了一个统一王朝的开国皇帝。这是中国历史上，乃至世界历史上绝无仅有的事情。然而其杀性过重，屠戮功臣，也使得他在历史上留下了许多争议。

元璋本是苦命人

在中国历史上，有两个少数民族当政的朝代，在统治的政策上有明显反差。元朝从 1279 年灭宋，到 1368 年朱元璋进北京，统治中国不足 100 年时间。而清朝，也是少数民族当政，却统治中国 260 余年。两个少数民族的当政时间相差一倍还多。

为什么由彪悍的蒙古勇士建立的元王朝会如此短命呢？这与元朝草原民族的执政理念有很大关系。

由汉族统治的历代王朝向来讲究文治武功，也就是武打天下文坐殿，蒙古民族却不这样想，草原上通行的是马上打天下，他们从亚洲打到欧洲，马上的武功所向披靡，他们就觉得这招放之四海而皆准，于是用这种野蛮的手段继续治理天下。

蒙古人统治下的汉人、南人是贱民。蒙古人无需劳动就可以享有汉人和其他民族的所有财产，杀一个南人只需罚交一头毛驴的价钱。汉人甚至连姓名都不能有，只能以出生日期为名，不能拥有铁器，连一把菜刀也必须几家合用。赋役沉重，再加上灾荒不断，广大民众在死亡线上挣扎。

朱元璋生长在濠州钟离孤庄村的一个贫苦农民家庭，其父为朱世珍，母为陈氏。天历元年（1328）朱元璋出生，家里排行第四，家族兄弟排行第八，所以叫朱重八，后改名朱元璋。根据他自己写的《朱氏世德碑》碑文记载：朱元璋这一朱姓宗族，出自金陵之句容（江苏省句容），家住朱家巷，地属通德乡，朱元璋以上几代人都以农业为生。

他的父亲和祖父以及曾祖父等数辈人都是拖欠税款者，在淮河流域到处躲债，想找一个地方做佃户，能过仅能糊口的生活。他在兄妹中是大难不死的最小的孩子，除了最大的孩子外，其余的孩子都因无力抚养而送人或嫁出。

和大多数封建皇帝一样，朱元璋的出世也被人为增加了几分传奇色彩，据《明史》记载：朱元璋的母亲刚怀孕时，曾经做了个梦，梦中有一个神仙给了她一粒仙药，放在手中闪闪发光，于是她就吃了下去，他母亲从梦中惊醒，但是仍余香满口。等到朱元璋出生时，红光满屋，时值夜晚，红光从屋中射出，邻居见后，以为失火，忙奔走相救，结果是虚惊一场。

朱元璋到了 10 岁时，其父亲朱世珍为了躲避沉重的赋役，再次搬家。后来就在太平乡的孤庄为地主刘德种地，朱元璋就为刘德家放牛。在放牛的过程中，朱元璋结识了徐达、汤和、周德兴等人，并成为要好的朋友。日后，徐达、汤和、周德兴等人为建立明朝南征北战，立下了功勋，成为开国元老。

朱元璋小时候十分贪玩，常玩的游戏就是“装皇帝”。别看他光着脚，短衣粗裤全是窟窿洞眼，却常常把一些植物的叶子撕成丝条，放在嘴上当胡须，用一块破水车簸箕顶在头上作“平天冠”，往高土堆上一坐，让小伙伴们排列两边，向他跪拜，高喊“万岁”。

1343 年，濠州发生旱灾，次年春天又发生了严重的蝗灾和瘟疫，不到半个月，朱元璋的父亲，大哥以及母亲先后去世。只剩下朱元璋和二哥，家里又没钱买棺材，甚至连块埋葬亲人的土地也没有，邻居刘继祖给了他们一块坟地。兄弟二人找了几件破衣服包裹好尸体，将父母安葬在刘家的土地上。为了活命，朱元璋与他的二哥、大嫂和侄儿被迫分开，各自逃生。

朱元璋在走投无路之下，就去投奔了皇觉寺的高彬和尚，在寺里剃度为僧，做了小行童。他在寺里每日扫地、上香、打钟击鼓、烧饭洗衣，有时仍会受到老和尚的斥责。不久，当地出现饥荒，寺里也得不到施舍，主持只好罢粥散僧，打发和尚们云游化缘。这样，年仅 17 岁的朱元璋才做了五十天行童，也只好离开寺院托钵流浪。

朱元璋边走边乞讨，他从濠州向南到了合肥，然后折向西进入河南，到了固始、信阳，又往北走到汝州、陈州等地，东经鹿邑、亳州，于 1348 年又回到了皇觉寺。在这流浪的三年中，他走遍了淮西的名都大邑，接触了各地的风土人情，见了世面，开阔了眼界，积累了社会生活经验。艰苦的流浪生活铸就了朱元璋坚毅、果敢的性格，但也使他变得残忍、猜忌。这段生活对朱元璋的一生产生了深远的影响。

是龙终不卧浅滩

朱元璋在外云游的三年，也正是元末农民起义风起云涌的时期。社会上广泛流传着“明王出世，普度众生”的说法，北方的白莲教也在进行同样的宣传。朱元璋在流浪中，也接触到这样的宣传，他目睹国是日非、人民生活恶化的现状，意识到天下大乱很快就会来临了。于是在回到皇觉寺后，朱元璋发奋勤学，广交朋友，准备干出一番事业来。

1351 年，白莲教首领韩山童、刘福通在颍州（今安徽阜阳）发动起义，并推韩山童为明王。同年八月，彭莹玉、徐寿辉在蕲水（今湖北浠

水）起义。这些起义者用红巾裹头，故称红巾军。1352 年，郭子兴和孙德崖在濠州起义。

朱元璋闻听起义的消息，不由心想，老在寺院里，随时可能被元官军抓走，性命难保。正在此时，朱元璋收到儿时伙伴汤和的信，汤和在信中邀请朱元璋参加郭子兴的义军。恰在此时，朱元璋的师兄秘密告诉他，说有人知道此信，要去告密。于是，朱元璋放下钵盂，赶紧去投奔郭子兴的红巾军。这一年，朱元璋 25 岁。

朱元璋入伍后，作战勇敢，而且机智灵活、粗通文墨，很快得到郭子兴的赏识，于是把朱元璋调到帅府当差，任命为亲兵九夫长。朱元璋精明能干，处事得当，打仗时身先士卒，获得的战利品全部都上交郭子兴元帅，得了赏赐，又说功劳是大家的，就把赏赐分给大家。不久，朱元璋在部队中的好名声传播开来。郭子兴也把他视作心腹知己，有重要事情总是和朱元璋商量。当时郭子兴有一养女，是其至交马公的女儿。马公死后，他最小的女儿便由郭子兴收养。郭子兴见朱元璋是个人才，于是便把养女马氏嫁给了朱元璋，从此军中改称他为朱公子，朱元璋另起了正式名字元璋，字国瑞。

当时的濠州城中，红巾军有五个元帅。郭子兴一派，孙德崖与其他三个元帅一派，两派之间矛盾重重。这年九月，徐州红巾军主将芝麻李被元军杀害，其部将彭大和赵均用率兵到了濠州，彭大与郭子兴交好，而孙德崖等人则拉拢赵均用。在孙德崖的鼓动挑拨下，赵均用绑架了郭子兴，并将郭子兴弄到孙家毒打一顿，准备杀掉他。朱元璋闻讯后，在彭大的支持下，率兵救回了郭子兴。从此，两派结怨更深了。

朱元璋见濠州城诸将争权夺利，决心依靠自己的力量，开创新局面。至正十三年（1353）六月中旬，朱元璋回乡募兵，少年时的伙伴徐达、周德兴、郭英等和同村邻乡的熟人听说朱元璋做了红巾军的头目，纷纷前来投效。于是他很快就募兵七百多人，回到濠州，郭子兴十分高兴，就提升

朱元璋做了镇抚。

这年冬天，彭大的儿子彭早住自称鲁淮王，赵均用自称永义王，而郭子兴等仍是元帅。朱元璋见这些人半年没出濠州城，于是他从自己招募的新兵中挑选了心腹徐达、汤和等二十四人离开濠州，南略定远。在南略定远途中，朱元璋先招抚了张家堡驴牌寨民兵三千人，后又招降了豁鼻子秦把头的八百人。统率着这支队伍，朱元璋向东进发，乘夜攻破定远横涧山的元军营地，元帅缪大亨投降。朱元璋从降军中挑选了精壮汉人两万人编入了自己的队伍，并南下滁州。

在南下滁州途中，定远名人李善长求见。李善长和朱元璋一见如故，李善长以汉高祖刘邦为例劝说朱元璋：只要效法刘邦知人善任，不乱杀人，很快便可平定天下。朱元璋认为很有道理，于是留李善长做了幕府书记，并嘱咐李善长好好协调将领间的关系，共创大业。

朱元璋很快攻下了滁州，其亲侄儿朱文正、姐夫李贞带着外甥保儿（后取名李文忠）前来投靠。从他们口中，朱元璋得知二哥、三哥、姐姐都去世了。其时还有定远孤儿沐英，于是，朱元璋就将这三个孩子收作养子，改姓朱。后来，朱元璋又收养了二十几个义子。

在朱元璋进攻滁州时，郭子兴受到赵均用、孙德崖等人的排挤，所以，朱元璋攻下滁州城没多久，郭子兴也来到了滁州。朱元璋立即交出兵权，三万人的队伍，纪律严明，军容肃整，郭子兴见了十分欢喜。

1355年，朱元璋一举攻克了和州。郭子兴即刻任命朱元璋为总兵官，镇守和州。一次，朱元璋外出，看到一个小孩在哭，朱元璋问他为什么哭，答说是等父亲。朱元璋仔细一询问才知道，原来孩子的父亲和母亲都在军营，父亲在营中养马，母亲和父亲不敢相认，只好以兄妹相称。朱元璋意识到，部队军纪存在问题，他们攻破城池后，扰民滋事，掳掠妇女，这样下去，部队将失去民心。于是，朱元璋召集众将，申明纪律，下令归还军中有夫之妇，让城中许多被拆散的夫妻团圆。此事被广为传颂，朱元璋深得民心。

此年中，郭子兴病逝，小明王韩林儿任命郭子兴的儿子郭天叙为都元帅，妻弟张天佑为右副元帅，朱元璋为左副元帅。名义上，都元帅是军中之主，右副元帅的地位也比左副元帅高。但是滁州和和州的军队，多是由朱元璋招募收编的，而且朱元璋相比郭天叙和张天佑有勇有谋，并且手下又有人才。所以，朱元璋事实上成了这支队伍的主帅。

朱升妙策安天下

1356 年 3 月，张士诚在长江三角洲地带发起攻势，进攻江南元军。乘此机会，朱元璋亲自统率水陆大军，第三次进攻集庆。在第三天，攻破城外的陈兆先军营，其部三万六千人归降朱元璋。但是，朱元璋看出降军心存疑虑，军心不定。于是朱元璋就从降军中挑选了五百名勇士当亲军，在夜里守卫，而自己身边，只留有亲兵统领冯国用一人。

第二天，降军知道此事，都十分感动，疑虑全消，甘愿跟随朱元璋打天下。结果，战争进行得十分顺利，不到十天，朱元璋便攻下集庆。朱元璋进城后，下令安抚百姓，改集庆为应天府。小明王韩林儿获报后，升朱元璋为枢密院同佥，不久又升为江南等处行中书省平章。朱元璋在应天则设天兴建康翼大元帅府，以廖小安为统军元帅，李善长为左右司郎中。

次年，耿炳文克长兴，徐达克常州，而朱元璋亲自率众攻取宁国。随后赵继祖克江阴、徐达克常熟。胡大海克徽州、常遇春克池州，缪大亨克

扬州。至正十九年（1359），朱元璋陆续攻占浙东余下各地，常遇春克衢州、胡大海克滁州，至此朱元璋部控制江左、浙右各地，向西与陈友谅部相邻。

这时的朱元璋，四面环敌，东面和南面是元军，东南是张士诚，西面是徐寿辉，形势极其不利。下一步怎样发展，如何在群雄环伺的情况下问鼎江山，猎到“天下”这只最大的“鹿”，这就需要很高深的谋略。而要做到这一点，出身贫农、最初职业为“和尚”的朱元璋显然是力有不逮的。只有那些饱览史书、深通谋略、明了兴衰成败之规律的精英知识分子，才能为朱元璋做出这种通盘的战略谋划。

朱元璋很幸运，因为就在这个关键时刻，手下大将给他推荐了一个叫朱升的隐士。

朱升（1299—1370），字允升，安徽休宁人。幼年师从新安学派著名学者陈栎，重“华夷之分”，“严华夷之辨”，反对蒙古贵族入主中原，因而不乐仕进。46 岁始登乡贡进士，50 岁被授为池州路学正，但拖至 52 岁才赴任，3 年后，其避弃官隐石门，学者称枫林先生。1357 年，朱元璋亲率大军出征浙东，道经徽州。由于邓愈的推荐，朱元璋亲顾请教夺天下之计。因朱元璋受小明王韩林儿节制，属北方红巾军系统。红巾军提出“复宋”为口号，又以批判当时经济“贫极江南，富称塞北”的不平等现象，深受朱升等“新安学派”学士的政治理想，所以两人是“一拍即合”。朱升出山，针对当时的“斗争形势”和朱元璋领导下“地狭粮少”的实际问题，建议“高筑墙、广积粮、缓称王”三策。

朱升出山聘侍军门之后，朱元璋“令议礼乐征伐之事”。他“誓效智力以谋国，竭耿耿之丹衷”，成为朱元璋麾下一员辅佐重臣。

1360 年，刘伯温被朱元璋请至应天（今南京），委任他为朱元璋的谋臣，刘伯温针对当时形势，向朱元璋提出避免两线作战、采用各个击破，被采纳。

完成了高筑墙部署后，朱元璋便着手实行广积粮。在初期，军粮的解决主要是靠强征，即征收“寨粮”。但是长此以往，军队就会成为纯粹的破坏力量，失去民心。为了解决粮食问题，朱元璋除了动员百姓进行生产外，决定推行屯田法，大力开展军队屯田，任命元帅康茂才为都水营用使，负责兴修水利，又分派诸将在各地开垦种田。几年工夫，到处兴屯，府库充盈，军粮充足。在1360年，朱元璋下令不再征收“寨粮”，以减轻农民负担。为了积粮，朱元璋明令禁酒，但是其手下大将胡大海的儿子胡三舍与别人违法犯禁，私自酿酒获利，朱元璋知道后，下令杀了胡三舍，有人进谏说胡大海此时正在攻打绍兴，希望朱元璋可以看在胡大海的面子上放了胡三舍。朱元璋大怒，坚决严明军纪，于是自己动手将胡三舍杀掉。

在争取民心的同时，朱元璋还不断网罗人才，特别是知识分子，朱元璋在应天还专门修建了礼贤馆来接待他们。这些人在朱元璋统一全国的过程中起了重要作用。朱元璋十分尊重儒士，他曾在1358年召见儒生唐仲实，询问汉高帝、汉光武、唐太宗、宋太祖平定天下之道，这也表明朱元璋决心要开创一个新的皇朝。

鄱阳湖大战陈友谅

朱元璋建立以应天为中心的根据地，在长江上游有陈友谅，长江下游有张士诚，东南邻方国珍，南邻陈友定。方国珍、陈友定的目标在于保土

割据，张士诚则对元朝首鼠两端，没有多大雄心；陈友谅最强，是朱元璋占领应天后遇到的最危险的敌人。

陈友谅出生在沔阳，也就是现在湖北的仙桃，祖上以打渔为生。开始时在元朝的县衙门当个公务员，郁郁不得志，天下一大乱，就跟随了倪文俊，并拼搏做到了将军级别。

后来徐寿辉和倪文俊两人出现矛盾，其原因是徐寿辉担心倪文俊兵权过大，有意制约，两人开始出现不和。1357 年不愿意交权的倪文俊计划谋杀徐寿辉，不小心败露了，就跑到黄州去了。但徐寿辉不能算完，要追杀他。而黄州的守将正是陈友谅，倪文俊认为陈友谅曾是自己的部下，到他的防区安全。但陈友谅权衡了徐寿辉和倪文俊两人的实力，就果断地站到了徐寿辉的一边，将倪文俊杀了，并逐步收编了倪文俊的军队，慢慢地陈友谅的实力开始膨胀起来。

朱元璋攻取太平后，与他为邻。陈友谅攻陷元池州，朱元璋派常遇春率军前去攻打陈友谅，夺取池州。赵普胜是有名的骁将，号称“双刀赵”。开始与俞通海等驻扎巢湖，一起归附朱元璋，后来叛归徐寿辉。这时他正为陈友谅驻守安庆，多次引兵争夺池州、太平，到处抢掠。朱元璋为此担忧不已，于是引诱赵普胜的食客，让他潜入陈友谅军中去离间赵普胜。赵普胜没有发觉，见到陈友谅的使者总是诉说自己的功劳，觉得自己有恩于陈，脸上露出悻悻的表情。陈友谅由此怀恨在心，怀疑他要背叛自己。

1359 年，陈友谅以会师为名，从江州突然来到安庆，赵普胜在雁汉以烧羊迎接，当他刚一登船，陈友谅便马上杀了他，吞并其军。然后以轻兵袭击池州，被徐达等击败，参战军队全军覆没。

当初陈友谅攻占龙江时，徐寿辉想迁都龙兴，陈友谅不同意。1360 年，徐寿辉仓促从汉阳出发，临时驻扎江州。江州是陈友谅管辖之地，他命士兵埋伏在城外，然后将徐寿辉迎入城中，马上紧闭城门，将徐寿辉所部全部消灭。随即以江州为都，挟奉徐寿辉居于此地，而陈友谅则自称汉

王，设置王府官属。然后挟持徐寿辉东下，进攻太平。但太平城坚不可拔，于是陈友谅军便利用大型船只靠近西南城墙，士兵们顺着船尾爬过矮墙进入城内，攻克太平城。此后，陈友谅便愈加骄狂。陈友谅部进驻采石矶后，他派遣部将假装到徐寿辉面前陈述事情，趁机安排壮士用铁器击碎徐寿辉的脑袋。徐寿辉一死，陈友谅便以采石五通庙为行殿，即皇帝位，国号汉，改元大义。

陈友谅性情强硬而多疑，喜欢以权术控制部下。他已自称皇帝，而且尽占江西、湖广之地，便自恃兵力强大，想向东攻取应天。朱元璋担心陈友谅与张士诚联合，于是设计命陈友谅的老朋友康茂才写信引诱他，让他迅速赶来。陈友谅果然率水师东下，到达江东桥，呼叫康茂才，无人答应，才知道自己被骗了。双方战于龙湾，陈友谅大败，因为潮落，船被搁浅，死者无数，丧失战舰数百艘，陈友谅只得坐小船逃走。张德胜乘胜追击，在慈湖将其打败，焚烧其船。冯国胜率五路大军乘胜追击，陈友谅派出皂旗军迎战，又被大败。于是陈友谅放弃太平，逃至江州。朱元璋军乘胜攻取安庆，陈友谅的部将于光、欧普祥都缴械投降。第二年，陈友谅派兵再次攻陷安庆。朱元璋亲自率军讨伐，恢复安庆，长驱直入抵达江州。陈友谅战败，连夜携妻带子逃往武昌。他的部将吴宏于饶州投降，王溥于建昌投降，胡廷瑞于龙兴投降。

陈友谅眼见其疆土日益减少，十分愤怒，于是制造了数百艘楼船。这些船均高数丈，用丹漆粉饰，每艘船都有三层，设有走马棚，船上船下人语之声互不相闻，橹箱都用铁裹住。

1363 年，陈友谅率大军六十万，船载家属百官，尽发精锐进攻南昌，飞梯冲车，百路并进。朱元璋的堂侄朱文正及郑愈坚守南昌三个月，朱元璋亲自率军前去援救，陈友谅听说朱元璋将到，便撤除对南昌的包围，向东出鄱阳湖，与朱元璋在康郎山相遇。陈友谅集合巨舰，以连锁为阵。朱元璋军不能仰攻，连战三日，损兵折将，渐感不支。但是不久，刮起了东

北风，朱元璋便下令放火焚烧陈友谅的船只，其弟陈友仁等都被烧死。陈友仁号称五王，瞎一眼，却智勇双全，他死后，陈友谅为之丧气。在这场战斗中，朱元璋船虽小，却轻便易行；陈友谅虽是巨舰，却不能进退自如，故而战败。

朱元璋的座船是白桅杆，陈友谅便与其将士约定第二天集中兵力猛攻白桅船。朱元璋知道后，下令将所有船的桅杆都漆成白色。第二天再战，从早晨到中午，陈友谅军大败。陈友谅想退保革奚山，但朱元璋已预先扼住湖口，拦截其退路。在坚持数日之后，陈友谅与众将商量摆脱困境的对策。右金吾将军说："既然出湖困难，我们就应当焚船登陆，直奔湖的南岸以图再举。"左金吾将军说："这是向敌人示弱，他们利用步骑追赶我军。进退之间我们将失去自己的地盘，大势也将去也。"陈友谅不能做出决定，既而说道："右金吾将军所言有理。"左金吾将军因其意见未被采纳，便率所部投降了朱元璋；右金吾将军知悉后，也率部投降。陈友谅处境更加困难。

朱元璋给陈友谅写了两封信，信的内容大致如下："我想与你约定，你我各安一方，以待天命。你却盘算失误，企图加害于我。我军只以少量兵力，便攻取了你龙兴十一郡，你还不悔过，重新挑起战端。首先被困在洪都，再败于康郎，骨肉将士被葬身于火海。你即便侥幸生还，但也应当取消帝号，坐待真正的主人，不然将会丧家灭姓，到那时就悔之晚矣。"陈友谅收到信后怒不可遏，不予回信。时间一久，陈友谅军中粮食渐绝，只得突围冲出湖口。朱元璋的将领们从上游加以拦截，双方大战于泾江口，汉军且战且走，但日落之时仍未能摆脱。陈友谅当时从船中伸出头来，指挥作战，却被飞箭射中，贯穿头颅，陈友谅当即死去。顿时，陈友谅军土崩瓦解，太子陈善儿被擒，太尉张定边趁夜挟持陈友谅的次子陈理，载上陈友谅的尸体逃回武昌。陈友谅生前生活奢侈，曾经制造了一张镂金床，做工非常精巧，宫中其他器物也是一样。他死后，江西行省将镂金床献给朱元璋，朱元璋感叹道："这张床与孟昶的七宝便壶有什么不同呢？"然后他下令有关官员将它熔掉。

张定边等护陈理返回武昌后，立陈理为帝，改元德寿。

1364年2月，朱元璋西吴军廖永忠部兵临武昌城下，陈理出降，汉亡。陈理至应天，元璋封为归德侯。数年之后，朱元璋出于"安全感"，将其送往高丽定居。

平定枭雄张士诚

吞并了陈友谅后，朱元璋的下一个目标就是张士诚。

张士诚，小名张九四，1321年农历七月三十生于东台白驹场（今盐城大丰）的一个穷苦的"亭民"之家。随后，他的三个弟弟士义、士德和士信也相继降生。

元朝末年，朝政腐败，财政收入入不敷出。统治者为了填补不断扩大的政府开销和军费支出，大量增发盐引，不断提高盐价，盐业成为国家财政的最主要的收入来源。虽然盐价不断提高，但东南沿海的盐民依然生活无着。泰州地处东南沿海，每到盛夏，都会遭遇台风侵袭，海潮倒灌。海水退去，原本千顷良田都变成盐碱地，当地农民苦不堪言。

为了养家糊口，张士诚从十岁开始就跟乡亲们一起，在白驹场的官盐船上"操舟运盐"，依靠卖苦力赚来的微薄收入补贴家用。少年时的张士诚"少有膂力，负气任侠"，不仅身体健壮，而且为人仗义疏财，虽然自

己家里经常穷得揭不开锅，可是每当乡亲们遇到困难的时候，他总是慷慨解囊，有求必应。渐渐地，张士诚在当地盐民中树立起很高的威信。

由于给官家运盐收入微薄，张士诚和几个胆大的同乡一起做起了贩卖私盐的营生。他们在给官府运盐的同时，随身夹带一部分食盐，卖给当地的富户。白驹场的富户们常常以举报官府相要挟，不仅不给张士诚盐钱，而且对他非打即骂。由于身份低微，而且贩私盐是违法行为，张士诚等人只得忍气吞声。白驹场当地有一个盐警名叫邱义，负责监督盐民出工、缉拿私盐贩子。这个邱义不但常常克扣白驹场盐民的劳动所得，而且盐民们每月还要向他上贡，一有疏漏，就对盐民非打即骂。张士诚和盐民们慑于他的淫威，只能暗气暗憋。

1353 年正月，张士诚秘密联络了十七名胆大的盐民，积极筹备武装暴动。事关重大，为了防止秘密泄露，张士诚他们把起义的地点选在了白驹场附近的草堰场。一天夜里，十八名热血盐民在草堰场的北极殿中歃血为盟，抄起挑盐用的扁担，在寒风中悄悄摸进盐警邱义的家中，把这个平日里为害乡邻的恶霸乱棍打死。 随后，十八个人又冲进当地富户家中，打开仓库，把粮食和钱财分发给当地的老百姓，接着一把火把房屋烧了个干净。

当时，在盐场干活的盐丁们正嫌工作太苦太累，于是共同推举张士诚为首领，攻下了泰州。高邮府的知府李齐招降了他们，但是他们不久又叛逃出去，杀掉了行省参政赵琏，同时攻取了兴化，在德胜湖（江苏兴化附近）集结，共有一万多人。元朝廷派人拿着“万户”的委任状去招降他们，张士诚嫌官太小，不接受。他用欺骗手段杀死了李齐，偷袭占据了高邮，自称“诚王”，国号“大周”，年号“天佑”。

第二年，元右丞相脱脱统领大军出讨，数败张士诚，包围高邮，毁其外城。可就在高邮城即将被攻下时，元顺帝听信谗言，解除了脱脱的兵权，并削其官爵，用其他将领代替了他。张士诚乘此间隙奋起还击，元军

溃败而去，于是张士诚军又兴盛起来。一年后，淮东发生饥荒，张士诚便派其弟张士德从通州渡江进入常熟。

1356年，张士诚攻陷平江（今江苏苏州市），接着又攻陷湖州、松江及常州等地（均属江苏）。他把平江（苏州）改为隆平府，张士诚从高邮迁都到这里。就以承天寺为办公场所，盘腿坐在大殿中，在梁上射三箭作为标识。这一年，朱元璋也攻下集庆（今江苏南京），派遣杨宪向张士诚传达友好的意思。在给张士诚的信中，朱元璋写道："过去（东汉初年），隗嚣（今甘肃天水）称雄，现在足下也在姑苏（苏州）称王，事势相等，我十分为足下高兴。与邻邦保持友好，各自安守辖境，这是古人崇尚的美德，我心里十分仰慕。希望今后我们能够互通信使，不要被谗言所迷惑，致使产生边界纠纷。"张士诚收到朱元璋的信，扣住杨宪，也不回信。后来他竟然派遣水军进攻镇江，结果被徐达在龙潭击败。朱元璋随即派徐达和汤和攻常州。张士诚派兵来援救，大败，损失了姓张和姓汤的两员战将，这才写信求和，请求每年送给明军粮食二十万石，黄金五百两，白金三百斤。朱元璋回信，限令他放回杨宪，每年只要送五十万石粮食就行了。但之后张士诚又不搭理了。

张士诚为人，外表迟重寡言，似有气量，但实际上却无远大图谋。他占据吴中后，吴境太平已久，人丁兴旺，张士诚日渐奢侈放纵，政事松懈。张士信、潘元绍尤其喜欢聚敛财宝，金玉珍宝、古代法书帖及名画，无不收罗家中，而且日夜以歌舞自娱。将帅也懒散松懈，不听命令，每有攻战，总是自称有病，被授予官爵田宅之后才肯领命出征。到军中去时，装载妻妾奴婢、乐器的车辆络绎不绝，一路之上，或者大会游谈之士，或者赌博踢球，都不将军务放在心中。等到丧师失地返回后，张士诚一概置之不问，不久，又重新将其任命为将领。全军上下嬉娱，直到灭亡。

朱元璋与张士诚边境相接。张士诚屡次以兵进攻常州、江阴、建德、长兴、诸全等地，都不利而归。而朱元璋派邵荣攻湖州，胡大海攻绍兴，

常遇春攻杭州，也都不能攻下。廖永安被捉，谢再兴叛降张士诚，当时朱元璋正与陈友谅相持不下，无暇顾及。陈友谅也派使者约张士诚夹攻朱元璋，而张士诚则仅想守境观变，所以虽然答应了使者，其军队却不采取行动。朱元璋平定武昌，率师返回，便立即命令徐达等进取淮东，攻克泰州、通州，围攻高邮。张士诚率水师溯江而上，前来支援，朱元璋亲自率军将他击退。徐达等攻占高邮，夺取淮安，将淮北之地全部平定。然后将檄文传至平江，历数张士诚八条罪状。徐达、常遇春率军自太湖直趋湖州，吴军迎战于毗山，又战于七里桥，都被打败，于是徐达、常遇春包围了湖州。张士诚派朱暹、五太子等率兵六万前来援救，驻扎在旧馆，筑起五寨以自卫。徐达、常遇春则筑成十处堡垒，断其粮道。张士诚获知事情紧急，亲自督兵来战，败于皂林。其将徐志坚败于东迁，潘元绍败于乌镇，升山水寨、陆寨全被攻破，旧馆外援断绝，五太子、朱暹、吕珍都缴械投降。五太子是张士诚的养子，身材短小精悍，却能平地跃起一丈多，又善于潜水，吕珍、朱暹都是有经验、善于作战的老将，现在都投降了。徐达得以巡行湖州，守将李伯升以城投降，嘉兴、松江等相继投降。潘原明也以杭州城降于李文忠。

1366 年，朱元璋大军进攻平江，筑起长墙围困平江。张士诚拒守数月之后，朱元璋派人送信招降他，信中写道：“古之豪杰，都以敬畏上天、顺从民意为贤能，以保全自身及家族为明智，汉代窦融、宋代钱俶就是如此。你应当三思，不要自取灭亡，为天下人耻笑。”张士诚不予回信，屡次突围决战，都被打败。李伯升知道张士诚已很困乏，便派与自己交好的食客越过城墙，前去劝说张士诚：“当初你所依赖的湖州、嘉兴、杭州，现在都已失去了。你独守此城，恐怕事变将会在城中发生，到那时你虽想死，却不能死。还不如顺从天命，派使者去金陵，说你之所以归顺是为了挽救城中百姓，然后打开城门，幅巾待命，应当不会失去万户侯之职。况且你的地盘，就好像你在玩一种赌输赢的游戏，得人之物而又失去

它，对你又有什么损害呢？”张士诚仰视良久之后说道：“我会考虑这件事的。”于是谢客，却仍不投降。张士诚以前有一支勇胜军号称“十条龙”，个个骁猛善战，每次披上银铠锦衣投入战斗，现在也都战败，在万里桥下溺死。最后丞相张士信也中炮而死，城中喧闹纷乱，已无斗志。1367 年 9 月，平江城被攻破，张士诚聚集余部战于万寿寺东街，士兵却都四散逃走。张士诚只得仓皇逃回府第，关门自缢，被旧部将赵世雄解救。大将军徐达多次派李伯升、潘元绍等去传达其旨意，张士诚总是闭目不答，后来被抬出葑门，进入船中，不再进食。到金陵后，其自缢而死，时年四十七岁。朱元璋下令备置棺材，将他埋葬。

张士诚被围困时，对其妻刘氏说：“我如果兵败将死，你们怎么办呢？”刘氏答道：“你不用担心，妾一定不会背弃你。”然后令人在齐云楼下堆积干柴。城被攻破时，刘氏将群妾驱赶上楼，命养子张辰保放火烧楼，自己也自缢而死。刘氏有两个幼子藏匿于民间，后来不知所终。在此之前，黄敬夫等三人掌权管事，吴人知道张士诚必败，所以民间流传有“黄菜叶”的十七字歌谣，后来他的死应验了这一传说。

收服霸主方国珍

方国珍（1319—1374），又名方谷珍。身材高大，面色黝黑，体白如瓠，力赛奔马。世代以行船海上贩盐为业。1348 年，有一个名叫蔡乱头的人，在海上打劫财物，官府派兵追捕他。方国珍的仇家便告发他通寇，方

国珍杀死仇家，与其兄方国璋、其弟方国瑛、方国珉逃亡海上，聚集数千人，抢劫过往船只，阻塞海路。行省参政朵儿只班率军征讨，兵败，被方国珍所捉。方国珍迫使其请命于朝廷，授他为定海尉，不久反叛，侵犯温州。元朝以孛罗帖木儿为行省左丞，督军前往征讨，也兵败被捉。元朝只得派大司农达识帖木儿再次招降他。不久，汝、颍之地兵起，元朝招募水师防守长江。方国珍心中疑惧，重新反叛，诱杀台州路达鲁花赤泰不华，逃亡入海。后来派人潜至京城，贿赂朝中权贵，允许他投降，授为徽州路治中。方国珍拒不听命，率军攻陷台州，焚烧苏之太仓。元朝又以海道漕运万户之职招降他，方国珍这才投降，并接受这一官职。不久晋升行省参政，派兵进攻张士诚，张士诚派遣将领在昆山抵御。方国珍七战七捷，直到张士诚也投降，才停战退兵。

在此之前，天下太平，方国珍兄弟带头骚乱海上，官府惮于用兵，一意进行招抚。只有都事刘伯温认为方国珍是首逆，而且屡降屡叛，不可饶恕，但朝议时没有听从他的意见。方国珍授官之后，据有庆元、温、台之地，更加强大，不可控制。方国珍开始作乱时，元朝发出空名宣诏数十道，招募人们去进攻贼寇，许多海滨壮士响应招募，并为此立功，可是负责此事的官员接受重贿，总是不给这些人应有的赏赐，有一家为此死去几个人，却得不到官职。但对方国珍之徒，却一再招抚，都升为大官。因为这样，百姓都羡慕当强盗，跟随方国珍的人日益增多。元朝失去江、淮后，只得凭借方国珍的船只使海运畅通，便又以官爵笼络他，这样海运无事。有一个名叫张子善的人，喜爱纵横之术，劝说方国珍率军溯江而上，窥视江东，北夺青、徐、辽海。方国珍回答说：“我还没有这么大的志向。”

朱元璋攻取婺州后，派主簿蔡元刚出使庆元。方国珍与其下属商量道：“江左号令严明，恐怕不能与他对抗。况且与我为敌的，西有吴，南有闽。不如暂且表示顺从，借此作为声援以观其变。”下属觉得他说的在

理。于是，方国珍派使者给朱元璋送信，并奉献黄金五十斤，白金五十斤，有花纹的丝织品一百匹。朱元璋又派镇抚孙养浩回访他。方国珍请求进献温、台、庆元三郡，并派次子方关作为人质。朱元璋没接受人质，而且给予厚赐，将他送回；又派博士夏煜前去，拜方国珍为福建省平章事，其弟方国瑛为参知政事，方国珉为枢密分院佥事。方国珍名义上奉献三郡，实则心存二心，待夏煜到后，他诈称有病，自言年老不能称职，只接受平章印章及诰命。朱元璋觉察到这种情况，便写信告诫方国珍说："我开始认为你是识时务的豪杰，这才命你专制一方。你却居心叵测，想探听我的虚实便派你儿子来，想推却所封官爵则自称年老有病。历来聪明者可转败为功，贤能者可因祸得福，你好好想想吧。"当时方国珍年年修造海船，为元朝漕运张士诚的十多万石粟到京城，元朝因此多次提升方国珍，直到命他为江浙行省左丞相衢国公，分管庆元，方国珍也受之如故，而对朱元璋却以甜言蜜语加以谢绝，表示绝无依附之意，收到朱元璋的信，竟然不打开看。朱元璋又写信劝说道："福基于至诚之心，祸生于反复无常，隗嚣、公孙述两人就可作为前车之鉴。大军一出，就不再是用空话可以解救的了。"方国珍技穷了，又装出一副惊慌害怕的样子来谢罪，并进献一匹鞍上饰有黄金宝物的马，朱元璋又没有接受。

不久，苗将蒋英等反叛，杀死胡大海，带着胡大海的首级投奔方国珍，方国珍拒不接纳，蒋英等便从台州逃往福建，驻守台州的方国璋率军中途拦截，方国璋兵败被杀，朱元璋派使者前去悼祭。一年后，温州人周宗道以平阳来降，方国珍的堂侄方明善当时驻守温州，便派兵争夺平阳，参军胡深将其击败，然后攻下瑞安，进兵温州。方国珍这时害怕了，请求每年供给朱军白金三万两，待攻下杭州时，马上纳土前来归附，朱元璋这才下诏令胡深班师返回。

1367 年，方国珍攻克杭州后，据境自保，派间谍借向朱元璋进献之名，侦察对方力量，又屡次通好于扩廓帖木儿及陈友谅，企图互为犄角。

朱元璋获悉之后大怒，派人送去书信，历数他的十二条罪状，又索取军粮二十万石。方国珍为此召集部属商议，郎中张本仁、左丞刘庸等都认为不能顺从。唯有一个名叫丘楠的独自争辩道 :“你们所言都不是方公之福啊。只有明智可以解决事情，只有讲信用可以守住疆土，只有有理有利才可以用兵。公经营浙东十多年了，可总是迁延不决，犹豫再三，计不早定，这不可以说是明智。既然答应朱元璋投降，却又违背他，这不可以说是有信用。朱元璋派军征战，有他的理由，因为我们确实有负于他，这不可以说是有理。你扶服请命，幸运的话他还会将你看作是钱俶啊。”方国珍不听劝告，只是日夜运送珍宝，修造船只，为避走海上做准备。

1367 年 9 月，朱元璋已攻克平江，命参政朱亮祖进攻台州，方国瑛迎战，战败逃走。朱亮祖又攻克温州。征南将军汤和率大军长驱直入抵达庆元，方国珍率部逃亡入海，又被追兵在盘屿打败，其部将相继投降。汤和多次派人向方国珍说明顺从与抗拒的不同后果，方国珍这才派儿子奉表乞降，说道 :“臣听说天无所不盖，地无所不载，王者体天法地，对人无所不容。臣长期以来蒙受主上的宽待之恩，不敢做出自绝于天地的事，因此一陈愚衷。臣本是庸才一个，遇上这多事之秋，起兵于海岛，没有父兄之力相助，又没有帝制自为的野心。当主上率军浩浩荡荡到达婺州时，愚臣马上派儿子前去侍奉，就已经知道主上会有今天，我将如依日月之余光，望雨露之余润。而主上推诚布公，派我驻守乡郡，就像以前吴越一样。臣遵奉条约，不敢妄生枝节。只因堂侄性情暴躁，偷偷挑起衅端，烦劳问罪之师，我心里战战兢兢，因此派守军出迎。然而最后还是泥流入海，为什么呢？孝子对于父亲的责罚，如果是轻微的杖责便接受，如果是重杖的话便会逃避，臣的事情就与这种情况相类似。我想马上自缚去朝廷请罪，又唯恐遭斧钺之诛，假使天下后世不知道臣得罪你有多深，将会说主上之心不能容臣，这岂不会连累天地之大德吗？”以上这些话大概都是出自方国珍的部下詹鼎之口。

朱元璋看后，觉得方国珍可怜，便赐信说道："你违背我的告诫，不马上收手归命，反而流入海上，负恩实在太多。今天你已走投无路，又情词恳切，我理当以你此诚为诚，不以前过为过，你不要自起疑心。"于是催促方国珍入朝拜见，当面责备他道："你来得不是太晚了吗？"方国珍顿首拜谢，授为广西行省左丞，只享食禄而不上任，数年之后，死于京城。

扫荡天下，建号洪武

1367 年，朱元璋平定方国珍后，马上发兵讨伐陈友定。将军胡廷美、何文辉由江西直趋杉关，汤和、廖永忠由明州海路攻取福州，李文忠由浦城攻取建宁，而另派使者前往延平，招降陈友定。陈友定摆设酒宴，大会诸将及宾客，杀死明使者，将其血沥入酒坛，与众人酌饮。值酒酣之时，陈友定当众发誓说："我们同受元朝厚恩，若有不以死拒敌者，将受磔刑，并杀其妻儿。"陈友定随即到福州巡视，环城而垒。距垒五十步外，筑成一台，严阵以待。不久，陈友定获悉杉关失陷，急忙将军队一分为二，命一军驻守福州，自率一军防守延平，互为犄角。当汤和等率水师抵达福州五虎门时，平章曲出引军迎战失败，明军沿南台纷纷登城而入。守将逃跑，参政尹克仁、宣政使朵耳麻拒降而死，佥院柏帖木儿在楼下堆积柴火，杀死妻妾及两个女儿之后，放火自焚而死。

胡廷美攻克建宁，汤和进攻延平。陈友定想要持久困守，诸将则请求出战，陈友定不同意。诸将仍不断地请求，陈友定怀疑部将要叛变，

便处死萧院判，许多士兵因而出城投降。正巧军器局发生火灾，城中炮声震地，明军获悉城中有变，趁机发动猛烈进攻。陈友定向其部属诀别道：“大势已去，我只有以死报国，诸君继续努力啊。”然后退入省堂，整理衣冠，面向北面两拜之后，吞药自杀。所部将士争相打开城门接纳明军。明军入城之后，奔去看陈友定，发现他仍未断气，便将他抬出水东门，正巧遇上大雷雨，陈友定苏醒过来，然后被戴上械锁送往京城。陈友定入宫拜见，朱元璋指责他。陈友定厉声说道：“国破家亡，要杀就杀，不必多言。”朱元璋于是将他与其子陈海一起处死。

此时，中国北部，仍为元朝统治区。但情况复杂，在中央，最高统治集团内部矛盾重重，并日趋激化；在地方，军阀割据，火并不绝，争军权，夺地盘，内战不断。宫廷内阴谋政变频繁与军事将领公开内战形成配合，打得不可开交。朱元璋便乘机开展东征西讨，扩大地盘，增强实力。在解决南方之后，就部署全力北伐了。

对于北上作战的战略部署和进军路线，朱元璋作了审慎的筹划。他首先征求诸将的意见。常遇春提出长驱直入，直捣元朝大都（今北京）的主张。朱元璋不同意这个轻敌冒进的方案。他根据当时元朝在中原、西北的兵力部署以及各部之间的关系和各部内部的政治倾向、军事实力，认为元建都百年，城守必固，若悬师深入，不能即破，屯于坚城之下，粮饷不继，援兵四集，进不得战，退无所据，必然陷入被动之中。为此，他提出稳扎稳打，渐次推进的北伐战略：第一阶段，首先攻取山东，继而转攻河南，占据潼关；第二阶段，攻取河北及元朝大都，消灭元朝；第三阶段，主力由大都南下攻取山西，略定陕甘，完成北方之统一。北伐战争基本上是按照这一战略实施的。

1367 年 10 月，朱元璋命中书右丞相徐达为征虏大将军、平章常遇春为副将军，率军 25 万，北进中原。北伐中发布《谕中原檄》，文告中提出“驱逐胡虏，恢复中华，立纲陈纪，救济斯民”的纲领，以此感召北方人民起来反元。

1368年（洪武元年），朱元璋于南京称帝，国号大明，年号洪武。大封诸将为公侯，部分追封为王。初封六公，其中以五大将、一大臣为开国元勋，分别为韩国公李善长、魏国公徐达、郑国公常遇春、曹国公李文忠、宋国公冯胜、卫国公邓愈。而后又追封胡大海为越国公、战死的丁德兴为济国公，汤和为信国公、冯国用为郢国公。次年，朱元璋于鸡鸣山立功臣庙，朱元璋亲定功臣位次，以徐达为首，次常遇春、李文忠、邓愈、汤和、沐英、胡大海、冯国用、赵德胜、耿再成、华高、丁德兴、俞通海、张德胜、吴良、吴桢、曹良臣、康茂才、吴复、茅成、孙兴祖凡二十一人。死者像祀，生者虚位。又以廖永安、俞通海、张德胜、桑世杰、耿再成、胡大海、丁德兴七人配享太庙。

为减少北伐阻力，争取人民拥护，出兵之前，朱元璋就特别告诫将士们，师到之处，切勿杀掠。从1367年10月明军主力由江淮北上，至1368年（洪武元年）2月，明军仅用四个多月的时间就攻下了山东。山东的攻克，使元廷失去了左臂，在战略上为北伐造就了更为有利的军事态势。三月，徐达挥军西向，分兵两路进攻河南。一路自济宁溯黄河而上，进攻汴梁（今河南开封）；一路由河南永城、归德（今河南商丘）攻许州（今河南许昌）。同时命征南将军邓愈率襄阳、安陆、景陵等处兵马北攻南阳，策应北征主力作战。明军所向披靡，在很短的时间里相继攻克汴梁、洛阳以及嵩（今河南嵩县）、陕（今河南陕县）、陈（今河南淮阳）、汝（今河南临汝）诸州，并不战而据有潼关，基本上完成了北伐第一阶段的战略任务。

元朝大都之屏蔽已撤，外援隔绝，陷入了明军的弧形包围圈中。5月，朱元璋亲抵汴梁，听取前线将领的军事情况汇报，并讨论了下一阶段的战略步骤。根据当时元廷已陷入孤立无援的军事形势，徐达提出由临清（今属山东）直捣大都的主张，朱元璋表示同意。遂决定由征虏右副将军冯胜

守汴梁，江西行省左丞何文辉守河南（今河南洛阳），镇国将军郭兴等人镇守潼关，徐达率大军直取大都。

闰七月初一，明军主力自中滦（今河南封丘西南）渡黄河，沿御河（今卫河），经临清、长芦（今河北景县）、通州（今北京通县），向北挺进。一路势如破竹，锐不可当，直逼大都城下。元顺帝见大势已去，遂于二十八日夜三鼓携太子、后妃出建德门，由居庸关逃往上都开平（今内蒙古自治巳多伦西北）。八月二日，徐达率军进占大都，从根本上结束了元朝的统治。

攻克大都之后，北方之山东、河南、河北等地尽入明军之手，尤其是元主北逃，使整个北伐战场发生了根本性变化，困据秦晋的元地主武装集团，完全陷入了群龙无首的境地。朱元璋得到徐达大军攻下大都的消息以后，不失时机地命其转入下一个战略阶段。

八月十五日，朱元璋命都督副使孙兴祖、都督佥事华云龙留守北平府（今北京），徐达、常遇春挥师西向，攻取山西。同时，命冯胜、偏将军汤和由河南渡河向北，以策应攻晋主力。经过近五个月的艰苦作战，明军于洪武二年（1369）正月攻克大同，进而平定山西。这时盘踞在陕甘方面的尚有李思齐、张思道等十余万人。徐达平定山西以后，迅即转攻陕甘，以求彻底完成此次北伐战略任务。自二月徐达派常遇春、冯胜渡河趋陕，至十二月明军击溃扩廓帖木儿反攻兰州之军，历时 10 个月。明军相继攻克奉元路（明朝改为西安府，即今陕西西安）、凤翔、兰州、临洮、庆阳等重镇，基本上消灭了这一地区元军势力。至此，朱元璋北伐灭元之战宣告结束，中国再次回归到稳定的王朝的统治之下，同时丢失四百年的燕云十六州也被收回。

剥皮揎草，怒杀贪官污吏

朱元璋出身贫民，因此对百姓的疾苦记忆犹新。他在位期间采取与民安息的政策，普查户口，清丈土地，建鱼鳞图册，兴修水利，推行屯田，奖励农耕，减免赋税，颁布《大明律》，使疲惫的百姓得以休养生息，有力地推动了社会生产的恢复和发展，使得国家的租税额比元朝增加了三倍之多。朱元璋亲眼看见了元末政治腐败、官贪吏残的情形，深恨贪官污吏蠹政害民。在建立大明朝之后，他大力整顿吏治，制定严刑峻法。

识字的人都知道，1、2、3、4、5、6、7、8、9、10，在中文里写作，一、二、三、四、五、六、七、八、九、十。有点会计常识的人都知道，在财务制度中，数字可以用阿拉伯数字表示，还需要同时用中文表示。但是，使用的中文，不是一、二、三……这样的寻常写法，而是“壹、贰、叁、肆、伍、陆、柒、捌、玖、拾”这种专用写法。没经过专业财务训练的人有时会写错，不得不重写，不禁会埋怨：是谁想出这么复杂的中文？烦死人了。历史上第一个规定在财务制度中“一、二、三……”必须写为“壹、贰、叁……”的，正是朱元璋。

朱元璋为何要做这个决定？这是防止腐败的措施之一，尤其是防止会计报表作假。从朱元璋到今天，六百多年的时间，朱元璋的规定依然在财务制度中严格使用。稍有不同的是，朱元璋规定，百、千写作陌、阡；现在，人们写作佰、仟。从这个细节可以发现，朱元璋用了很多办法防治腐

败。朱元璋打击贪官的力度和手段可谓空前绝后，财务制度仅仅是其中很小的一部分。朱元璋对贪官污吏的惩治采取了空前绝后的严酷手段。

《明实录类纂·司法监察卷》有载：洪武四年，朱元璋针对元末贿赂买官成风、官场腐败的弊端，下令凡官吏犯受贿罪，严惩不贷。他还颁布有史以来最严厉的法令：贪污六十两以上银子者，杀！据《中国全史·皇帝史》所载：朱元璋感到对贪官污吏光砍头、充军不足以惩戒后来者，便施行比那“千刀万剐”的凌迟处死更残酷的“剥皮”刑法，把贪赃官吏活生生地剥下皮，再在人皮中填满乱草，缝合起来依旧是个人形，挂在各级官衙内外“示众”，让每天上下班的官员见之心惊胆战，不敢贪赃枉法。

除了剥皮这一酷刑外，还有如下酷刑：

铲头会：把贪官排成行掘坑活埋，只剩头露在地上，然后用大斧削过去，一斧头砍下几颗头来。

刷 洗：把犯人剥光了放在铁床上，浇上沸水，用铁刷刷去皮肉。

枭 令：用铁钩钩住犯人的脊骨，吊起来示众。

称 竿：把犯人绑在竿上，另一头挂上石头。

抽 肠：把犯人绑在竿上，用铁钩钩入谷道，把肠子钩出，再在竿的另一端挂上石头，犯人的身体向上弹起，肠子也就全钩出来了。

朱元璋恨不得杀尽天下贪官，他说：“此弊不革，欲成善政，终不可得。”只要是贪污，不管涉案者官有多高，朱元璋处理时都不会心慈手软。永嘉侯朱亮祖勇悍善战，立下许多战功。但此人不学无术，在奉诏出镇广东时“所为多不法”。洪武十三年（1380），番禺知县道同把当地一个土豪抓起来，其他土豪行贿朱亮祖，请求他把被抓的土豪放了。朱亮祖宴请道同，要求道同释放土豪。道同厉声说：“公大臣，奈何受小人役使！”朱亮祖说不动道同，竟亲自把土豪放了。朱亮祖还纳富民罗氏女为妾，罗氏兄弟怙势为奸，被道同抓起来，朱亮祖又把他们放了。道同愤愤不平，上奏揭发朱亮祖的不法行为，其奏未至京城，而朱亮祖弹劾他对上司无礼的奏章先到，朱元璋不知内情，派使者诛杀道同。后来见到道同的奏章，才了解到真实情况。他觉得道同职位低下，敢揭发大臣不法之事，一定是骨鲠之臣，便派使者赦免道同。但后派的使者到达番禺时道同已被杀。朱元璋对朱亮祖诬奏道同非常不满，气愤异常，马上召朱亮祖与其子朱暹进京，用皮鞭把朱亮祖父子打死。

洪武十六年（1383），刑部尚书开济接受一个死囚家人的贿赂，令郎中仇衍为其开脱死罪。他还勒索其他罪囚家人钱物，并导致一家 20 口人全部自杀的悲剧。他的不法行为被一狱官告发，开济和刑部侍郎王希哲、刑部主事王叔征把该狱官抓起来，杀人灭口。此事被监察御史陶垕仲发现并上报朱元璋，朱元璋大怒，将开济、王希哲、仇衍等人处死。

朱元璋鉴于元末吏治纵驰，民生凋敝，不惜用重典严刑惩治贪官。虽然取得一定效果，但因用刑太滥、不重证据，也使许多无辜者受到牵连甚至丧命。

在朱元璋亲自编定的《明大诰》中，“所列凌迟枭示种诛者无虑千百，弃市以下万数”，种种酷刑花样百出。又特设“士大夫不为君用”罪，可谓亘古未有。儒士夏伯启叔侄断指不仕，苏州人姚润、王谟拒绝官府的聘用，结果都被杀头抄家。朱元璋这种一味杀戮的行为已远远超出了反贪的范围，也难怪后世有些人把他视为暴君。

刘伯温曾劝朱元璋用法不要太严峻，他说：“霜雪之后，必有阳春，今国威已立，宜少济以宽大。”平遥县训导叶伯巨应诏上书时，也说朱元璋有三件事处理得太过分，一是分封太侈，二是用刑太繁，三是求治太急。可惜朱元璋都没有接受他们的意见。

朱元璋御下严峻，用重典治贪，但效果不尽如人意。一天，他对桂彦良说：“法数行而辄犯，奈何？”桂彦良回答说：“用德则逸，用法则劳。”这句话被朱元璋视为至理名言。

洪武三十年（1397），朱元璋已是 70 岁的老人，他最后一次修改律

令，颁布《大明律诰》。这次修改律令主要是将《明大诰》一些条目附载于《大明律》之后，“凡榜文禁例悉除之”，将重典改为“轻典”。朱元璋还亲临午门对群臣讲解修改律令的宗旨：“朕仿古为治，明礼以导民，定律以除顽，刊著为令。行之既久，犯者犹众，故作《大诰》以示民，使知趋吉避凶之道……法在有司，民不周知，故命刑官摄要附于律文各条下。”

史书称，朱元璋亲自编定的《明大诰》之所以多峻令，是“出自一时权宜，非上之本意”。

他晚年颁布《大明律诰》，主要是为继承者皇太孙朱允炆着想。他还对朱允炆说出了用重典治国的原因：“吾治乱世，刑不得不重；汝治平世，刑自当轻。”这句话表明朱元璋认为自己通过数十年的努力，惩治贪官污吏已取得“阶段性”成果，继任者将面临“平世”，没有必要像他那样继续推行严刑峻法。

大兴文字狱，无数人头落地

朱元璋出身贫苦，完全凭着个人的聪明才智闯荡江湖，经过艰苦卓绝的奋斗才平定天下并做上皇帝的。一个由贫苦农民出身的皇帝，最怕别人瞧不起他，怕那些投降过来的文臣武将对他不服，又怕那些跟他南征北战的战友们对他不忠，还怕那些有知识的儒士们不肯为他所用，这种自卑的心理始终伴随着他。而且朱元璋又是个权欲极重的人，他绝不允许任何人染指皇权，尤其是在抗元时期自己亲外甥的反叛和暴元对其幼时的心灵伤害直接影响了明朝洪武年间的政治。这种时代背景和他复杂的心理及亲人的背叛不仅激化了他与丞相、功臣之间的矛盾，而且也导致了明初的文化专制和明后期的思想启蒙人性解放出现在一个朝代。

据说，明代文字狱的出现源于洪武朝的文武之争。自立国初，朱元璋秉承“可以马上得天下，不可马上治天下”的名言，开始大量起用文人，制定朝仪、典章、刑法、军制、户籍、学校等规程，使得明初气象具备，行政清明，而文人在太祖心中的地位亦因此而提高。这些手无缚鸡之力的白面书生对皇权自然是不敢有任何的僭越之念，然而，其地位的提高却引起了行伍出身的勋臣们强烈不满。他们便寻找各种借口加以反对，文士喜好讪谤就成为他们攻讦的借口之一。

洪武初年，因不满朱元璋的重文轻武，一位武臣对朱元璋大讲知识分子的坏处。他说，这些人心胸狭窄，嘴巴又刻薄，经常变着法地骂人：“读书人用心歹毒，特擅讥讪，如不警觉，即受其愚弄。”还说张九四（张士诚）原为优礼文人，请他们给自己改名，哪承想他们竟给他取名“士诚”。

朱元璋说，这名字很好啊，有什么毛病?

武臣说，毛病大了去了。我的幕僚跟我讲，《孟子》上说了，士，诚小人也。这是骂张士诚小人啊！朱元璋听后，立即找《孟子》来查，发现果然有这句话。他不禁竦然而惊：张士诚也算半个君王，给人叫了半辈子小人，到死都不知道，真是可怜。无非是读书人欺负他盐贩子出身，瞧不起他，才敢这样捉弄他。而他朱元璋出身和尚乞丐，肯定更被他们瞧不起。从此朱元璋就开始对文臣们大起疑心，阅读奏章也多了个心眼儿。

朱元璋口口声声称自己是“淮右布衣”“江左布衣”“起自田亩”“出身寒微”，显得十分豪爽坦率。但这些话只能他自己说，别人可千万不能说。实际上，做过乞丐与和尚一直是朱内心深处最大的一块伤疤，万万触碰不得。大明臣民其实谁也没有胆子也没有兴趣当着朱元璋提这壶水，但

朱元璋却成天疑神疑鬼，防范过度，自己暗暗制定了一系列奏章“敏感词”。但凡“光”“秃”“僧”等与和尚沾边的字眼儿，都会犯他禁忌。因为是起义起家，所以也讨厌人提“贼”和“寇”。大臣们慢慢知道了他的忌讳，就不再用这些字，朱元璋却更不放心，总怀疑别人会更加拐弯抹角地骂他，遂将防区无限扩大，到了极为可笑的程度。比如“生”字，因为音近乎“僧”，在他看来就不怀好意；“则”字也很危险，因为“则”在淮西方言中发音与“贼”同。因为这些秘密的敏感词，无数人人头落地。

僧人一初作诗：“见说炎州进翠衣，罗网一日遍东西”、“新筑西园小草堂，热时无处可乘凉”被怀疑抨击明太祖刑法太苛，斩。

僧人来复作诗：“金盘苏合来殊域……自惭无德颂陶唐”，“殊”字被视为“歹朱”并骂太祖“无德”，斩。根据明初二高僧史记辨析，二人均“示寂于寺”。

朱元璋私游一寺，见壁上有诗“毕竟有收还有散，放宽些子也何妨？”大怒，将全寺僧人都杀了。这个是上文误传的升级。

浙江府学教授林元亮作《谢增俸表》中有“作则垂宪”，“则”与“贼”同，被视为骂太祖起兵当过贼，斩。

北平府学训导赵伯宁作《长寿表》中有“垂子孙而作则”，斩。

福州府学训导林伯璟作《贺冬表》中有“仪则天下”，斩。

桂林府学训导蒋质作《正旦贺表》中有“建中作则”，斩。

常州府学训导蒋镇作《正旦贺表》中有“睿性生智”，“生”与“僧”同，被视为骂太祖当过和尚，斩。

澧州学正孟清作《贺冬表》中有“圣德作则”，斩。

怀庆府学训导吕睿作《谢赐马表》中有“遥瞻帝扉”，被视为“帝非”，斩。

祥符县教谕贾翥作《正旦贺表》中有“取法象魏”，斩。

德安府学训导吴宪作《贺立太孙表》中有“天下有道”，“道”与

“盗”同，斩。

处州府学教授苏伯衡，作表笺误，下吏死。

惨烈浩大的洪武文字狱，一方面反映了朱元璋的残酷，另一方面也反映了他在知识分子面前无法消除的深刻的自卑心理。明人徐桢卿在《翦胜野闻》中记述了这样一个故事，故事大意为：太祖朱元璋多疑，常常担心受到臣下的讥讪。杭州府学教授徐一夔为本府做《万寿贺表》之中有“光天之下，天生圣人，为世作则”句，“光”、“生”和“则”都犯了太祖大忌，这一连读，本来一句老生常谈式的颂圣句子就变成了“当着和尚骂秃子”，外带讽刺太祖入红巾为贼的过去。朱元璋览后震怒道：“腐儒胆敢如此污辱朕吗？‘生’者僧也，以我曾经出家为僧也。‘光’者秃头也，‘则’字近贼也！如此猖狂，罪在不赦。”即命锦衣卫士将徐一夔斩首。在旁礼部群臣见此情形瞠目结舌，体似筛糠，一齐跪倒请罪：“臣等愚懵不知忌讳，乞皇上亲降表式，令臣等永为遵守。”闻听此言，朱元璋的脸色才有所好转，毫不客气地答应了臣下的请求。此后，朱元璋先后颁发了《建言格式》《繁文鉴戒》《表笺定式》等书，详细规定了官民上奏的各种文体的格式，令天下以此为标准，不得以私意妄行撰拟。

更奇怪的是，朱元璋连死人孟子也不放过。明太祖曾说：“使此老在今日宁得免耶！”（全祖望《鲒埼亭集》卷35）洪武二年他下令将孟子牌位撤出孔庙，后来因为文星暗了，朱元璋做贼心虚，才恢复孟子牌位。但是朱元璋实行八股取士，孟子的“对君不逊”难以让他容忍，洪武二十七年，朱元璋下令删节《孟子》，书中被认为言论荒谬的共85章，一律删去，占了全书的三分之一，删定后定名为《孟子节文》，被删的主要是以下几类：

一、不许说统治者及其阶级的坏话——“庖有肥肉，厩有肥马，民有饥色，野有饿莩，此率兽而食人也。兽相食，且人恶之。为民父母，行政不免于率兽而食人。”

二、不许说统治者要负转移风气之责——“君仁莫不仁，君义莫不义。一正君而国定矣。”

三、不许说统治者应该实行仁政——“得百里之地而君之，皆能以朝诸侯有天下。行一不义、杀一不辜而得天下，皆不为也。”

四、不许说反对征兵征税和发动战争的话——“有布缕之征，粟米之征，力役之征。君子用其一，缓其二。用其二而民有殍，用其三而父子离。”“古之为关也，将以御暴。今之为关也，将以为暴。”“争地以战，杀人盈野；争城以战，杀人盈城。此所谓率土地而食人肉，罪不容于死。”

五、不许说人民可以反抗暴君、可以对暴君进行报复的话——“贼仁者谓之贼，贼义者谓之残，残贼之人谓之一夫。闻诛一夫纣矣，未闻弑君也。”“君之视臣如手足；则臣视君如腹心；君之视臣如犬马，则臣视君如国人；君之视臣如土芥，则臣视君如寇仇。”

六、不许说人民应该丰衣足食的话——“是故明君制民之产，必使仰足以事父母，俯足以畜妻子，乐岁终身饱，凶年免于死亡。然后驱而之善，故民之从之也轻。今也制民之产，仰不足以事父母，俯不足以畜妻子，乐岁终身苦，凶年不免于死亡。此惟救死而恐不赡，奚暇治礼义哉？”

七、不许说人民应该有地位有权利的话——“民为贵，社稷次之，君为轻。”

此外，还有很多著名文人因种种莫名其妙的原因死于非命。“淹贯经史百家言”的文人王行，因为给蓝玉当过家庭教师，蓝玉案发，“父子亦坐死”；大诗人孙蕡，因为曾给蓝玉题画，“遂论死”；“工画山水、兼善人物”的画家王蒙，仅仅因为曾到胡惟庸家里看过画，胡案发后，“坐事被逮，瘐死狱中”；宫廷画家赵原奉命画历史上的圣贤像，“应对失旨，坐法”；画家盛著奉命画天界寺影壁，结果画出了毛病，他竟然在龙背上画了一只水母，惹得朱元璋大怒：“以水母乘龙背，不称旨，弃市。”

类似事例不胜枚举，一时才能之士“幸存者百无一二”。洪武十九年，方孝孺在致好友的信中曾这样写道："近时海内知名之士，非贫困即死，不死即病。"

不但这些文人小臣没几个有好下场，就是那些一直追随朱元璋、功成名遂的大知识分子，也鲜有善终者。朱元璋起兵后，第一批追随他的知识分子中最有名的是李善长、陶凯、陶安三人。除陶安因死得早得了个善终外，李善长被满门抄斩，陶凯因致仕后起了个号叫"耐久道人"，朱元璋"闻而恶之"，找了个借口抓来杀掉了。第二批追随朱元璋功劳最大的文士是刘伯温、宋濂，刘伯温因不被朱信任，罢官回乡，后被胡惟庸（一说朱元璋自己）毒死。宋濂则因其孙宋慎的事，被株连胡惟庸案中流放外地，途中自缢于夔州。洪武一朝著名文臣，善终者寥寥无几。以热情延请开始，以摧残屠戮告终，这种专制君王与知识分子之间的游戏，在中国历史上不止上演过一次。

杀心过重，功勋之臣遭了殃

《汉书》中有一段从韩信嘴里说出来的话："狡兔死，走狗烹；高鸟尽，良弓藏；敌国破，谋臣亡。"说的是刘邦在建立汉朝之后剪除异姓诸侯王，大杀功臣的事，给汉高祖刘邦勾画出一副疑神疑鬼寡恩刻薄的嘴脸。尽管刘邦有不得已的苦衷，但还是遭至后人无穷的非议。如果把他与朱元璋相比，那简直是小巫见大巫了。刘邦不过是在异姓诸侯王反叛的咄咄逼人形势下进行了一场武装反击，朱元璋则是在并无反叛迹象时精心策

划一场又一场的大屠杀。

洪武十年之前，朱元璋前后一共杀害了三名功臣，他们是淮安侯华云龙、德庆侯廖永忠、刘伯温。他们三个人的罪名都是违制。华云龙是因为“据元相脱脱第宅，僭用故元宫中物”得罪，《明史》上没有说明华云龙的死因，只是含糊地说他“未至京，道卒 ”，但是，也语焉不详地道出了一点细节——“召（华云龙）还，命何文辉往代。”，何文辉是何许人也呢？只要看一下他的在明史的本传就知道了，这是一个和李文忠等人齐名的军事特务，是朱元璋的义子，长年负责代替朱元璋监临统军诸将的类似于后来的锦衣卫头子一般的人物，以他这样的身份被派到北平显然是特别具有深意的。据谈迁考证，华云龙是被赐死的，死得也还算是体面，因为随后朱元璋让他的儿子华中接替了侯爵，功臣没有除爵，应该是洪武朝的“善终”。

德庆侯廖永忠是兄弟共同辅佐朱元璋，特别值得一提的是，廖永忠为朱元璋办了一件大事，那就是奉命凿沉小明王韩林儿的座船，给朱元璋解除了后顾之忧，然而，朱元璋为了掩盖自己的真实意图，居然没有封给廖永忠赏赐，当然，理由还是老一套，就是亲近儒生、窥测朕意等。曾几何时，廖永忠几乎杀身于鄱阳湖，朱元璋手书“功超群将，智迈雄师”赐给廖永忠，而后平蜀，以永忠军功最高，呼之为“傅一廖二”（意为傅友德第一、廖永忠第二），洪武八年，永忠因“僭用龙凤诸不法事，赐死”，五年之后，儿子廖权才被允许袭爵，而廖永忠的孙子廖镛兄弟是方孝孺的弟子，后来奉命劝降方孝孺，不果被杀（理由居然是给方孝孺收尸）。

刘伯温以元末进士出任地方官。朱元璋打到浙东后，礼聘他为谋士。足智多谋的刘伯温向他的主公提出削平群雄的谋略——先图陈友谅，后取张士诚，再北伐中原，帮助朱元璋成就帝业，其功劳并不逊色于李善长。由于他不是淮西集团中人，开国后大封功臣时，只封为诚意伯，岁禄 240 石，与李善长的封为韩国公，岁禄 4000 石，相去甚远。而且他只不过是

御史中丞（御史台的副长官），并无多大实权。朱元璋对刘伯温颇为信任，为了撤换李善长，另择丞相人选而征求他的意贝，君臣之间有一场推心置腹的对话。刘伯温虽然受到李善长的排挤，仍然出于公心劝导主公不要撤换李善长："善长勋旧，能调和诸将。"朱元璋说："是数欲害君，君乃为之地耶？吾行相君矣。"

刘伯温深知在淮西集团当权的情况下，难以在朝廷施展手脚，坚决辞谢。朱元璋又问："杨宪如何？"刘伯温并不因为与杨宪有私交而说昧心话："（杨）宪有相才，无相器。夫宰相者，持心如水，以义理为权衡，而己无与者也，（杨）宪则不然。"朱元璋又问："汪广洋如何？"刘伯温说："此偏浅殆甚于（杨）宪。"朱元璋又问："胡惟庸如何？"刘伯温说："譬之驾，惧其偾辕也。"在刘伯温看来，胡惟庸最为糟糕，好比一匹劣马，叫它驾车，必然会翻车坏事。朱元璋见以上人选都不合适，再次邀请刘伯温出任丞相："吾之相，诚无逾先生。"

刘伯温再次推辞："臣疾恶太甚，又不耐繁剧，为之且辜上恩。天下何患无才，明主悉心求之。目前诸人，诚未见其可也。"

但是后来朱元璋还是根据李善长的推荐，选择了胡惟庸——一个远不如李善长善于出谋划策，却精于拍马奉承玩弄权术的小人。胡惟庸是李善长的同乡（都是定远人），在朱元璋攻克和州时归附红巾军。洪武三年，因李善长的提携拜中书省参知政事，不久代汪广洋为中书省左丞。以后又拜右丞相，继而为左丞相。由于他逢迎有术，深得朱元璋宠信，形成一人独相的局面。正如《明史》所说："帝以（胡）惟庸为才，宠任之，惟庸亦自励，尝以曲谨当上意，宠遇日盛。独相数岁，生杀黜陟，或不奏径行。内外诸司上封事，必先取阅，害己者匿不以闻。四方躁进之徒，及功臣武夫失职者争走其门，馈遗金帛名马玩好，不可胜数。"其活脱脱一副小人得志不可一世的嘴脸。大将军徐达得悉他的奸猾行径，深恶痛绝，把他的劣迹上告皇帝。胡惟庸得知后，引诱徐达府上的门房，企图加害徐

达，虽然未能得逞，此人心计毒辣的小人心态却暴露无遗。他自恃与李善长关系非同一般（自己的侄女嫁给李善长的侄子为妻，结成姻亲）；有这样的元老重臣为后盾，胡惟庸更加胆大妄为。

刘伯温鉴于在朝廷难以立足，于洪武四年（1371）告老回乡，怕遭至政治灾祸，索性隐居山中，不再与闻政汉，每天以饮酒下棋为乐，口不言功。他想逃避现实，但政治斗争的漩涡仍然把他卷了进去。胡惟庸获悉刘伯温曾在皇帝面前说他无能，怀恨在心。当时胡惟庸以左丞掌中书省事，指使亲信官员攻击刘伯温，无中生有地诽谤刘伯温用有“王气”的十地营造自己的坟墓，图谋不轨，刺激朱元璋的猜忌心理。结果是在意料之中的，刘伯温被剥夺了官禄。刘伯温惧怕带来更大的祸水，赶赴南京当面向皇帝请罪，并且留京不归，以明心迹。不久胡惟庸当上了左丞相，刘伯温大为悲戚：“使吾言不验，苍生福也。”从此忧愤成病，没有多长时间就死去了。关于刘伯温的死因，后来胡惟庸案发，有人告发说，刘伯温是胡惟庸毒死的。

对于刘伯温的死，孟森先生十分感慨地说：“刘伯温的归隐，实为惧祸，急流勇退。（朱）元璋视其为张良，因而他俩之间知无不言，言听计从。刘伯温每遇急难，勇气奋发，计划立定，人莫能测，（朱）元璋每恭己以听，呼为老先生。然而急流勇退尚且不免于祸。”

朱元璋后来与刘伯温的儿子谈起此事，把责任一股脑儿推到“胡党”身上。他说：“刘伯温在这里时，满朝都是党，只是他一个不从，吃他毒蛊了。”那意思是说刘伯温是被“胡党”毒死的。他还说：“刘伯温在这里时，胡家结党，只是老子说不倒。”朱元璋公开对外也是这样说：“后来胡家结党，（刘伯温）吃他下了蛊。只见一日（刘伯温）来（对）我说，上位，臣如今肚内一块硬结胆，谅看不好。我差人送他回去，家里死了。后来宣得他儿子来问，说道涨起来紧紧的，后来泻得瘪瘪的，却死了，这正是着了蛊了。”一口咬定刘伯温是被胡惟庸毒死的。但是据吴晗考证：“刘伯温被毒，出于明太祖之阴谋，胡惟庸旧与刘伯温有恨，不自觉地被明太祖所利用。”如果吴晗的考证正确，那么刘伯温的死，就更具有悲剧色彩。朱元璋对亲信存有二心，连视为张良的刘伯温也不放过，却轻信胡惟庸，听任他胡作非为，又把责任推得一干二净。凭他的权力威望，“胡家结党”他真的“说不倒”吗？后来他终于对胡惟庸下手，其实也是对亲信存有二心的进一步发展。

胡惟庸的专断独行，使相权与皇权的冲突明朗化了。胡惟庸之前，李善长小心谨慎，徐达经常带兵在外，汪广洋只知饮酒吟诗，相权与皇权的矛盾不甚明显。胡惟庸为相七年，大权独揽，使朱元璋觉得大权旁落，除了剪除别无选择。

洪武十三年（1380），朱元璋宣布以“擅权植党”罪处死胡惟庸。以“擅权植党”罪处死胡惟庸绰绰有余，要以它来罗织一个“胡党”，株连一大批功臣宿将，却未免牵强附会。为了把罪网罗织得更大，奇怪的事情发生了，在胡惟庸死后，他的罪状逐步升级，显然醉翁之意不在酒，是要置那些“胡党”于死地。明代的心腹大患是“北虏南倭”，由此着手制造罪状最具杀伤力，于是乎胡惟庸死后罪状升级为“通倭通虏”，用它来株连开国元勋。平心而论，胡惟庸的被杀完全是咎由自取，但受胡惟庸牵连被杀的大批功臣却多是无辜的。胡案实际上成为朱元璋整肃功臣的借口，凡是他认为心怀怨望的，行为跋扈的大臣，都被加上“胡党”的罪名，处死抄家。

洪武二十三年（1390），即胡惟庸被杀十年之后，罪状又升级为“谋反”。

李善长是朱元璋的第二大谋臣和功臣，和朱元璋是儿女亲家。但朱元璋对他仍不放心，必欲去之而后快。恰好其弟李存义和胡惟庸联姻，朱元璋便借此大做文章，指使坐罪胡惟庸案的丁斌（李善长的私亲）告发李存义曾串通胡惟庸谋反。狱吏对李存义父子施以重刑，二人熬刑不过，只好

按狱吏的主意（实则是朱元璋的主意）“承认”是奉了李善长的指使。那时一班朝臣，希承意旨，联章交劾善长，统说是大逆应诛，一桩“谋反案”就此制造出来。此时朱元璋还要故作姿态，说李善长是大功臣，应法外施恩。偏偏太史又奏言星变，只说此次占星，应在大臣身上，须加罚殛，于是太祖遂下了严旨，赐善长自尽。此时李善长已七十七岁，所有家属七十余人，尽行处斩。只有一子李琪，曾尚临安公主，得蒙免死，流徙江浦。外如吉安侯陆仲亨、延安侯唐胜宗、平凉侯费聚、南雄侯赵庸、江南侯陆聚、宜春侯黄彬、豫章侯胡美即胡定瑞、荥阳侯郑遇春等，一并押赴刑场处斩。株连被杀的功臣及其家属共计达三万余人。为了平服人心，朱元璋特地颁布《昭示奸党录》，株连蔓延达数年之久。连一向与胡惟庸关系疏远的“浙东四先生”也未能幸免，以“胡党”之名被杀，宋濂的孙子宋慎也牵连被杀，宋濂本人则贬死于四川茅州。

一年以后，解缙上疏为其申冤，他起草的《论韩国公冤事状》，由郎中王国用冒死呈上，大意是：李善长为陛下打天下，是第一勋臣，假使帮胡惟庸成事，也不过如此，况且他已经年迈，根本没有精力再折腾，何苦如此！朱元璋看了以后，无话可说。

后世史家对胡惟庸党案颇持怀疑态度。王世贞就对胡惟庸“谋反”之说表示难以相信。谈迁说得更加明确，“惟庸非叛也”，乃“积疑成狱”，可谓一语道破。

蓝玉党案也是如此。洪武二十六年（1393），朱元璋借口凉国公蓝玉谋反，株连杀戮功臣宿将。因蓝玉案被株连杀戮者，当时称之为“蓝党”。该案与胡惟庸案合称为“胡蓝之狱”。经两个案件发生后，明朝元功宿将已屠戮殆尽。

蓝玉，开平王常遇春内弟。初隶常遇春帐下，有谋略，作战英勇，屡立战功。由管军镇抚积升至大都督府佥事。洪武十四年封永昌侯。二十年拜为大将军，屯蓟州。二十一年捕鱼儿海（今内蒙古自治区东部贝尔湖）

之战，杀北元太尉蛮子等，降其众，获马驼牛羊十五万余，焚其甲仗蓄积；又破哈剌章营，获人畜甚多。朱元璋对其宠遇甚隆，比之为卫青、李靖，封为凉国公。但蓝玉居功自傲，日益骄横跋扈。他蓄庄奴假子达数千人之多；乘势暴横，并仗势侵占东昌（今山东聊城）民田。当御史按问时，竟将御史鞭打后赶走。北征时私占大量珍宝驼马无算。回师夜经喜峰关，因守关吏未及时开门，竟纵兵毁关而入。他的所作所为，引起朱元璋不满。但蓝玉犹不收敛，擅定军中将校升降与军队进止，导致朱元璋数次责备。洪武二十六年，锦衣卫指挥告发蓝玉谋反，下狱严讯后，狱词称同景川侯曹震、鹤寿侯张翼、舳舻侯朱寿、定远侯王弼、东莞伯何荣及吏部尚书詹徽、户部侍郎傅友文等谋反，拟乘朱元璋藉田时发动叛乱。朱元璋遂族诛蓝玉等，并株连蔓引，自公侯伯以至文武官员，被杀者约两万人。朱元璋还手诏布告天下，并条例爰书为《逆臣录》。列名《逆臣录》者，有一公、十三侯、二伯。

关于朱元璋疯狂屠杀功臣元勋的心理动因，后世历史学家有不同的解释，最有代表性的解释是，朱元璋看到皇太子懦弱，担心他死后强臣压主，所以事先消除隐患。这种解释有一则宫廷秩闻可为佐证：有一天皇太子劝说父亲不要杀人太多，朱元璋把一根长满了刺的棍子丢在地上，命皇太子用手拾起来。皇太子一把抓住刺棍，结果给扎破了手掌并连声呼痛。朱元璋说，我事先为你拔除棍上的毒刺，你难道不明白我的苦心吗！

勤政爱民，是非只留后人评

朱元璋虽然杀性重，却也是中国历史上勤政的皇帝之一，他从来不惮给自己增加工作量。从登基到去世，他几乎没有休息过一天。在遗诏中他说："三十有一年，忧危积心，日勤不怠。"据史书的记载，从洪武十八年（1385）九月十四日至二十一日，八天之内，朱元璋审批阅内外诸司奏札共一千六百六十件，处理国事计三千三百九十一件，平均每天要批阅奏札二百多件，处理国事四百多件。

朱元璋的节俭，在历代皇帝中也堪称登峰造极。称帝后，在应天修建宫室，只求坚固耐用，不求奇巧华丽，还让人在墙上画了许多历史故事，以提醒自己。朱元璋每天早饭，"只用蔬菜，外加一道豆腐"。他所用的床，并无金龙在上，"与中人之家卧榻无异"。他命工人给他造车子造轿子时，按规定应该用金子的地方，都用铜代替。主管的官员报告说用不了很多黄金，朱元璋却说，他不是吝惜这点黄金，而是提倡节俭，自己应作为典范。朱元璋还在宫中命人开了一片荒来种菜吃。洪武三年（1370）正月的一天，朱元璋拿出一块被单给大臣们传示。大家一看，被单都是用小片丝绸拼接缝成的百纳单。朱元璋说："此制衣服所遗，用缉为被，犹胜遗弃也。"

明朝伊始，朱元璋实行了发展生产，与民休息的政策。1368 年，外地

州县官进京，朱元璋对他们说："天下初定，老百姓财力困乏，像刚会飞的鸟，不可拔它的羽毛；如同新栽的树，不可动摇它的根，重要的是休养生息。"

朱元璋还鼓励开垦荒地，1370年其下令：北方郡县荒芜田地，不限亩数，全部免三年租税。他还采取强制手段，把人多地少地区的农民迁往地广人稀的地区；对于垦荒者，由朝廷供给耕牛、农具和种子；并规定免税三年，所垦之地归垦荒者所有；还规定，农民有田五至十亩的，必须栽种桑、棉、麻各半亩，有田十亩以上者加倍种植。这些措施大大激发了农民垦荒的积极性。

除了民屯外，明初还有军屯和商屯。军屯由卫所管理，官府提供耕牛和农具。明军士屯守比例是边地军队三分守城，七分屯田；内地军队二分守城，八分屯田。军粮基本上自给自足。商屯是指商人在边境雇人屯田，就地交粮，省去了贩运费用，获利更丰。商屯的实行，解决了军粮问题，同时也开发了边疆。

朱元璋深知灾荒给农民造成的痛苦，即位后常常减免受灾和受战争影响的地区的农民的赋税，或给以救济。多次在全国范围内实行大型的租税蠲免。洪武二年是明初第一次大规模地蠲免赋税。之后的三年、四年、九年，也曾在应天、河南、北平、山东、江西、两浙等地陆续蠲免赋税。到洪武二十四年统计时天下田土，已达到3874746顷。

朱元璋还十分爱惜民力，提倡节俭。在朱元璋的推动下，农民生产热情高涨。明初农业发展迅速，元末农村的残破景象得以改观。农业生产的恢复发展，促进明代手工业和商业的发展。朱元璋的休养生息政策巩固了新王朝的统治，稳定了农民生活，促进了生产的发展。

朱元璋十分重视兴修水利和赈济灾荒。在即位之初就下令，凡是百姓提出有关水利的建议，地方官吏须及时奏报，否则加以处罚。到1395年，

全国共开塘堰大约 40987 处，疏通河流大约 4162 道。

明初，由于连年战乱，加上疫病流行、河水连连泛滥，中原人口锐减，而山西却未经大战，人口稠密。河南、河北、山东三省人口相加，还不及山西人口的一半。中原大地赤野千里，人迹罕至。为此，朱元璋下决心从山西大规模移民整修河堤、恢复盐场、发展生产。

洪武移民是中国历史上规模最大，历史最久的一次有组织有计划的迁移行动，涉及人数达百万之众。其声势之大，范围之广，旷古绝今。洪武移民不仅合理地分布了人口生存空间，而且移民与当地土著在文化上、心理上、习俗上经过长期的交融交换，地域文明必然会相互照应，为大明帝国成为当时世界最强盛的国家奠定了基础，为汉民族文化发展做出了贡献。

朱元璋从元朝灭亡中看到，除了统治者本身的素质以外，整个社会失于教化也是一个原因。因此，他登基后，就采取措施，兴建学校，选拔学官，并坚持把“教育工作”作为衡量地方官政绩的重要指标。为了选拔能听命于皇帝的官吏，明朝政府规定科举考试只许在四书五经范围内命题，考生只能根据指定的观点答卷，不准发挥自己的见解。答卷的文体，必须分成八个部分，称为“八股文”。

洪武九年（1376）六月，山东日照县知县马亮任职考满，入京觐见皇帝，州里给他下的评语是“无课农兴学之绩而长于督运”。针对这个鉴定，朱元璋的批示是，农桑乃衣食之本，学校是风化之源，这个县令放着分内的事不做却长于督运，这是他的职责吗？结果，那位马县令不但没有晋升反而被“黜降”了。

有一次退朝后，朱元璋召儒臣谈论治国之道，大家畅所欲言，只有国子学官李思迪和马懿沉默不语。朱元璋极不高兴，把他们给贬了。之后，在下发给国子监的“通报”中说：“身为人师，应该“模范其志，竭胸中所有，发世之良能，不隐而训……”李思迪和马懿，出身草野，能与皇帝议论国事，皇帝这么虚心请教，他们竟连一句话都不愿说，对皇帝尚且如此，还能指望他们尽心尽力教学生吗？

对待“国子学官”，朱元璋的标准更高，除了关注国计民生，还要具备参政议政的素质。

洪武三年（1370），朱元璋下令设科取士，士人参与科举考试必须通过三场的考试，不过写法或偶或散，无定规。文科考试内容主要局限于四书五经，考试文体通用八股文，虚内容而重形式，因而明代科举制又称八股取士。

朱元璋对天下老年人施以尊重，颁布诏书和法令，规定每地要善待老人，并让县官定期送去米面衣物进行慰问。朱元璋怕执行不力，就又叮嘱礼部尚书，要以皇帝的名义再次重申一下这项政策。

为了让居家养老者有人服侍，洪武六年规定 :“民年七十以上者，许令一子侍养，免其差役。”也就是说，为了更好地让 70 岁以上的老人安度晚年，国家允许老人的一个儿子免于服役。

对于那些孝敬老人的人，朝廷不但给予精神表扬，还给予物质奖励，赏赐衣物，发放奖金。而且，这些孝子孝女年老时可以享受特殊待遇，当他们年届 60 岁就可以享受普通老人 80 岁时才能享受的福利待遇。如果孝亲模范不幸成为孤老，那么他们在家就可以享受到在养济院的同等待遇，当地养济院会每月按标准把钱粮送到他们家中。去世后，官府还会发放三两银子作为丧葬费。

在朝廷的要求和带动下，形成了尊老养老的风气，赡养老人的要求也渗透到各地家法族规之中。被朱元璋称为“江南第一家”的浦江郑氏的《郑氏规范》是中国传统家法族规的代表作。

朱元璋时代是中国古代社会福利最好的时期。免费养老院（养济院）、

免费医院（漏泽园）和免费公墓（养济院）统统出现了。朱元璋还曾经试验过“保障房”政策，命令在南京试点，于郊外修筑公房，并安排无家可归者居住，是世界最早的国家免费福利公房。

洪武三十一年（1398）五月，明太祖朱元璋心力交瘁，终于病倒。病势转危，便立遗诏说他称帝 31 年来“忧危积心，日勤不怠”。这写出了他辛劳的一生，也写出了他处于统治阶级内部激烈斗争之中的心境。遗诏中他命太孙朱允炆继位，诸子各自镇守藩国，不必赴京奔丧，以防变乱。不久他病死于南京西宫。朱元璋死后，被谥为高皇帝，庙号太祖。

二、传承篇

打江山不易，坐江山更难

“为君难，为臣又难，难也难；创业难，守成更难，难也难；保家难，保身又难，难也难！”明王朝从创立伊始，似乎就笼罩在血雨腥风之中。自朱元璋，明王朝经历了几次兵变，几次祸乱，又有几次中兴，纵观历代王朝，似乎没有这般曲折的了。

靖难之变——儿与孙的相爱相杀

农民出身的皇帝朱元璋为了确保明王朝千秋万代地统治下去，一方面加强君主专制统治，把军政大权牢牢地掌握在皇帝一人手中；另一方面，他想方设法加强皇室本身的力量，其具体的办法就是分封诸王。他把自己的 24 个儿子和 1 个重孙封为亲王，分驻全国各战略要地，想通过他们来屏藩王室。朱元璋是这样说的："天下之大，必建藩屏，上卫国家，下安生民，今诸子既长，宜各有爵封，分镇诸国。"

从全国来看，这些封藩主要有两类，一是腹里，二是边塞要地。受封诸王在自己的封地建立王府，设置官属，地位相当高，公侯大臣见亲王都得伏而拜谒，无敢钧礼。每一个藩王食粮万石，并有军事指挥权，于王府设亲王护卫指挥使司，辖军三护卫，护卫甲士少者 3000 人，多者两万人。边塞诸王因有防御蒙古贵族侵扰的重任，所以护卫甲士尤多。北平的燕王朱棣拥兵 10 万，大宁的宁王朱权"带甲八万，革车六千"。他们在边塞负责筑城屯田、训练将兵、巡视要害、督造军器。晋王、燕王多次出塞征战，打败元朝残余势力的军队，尤被重视，军中大将皆受其节制，甚至特诏二王军中小事自断，大事才向朝廷报告。尤其是燕王，由于功绩卓著，朱元璋令其"节制沿边士马"，地位独尊。

藩王势力的膨胀，势必构成对中央政权的威胁。在朱元璋大封诸王的时候，有个叫叶伯巨的人指出，藩王势力过重，数代之后尾大不掉，到那

时再削夺诸藩，恐怕会酿成汉代“七国之叛”、西晋“八王之乱”的悲剧，提醒朱元璋“节其都邑之制，减其卫兵，限其疆土”。朱元璋不但不听其劝告，反而把叶氏抓进监牢，囚死狱中。事态的发展，远远超出了叶伯巨的预料，中央政权与藩王之间的矛盾，未及数世而在朱元璋死后就立即强烈地爆发了。

燕王朱棣是朱元璋的第四子，生于元末战乱时期。那时群雄并起，互相征伐。朱棣出生时，朱元璋与陈友谅正打得不可开交，没有时间给儿子起名字的。

公元 1367 年，朱元璋准备转过年头就要正式登基做皇帝了，看到自己已经有了 7 个儿子。这时形势已经初安，他决心要为儿子们正式取名了。这时朱棣已经 7 周岁，他这才和众兄弟一样有了自己的名字。洪武三年（1370），朱棣十岁，受封燕王。曾居凤阳，对民情颇有所知。

洪武九年（1376），朱棣已是 17 岁青年，朱元璋准备让他们到外地去当藩王。就在这一年，朱棣兄弟们一起来到安徽凤阳老家，那时被称为“中都”。这里埋葬着他们的祖父母，也是朱元璋小时候为大户人们放牛放羊的地方，老百姓的生活都很困苦。朱棣在这里住了三四年，民间生活对他的思想意识产生了深刻的影响。朱棣是个有心人，“民间细事，无不究知”。他当皇帝以后，还经常对儿子们说起他这段生活。认为自己能南北征战，不畏塞外风寒，就得益于这段经历。朱棣在凤阳的这段生活可看作是宫廷教育的实习阶段，他回去就要准备到外地去当藩王了。

朱元璋同时对朱棣和其他的几个子女们加强了教育，朱棣兄弟们除了接受师傅们的教育外，还要随时接受朱元璋的训诫。朱棣从朱元璋那里接受的完全是封建正统教育。对此，朱元璋曾有一段明确的自白：朕于诸子常切谕之：一、举动戒其轻；二、言笑厌其妄；三、饮食教之节；四、服用教之俭。怨其不知民之饥寒也，尝使之少忍饥寒；怨其不知民之勤劳也，尝使之少服劳事。

洪武十三年（1380），朱棣就藩燕京北平，之后多次受命参与北方军事活动，两次率师北征，曾招降蒙古乃儿不花，并曾生擒北元大将索林帖木儿，加强了他在北方军队中的影响。朱元璋晚年，长子太子朱标、次子秦王朱樉、三子晋王朱㭎先后去世，故朱元璋四子朱棣不仅在军事实力上，而且在家族尊序上都成为诸王之首。

洪武二十五年（1392）太子朱标病死，朱元璋立太子的嫡子朱允炆为皇太孙。洪武三十一年（1398），朱元璋病逝，朱允炆即皇帝位。燕王“自北平奔丧”，朱允炆称太祖有遗诏，令诸王不得来京奔丧。诸王认为哪里有父死遗令子孙不得奔丧之理，对遗诏的真伪颇有怀疑，一时之间流言四起，朱允炆与众多叔父之间的关系骤然紧张起来。

朱允炆起用齐泰为兵部尚书，黄子澄为太常卿兼翰林院学士，同参军国事。齐黄二人坚决主张削藩，于是朱允炆与他们密谋削藩之事。

对于如何着手削藩，齐泰和黄子澄有不同的看法。齐泰想先削燕王，黄子澄说：“不然，周、齐、湘、代、岷诸王在先帝时多不法，削之有名。今欲问罪，宜先周。周王，燕之母弟，削周是剪燕手足也。”他认为削藩应先从有不法行为的藩王开始，这样才能名正言顺。周王朱橚是燕王朱棣的同母兄弟，又有不法行为，应先削周王。

恰逢周王次子告其父谋不轨，并牵连到燕王、齐王、湘王。朱允炆便命曹国公李景隆到开封把朱橚抓回京师。没过多久，朝廷又逮捕齐王朱榑、代王朱桂、岷王朱楩等，对朝廷早有戒心的朱棣更加“疑惧”。

这个时候，户部侍郎卓敬也在思考朝廷应如何解决藩王拥兵自重的问题，他秘密上疏朱允炆：“燕王智虑绝伦，雄才大略，酷类高帝。北平，形胜地，士马精强，金元所由兴。今宜徙封南昌，万一有变，亦易控制。”建议把燕王改封为南昌王，把他调离北平。第二天，朱允炆召见卓敬，说：“燕王，朕骨肉至亲，卿何得及此！”卓敬叩头说：“臣所言天下至计，愿陛下察之。”但朱允炆不采纳他的意见。

吏部官员高巍对朝廷削藩持不同意见，他上书朱允炆，称：“高皇帝分封诸王，比之古制，既皆过当。诸王又率不法，违犯朝制，不削则朝廷纪纲不立，削之则伤亲亲之恩。贾谊曰：‘欲天下治安，莫如众建诸侯而少其力。’今盖师其意，勿行晁错削夺之谋，而效主父偃推恩之策。在北诸王子弟分封于南，在南子弟分封于北。如此，则不削之削也。”

高巍提到的贾谊、晁错、主父偃均为西汉人。汉初同姓王势力强大，贾谊建议汉文帝把大国分为小国，晁错屡次向汉文帝建议削夺诸王的封地。汉景帝时，吴王跋扈，晁错又上“削藩策”，景帝用晁错之策，引起“七国之乱”。汉武帝时期，诸王虽不像以前那样强大难制，但有的王国仍然“连城数十，地方千里”，威胁着中央政权。汉武帝并未采用削藩措施，而是采纳主父偃的建议，允许诸侯王推“私恩”把王国土地的一部分分给子弟，并封其子弟为列侯。推恩诏下后，诸侯王纷纷请求把土地分给子弟，西汉王朝“不行黜陟而藩国自析”。武帝以后，王国辖地不过数县，诸侯王强大难制的问题就这样基本解决了。

高巍劝朱允炆“勿行晁错削夺之谋，而效主父偃推恩之策”，与卓敬的建议有异曲同工之妙，应是解决明初藩王强大难制问题的良策。但朱允炆优柔寡断，“嘉之而不能用”。他坚决推行削藩，很快就把火烧到了燕王朱棣身上。

朱元璋当国时，恐权臣篡权，规定藩王有移文中央索取奸臣和举兵清君侧的权利，他在《皇明祖训》中说：“朝无正臣，内有奸逆，必举兵诛讨，以清君侧。”朱棣以此为理由，指齐泰、黄子澄为奸臣，须加诛讨，并称自己的举动为“靖难”，即靖祸难之意。因此，历史上称这场朱明皇室内部的争夺战争为“靖难之役”。

朱棣起兵不久，即攻取了北平以北的居庸关、怀来、密云和蓟州、遵化、永平（今河北卢龙）等州县，扫平了北平的外围，排除了后顾之忧，便于从容对付朝廷的问罪之师。

经过朱元璋大肆杀戮功臣宿将之后，朝廷也无将可用，朱允炆只好起用年近古稀的幸存老将耿炳文为大将军，率军十三万伐燕。建文元年八月，师至河北滹沱河地区。燕王在中秋夜乘南军不备，突破雄县，尽克南军的先头部队。继而又于滹沱河北岸大败南军的主力部队。建文帝听到耿炳文军败，根据黄子澄的推荐，任李景隆为大将军，代替耿炳文对燕军作战。

李景隆本是纨绔子弟，素不知兵，“寡谋而骄，色厉而馁”。九月，李景隆至德州，收集耿炳文的溃散兵将，并调各路军马，共计50万，进抵河涧驻扎。当朱棣侦知李景隆军中的部署后，笑着说，兵法有五败，李氏全犯了，其兵必败无疑，这就是政令不修，上下离心；兵将不适北平霜雪气候，粮草不足；不计险易，深入趋利；求胜心切，刚愎自用，但智信不足，仁勇俱无；所部尽是乌合之众，且不团结。为了引诱南军深入，朱棣决计姚广孝协助世子朱高炽留守北平，自己亲率大军去援救被辽东军进攻的永平，并告诫朱高炽说：“李景隆来，只宜坚守，不能出战。”朱棣还撤去了卢沟桥的守兵。

朱棣这一招果然灵验，李景隆听说朱棣率军赴援永平，就率师于十月直趋北平城下。经过卢沟桥时见无守兵，禁不住欢喜，说：“不守此桥，我看朱棣是无能为力了。”这时朱高炽在北平城内严密部署，拼死守卫。李景隆则号令不严，指挥失当，几次攻城，皆被击退。南军都督瞿能曾率千余精骑，杀入张掖门，但后援不至，只好停止进攻。又因李景隆贪功，要瞿能等待大部队一起进攻，错过了时机。燕军则因此得到喘息，连夜往城墙上泼水，天冷结冰，待到次日，南军再也无法攀城进攻了。

朱棣解救永平之后，率师直趋大宁（今内蒙古自治区宁城西）。大宁为宁王朱权的封藩，所属朵颜诸卫，多为蒙古骑兵，骁勇善战。朱棣攻破大宁后，挟持宁王回北平，合并了宁王的部属及朵颜三卫的军队。朱棣带着这些精兵强将于十一月回师至北平郊外，进逼李景隆军营。燕军内外夹攻，南军不敌，李景隆乘夜率先逃跑，退至德州。次日，士兵听说主帅已

逃，“乃弃兵粮，晨夜南奔”。

建文帝为大臣所蒙蔽，反而奖励打了败仗的李景隆。建文二年（1400）四月，李景隆会同郭英、吴杰等集合兵将60万众，号称百万，进抵白沟河（今河北雄县北）。朱棣命令张玉、朱能、陈亨、丘福等率军十余万迎战于白沟河。战斗打得十分激烈，燕军一度受挫。但南军政令不一，不能乘机扩大战果。燕军利用有利时机，力挫南军主将，南军兵败如山倒，李景隆再次退走德州。燕军跟踪追至德州。五月，李景隆又从德州逃到济南。朱棣率燕军尾追不舍，于济南打败李景隆率领的立足未稳的十余万众。济南在都督盛庸和山东布政使铁铉的死守下得以保住。朱棣围攻济南三月未下，遂回撤北平。李景隆一败再败，建文帝撤免了他的大将军职务，代之以盛庸。

建文二年九月，盛庸率兵北伐，十月，至沧州，为燕军所败。十二月，燕军进至山东临清、馆陶、大名、汶上、济宁一带。盛庸率南军于东昌（今山东聊城），严阵以待。燕军屡胜轻敌，被南军大败，朱棣亲信将领张玉死于战阵，朱棣自己也被包围，借朱能援军的接应才得以突围。东昌战役是双方交战以来，南军取得的第一次大胜利。兵败后，朱棣总结说：“东昌之役，接战即退，前功尽弃，今后不能轻敌，不能退却，要奋不顾身，不惧生死，打败敌手。”

建文三年（1401）2月，朱棣率军出击，先后于滹沱河、夹河、真定等地打败南军。接着，又攻下了顺德、广平、大名等地。燕军夺得的城池虽多，但往往得而复失，不能巩固。正在朱棣为此而苦恼之际，南京宫廷里不满建文帝的太监送来了南京城空虚宜直取的情报。朱棣据此决定举兵南下，直指京城。

建文四年（1402）正月，燕军进入山东，绕过守卫严密的济南，破东阿、汶上、邹县，直至沛县、徐州。四月，燕军进抵宿州，与跟踪追击的南军大战于齐眉山（今安徽灵璧县境），燕军大败。双方相持于淝河。在

这次决战的关键时刻，建文帝受一些臣僚建议的影响，把徐辉祖所率领的军队调回南京，削弱了前线的军事力量，南军粮运又为燕军所阻截，燕军抓住时机，大败南军于灵璧，仅俘获南军将领即几百人。自此，燕军士气大振，南军益弱。朱棣率军渡过淮水，攻下扬州、高邮、通州（今江苏南通）、泰州等要地，准备强渡长江。

建文帝曾想以割地分南北朝为条件同燕王议和，被拒绝。六月初三，燕军自瓜洲渡江，十三日进抵金川门，守卫金川门的李景隆和谷王朱橞开门迎降。燕王进入京城，文武百官纷纷跪迎道旁，在群臣的拥戴下即皇帝位，是为明成祖，年号永乐。历时四年的“靖难之役”以燕王朱棣的胜利而告终。

建文帝朱允炆的失败，与他所谓的“仁孝”有很大的关系。

当年朱棣起兵造反的消息传到京师后，朱允炆决定出兵伐燕，在部队出发前，朱允炆告诫将士：“一门之内自极兵威，不祥之甚。今尔将士与燕王对垒，务体此意，毋使朕有杀叔父名。”

朱允炆天性仁孝，他明令诸将不得伤害燕王，相信是真心之言。但他没想到这句圣旨直接关系到这场战争的胜败。俗语说，擒贼先擒王，只有消灭了敌人的首领，才能彻底战胜敌人。燕王以逆犯顺，全靠他个人的威信，如果他一死，“靖难之师”便失去了灵魂，燕军便会不战自溃。朱允炆在将士出征前说出这样的话，给朱棣提供了保护伞，使将士面对朱棣时不敢放手一搏。

在长达数年的战争中，朱棣每每身先士卒，虽然“濒于危者数”，但明军诸将“莫敢加刃”。在东昌（今山东聊城）之战中，燕师大败，主将张玉战死。燕师败退时朱棣独自一人殿后，追者数百人不敢逼。在滹沱河之战中，朱棣竟然在对方阵地中野宿，被明军发现后又穿营而过，而官军将士“莫敢一矢相加遗”，眼睁睁地看着朱棣扬长而去。

春秋时期，宋襄公用仁义道德指导战争，在泓水（今河南柘城西北）

之战中坐失战机，被楚军打得大败，宋襄公自己也做了“仁义”的牺牲品。朱允炆不懂得战争的规律，在关键时刻讲仁义，重蹈宋襄公的覆辙，最终被朱棣打败，给后人留下深刻的教训。

燕王进京后，宫中起火，建文帝下落不明。有的说建文帝于宫中自焚而死，或云建文帝由地道出亡，落发为僧，云游天下，传说他于正统朝入居宫中，寿年而终。建文帝的真正下落已不可确考，成为明史上的一大悬案。而当上皇帝的朱棣，大肆杀戮曾为建文帝出谋划策及不肯迎附的文臣武将。齐泰、黄子澄、景清等被整族整族地杀掉。“命赤其族，籍其乡，转相扳染，谓之瓜蔓抄，村里为墟。”有“读书种子”之谓的方孝孺，因不肯为朱棣撰写即位诏书，九族全诛，这还没有完，又将其朋友门生作为一族全部杀掉，十族共诛 873 人。这次清洗极为残酷，共有数万人惨死于朱棣的屠刀之下。四年的“靖难之役”，给明初刚刚有所恢复的社会经济以较大的破坏，而直接遭到战争践踏的地区，破坏更为严重，史书上称“淮以北鞠为茂草”，当为真言。

明成祖朱棣不承认建文年号，以即位当年为洪武三十五年，次年改元永乐元年。虽然朱棣因为反对惠帝削藩而起兵，但他即位后却跟惠帝一样推行削藩。

因为在这场战争中，京中宦官提供的情报帮助朱棣击败了惠帝朱允炆，朱棣即位后便改变太祖朱元璋以来禁止宦官干政的政策，开始重用宦官，埋下日后宦官祸国的种子。

永乐之治——明王朝的强盛时代

燕王朱棣经过四年的战争终于爬上了龙椅，做了大明的皇帝。虽然这位凭借政变上台的皇帝手腕刚猛，但从其治国的政绩来看，他仍然是一位值得肯定的皇帝。明成祖也是明朝历史上少见的颇有作为的皇帝。

建文帝继位后，下诏削藩。朱棣以“诛齐黄、清君侧”起兵，最终打败了建文帝，在南京做了皇帝。朱棣虽是藩王出身，但也深知藩王势力太盛、尾大不掉给中央造成的威胁。于是，在做了皇帝后，明成祖也着手削藩，或迁徙、或贬废，逐步解除了藩王的兵权。

朱棣做皇帝后，当时社会上还有很多人对他的“篡位”做法颇有微词。于是，为了强化自己的正统性，朱棣宣称自己是太祖皇后马氏亲生的。因为如果是这样的话，朱棣就是太祖的嫡子了，再加上建文帝登基时，朱元璋的长子，次子，三子（都是嫡子）都已经死了，所以朱棣实际上就已经是嫡长子了，这样朱棣的身份就正统多了。为了做到这样的舆论宣传效果，明成祖多次篡改史书，以至于现在人们都搞不清到底他的生母是谁了。民间说法五花八门：有的说明成祖生母是蒙古人——元顺帝的妃子，有的说是高丽人……不过朝廷太常寺的记录却无意间暴露了真相。

太常寺是专门负责皇家祭祖的机构，《太常寺志》中曾提到过，说在祖庙里，太祖朱元璋的牌位下边，正中间是马皇后的牌位，左边（东边）是一个淑妃的牌位，以及一大堆其他妃子的牌位，但是右边（西边）却只

有一个碽妃的牌位，地位很特殊。于是有人分析，这个碽妃就是朱棣的生母。不过这个祖庙朱棣从来不让人进去看，所以大家也不知道书中记载是否真实。一直到明朝灭亡后，福王在南京建立了南明政权，当时有两个权臣觉得反正天下大乱了，也没人管了，于是他们就斗胆偷看了祖庙的牌位，一看，果然和书中记载一样。于是，更加确信了明成祖生母就是碽妃。

明成祖在靖难之役中，得到了南京朝廷里太监的通风报信，可是说太监是对社稷有功的。明成祖在位期间，很是重用太监。太监的势力在永乐朝也得到了充分的发展。明成祖在明太祖锦衣卫的基础上设立了东厂。东厂是一个特务机构，由皇帝最信任的太监做首脑，专门给皇帝搜罗情报。这样的情报机构比西方的什么 007、FBI、CIA 要早五百多年。不过，这也为后来明朝的宦官专权埋下了祸根。

明成祖派三宝太监郑和下西洋，沟通了当时的东西方世界，应该算是 15 世纪中国的改革开放了。从 1405 年到 1433 年，郑和七次下西洋，促进了经济交流，也宣扬了明朝的国威。

明成祖时期，完善了文官制度。明太祖时，由于废除了丞相制度，皇帝直接领导六部，因此事无巨细都要皇帝亲自处理，这样皇帝非常累。明成祖时，在朝廷中逐渐形成了后来内阁制度的雏形。这种制度影响了明清两朝，甚至还被欧洲国家借鉴。

此外，明成祖永乐大帝文才武略，命人编纂了《永乐大典》。这是一本百科全书式的典籍。它包容了先秦以来所有经典的书，可以说就是本百科全书。这样的典籍客观上也备份了那些古籍，使得很多书不至于失传。不过《永乐大典》在成书后的 600 年里却屡遭损毁。明世宗嘉靖年间，北京皇宫内着了一场大火，三大殿都烧毁了，差点殃及《永乐大典》。事后，嘉靖皇帝让人誊抄了一份《永乐大典》，于是这套经典之作总算有个一份副本。后来，由于明末的战乱，《永乐大典》丢失一些。到了清朝时，很

多官员觊觎该书，找机会从宫里往外偷，又丢失了一些。到了清末，列强入侵中国的时候又丢失、毁坏了一些。中华人民共和国建立之后，虽然西方国家陆续向中国归还了一些，中国也通过各种渠道寻回了一些，但现在，国内保存的《永乐大典》一共也就六十多册了。从上万册到六十多册，《永乐大典》丢失了很多，但人们发现丢失的这些统统都是嘉靖皇帝命人誊抄的那套，历史上从明朝嘉靖后，就没有提到过明成祖命人作的那套原版《永乐大典》哪里去了。有人考证后认为：嘉靖皇帝特别钟爱《永乐大典》，很可能把它带进棺材了。

明成祖发迹于北方，总觉得南京不是自己的“主场”，再加上北方蒙古时时威胁中原，所以明成祖即位之初，就开始计划迁都。本着“天子守国门”的精神，1421 年，明成祖正式将明朝的首都迁到了北京。从那时起，北京就一直是中国的政治中心了。而今天的北京故宫也是从那时起开始营建的。

从永乐十年开始，明成祖总共五次御驾北征蒙古，而且随着年龄的增长，北争的频率越来越快。五次亲征漠北清除了蒙古势力的威胁，明成祖本人也死于 1424 年的第五次北征中。这次北征时，明成祖身体已经很衰弱了，但仍坚持亲征于人烟稀少的荒漠中。不过此次并没有寻找到蒙古人的踪影，只得返回，行至途中病情加重，病逝于榆木川，死前召见英国公张辅嘱咐后事，并命传位于皇太子朱高炽。

明成祖死后被葬北京昌平长陵，庙号太宗。后来到了嘉靖年间，因长陵的牌坊被雷电击毁，大臣们说是先帝在天之灵不满，嫌自己的称号不够尊贵，于是嘉靖皇帝将朱棣的庙号从“太宗”改成了“成祖”。明成祖执政的 22 年被称为“永乐盛世”。

朱高煦叛乱——最能作死的皇叔

明成祖朱棣为燕王时，与王妃徐氏生三子，长子高炽，次子高煦，三子高燧。洪武二十八年（1395），17岁的朱高炽被太祖朱元璋立为燕王世子。朱棣即位次年，开始考虑立太子，在立谁为太子的问题上，明成祖拿不定主意，朱高炽以长子身份立为太子名正言顺，朱高煦在靖难之役中冲锋陷阵，屡立战功，特别是白沟河一战，朱棣眼看就要被瞿能生擒，在几近绝望的情况下，朱高煦率数千精骑赶到，斩杀瞿能父子。他曾几次救父于危难，且力气大，武功好，懂军事，深得朱棣信任。这时太监黄俨、淇国公丘福、驸马王宁也乘机与朱高煦合谋，向朱棣建议立高煦为太子。明成祖左右难定，便问心腹大臣解缙，解缙说："世子仁孝，天下归心，应立为皇太子。"明成祖还在犹豫，解缙又说："立世子为太子，不但有了继承皇位的太子，而且有了太孙。"即朱高炽的长子，后来的明宣宗朱瞻基。永乐二年（1404）四月四日，明成祖朱棣立朱高炽为太子，封朱高煦为汉王，朱高燧为赵王。第一次储君之争，朱高炽获胜。首次储君之争朱高煦败北。究其立储不成的原因，或为以下两点：一、成祖起兵靖难，其名为复祖制，又朱高炽为太祖立为燕王世子，故为表其维护太祖之心，必立元子；二、成祖数言其为太祖高皇后马氏之嫡子，以证其承皇位合乎礼法。而按礼法，立储当立嫡立长，无过不得废。为明其遵礼法之意，必立元子。故立朱高炽为情理之中之事。

朱高煦被封为汉王，封国云南，朱高煦说："我何罪！斥万里。"其不肯去云南，后徙封青州，朱高煦仍拒不赴任，并且私自挑选卫士，又招募精兵3000人，不隶属兵部管辖，纵使他们四处劫掠，兵马指挥徐野驴将他们擒获惩处。朱高煦知道后大怒，手持铁勺，击杀徐野驴，众人都不敢说。朱高煦又僭用御用车马器物。明成祖知道后十分生气。永乐十四年（1416）十月，成祖返回南京，得知朱高煦违法之事达数十起，对其予以深切痛斥，剥夺其冠服，囚禁在西华门内，并准备削去王位降为庶人，朱高炽念其兄弟情义，痛哭流涕，请求成祖放过朱高煦，明成祖乃削去其两个护卫，杀了其左右帮凶，于公元永乐十五年（1417）三月徙封其到乐安州（今山东省惠民县），命其即日起程。

明成祖把朱高煦封到乐安大概有两个考虑，一是高煦长期图谋不轨，对其要有所防备，二是乐安离北京不太远，如朱高煦再次作恶，可当日就能擒获，不致发生大的事端。

朱高煦对立朱高炽为太子耿耿于怀，经常向明成祖进谗言，说朱高炽的坏话。明成祖对朱高炽的一些行为也总是抱怀疑态度，在明成祖北征期间，朱高炽以太子身份监国，他一旦发现全国各地有水旱饥馑，立刻设法赈济灾民，并严厉批评报告迟缓的各级官吏，这样一来，朱高炽在百姓心中有了"仁孝"的印象，被后人称为"仁孝天子"。明成祖更加不快，以为朱高炽是在树威信，有抢班夺权之意，于是考虑改换朱高煦为太子。就此期间，明成祖将一轴画送到内阁，让内阁侍读大学士解缙题诗，解缙打开画轴一看，是一幅一只大老虎和一只幼虎在一起的情景，解缙立刻计上心来，在画上题诗一首："虎为百兽尊，谁敢撄其怒？唯有父子情，一步一回顾。"明成祖看到诗，想到朱高炽毕竟是自己的儿子，心又软了下来，朱高煦最终也未被立为太子。

朱高煦自被成祖强令到乐安后，心中怨恨日盛，预谋夺取皇位的心理十分急迫。永乐二十一年（1424）八月，成祖御驾北征，死于回师途中，

朱高炽即位。朱高煦便加紧了谋取皇位的行动。一方面由其子朱瞻圻在北京窥探朝廷的一举一动，派信使迅速向父亲报告；一方面派遣自己的心腹潜到北京，伺机叛乱。仁宗知道后，反而更加厚待他，写信将朱高煦召回京城，增加其每年的俸禄，赏赐宝物数以万计，仍命其返回乐安。封其长子蟾坦为世子，其余儿子均封为郡王。不久，仁宗驾崩，太子朱瞻基从南京匆匆赶往北京奔丧。朱高煦得知消息后，策划半路截杀朱瞻基，派心腹在路上伏击。但由于行动仓促，没有成功。宣宗朱瞻基即位后，更加赏赐朱高煦和赵王朱高燧，朱高煦每每向皇上提出请求，多次敷陈利国安民之事，宣宗都一一照办，命令各部实行，然后再付书信向朱高煦致谢。宣宗对群臣说："皇祖曾嘱咐先皇说皇叔有二心，应当加以防备。而今皇叔所言，全是出于一片诚心，说明他已洗心革面，皇祖的话可以不顺从照办。"此后，不管皇叔提出任何要求，宣宗都按朱高煦的意见一一照办，而朱高煦日益肆无忌惮。

宣德元年（1426）八月，朱高煦在乐安起兵谋反，派遣亲信枚青等潜到北京，联合朱高煦的旧部作为内应，英国公张辅获知后将他们逮捕，并上奏皇上。当时，朱高煦已与山东都指挥靳荣等约定一起谋反，又联络了天津、青州、沧州、山西等地的都督、指挥作为策应。公开发放刀箭、旗帜，掠夺周边郡县的马匹。设立五军，即前后左右中五路军，由指挥王斌统领前军，韦达统领左军，千户盛坚统领右军，知州朱恒统领后军，朱高煦的儿子们各监督一路军，朱高煦亲自统领中军。世子朱瞻坦居守乐安，指挥韦弘、韦兴，千户王玉、李智带领四哨兵马，部署已定，朱高煦任命王斌、朱恒等为太师、都督、尚书官职等，成立了另一个中央政府，一场叛乱即将爆发。

这个时候，出现了一个关键人物，叫李浚。李浚（1381—1446），乐安州遂家村人（今山东省惠民县石庙镇御史村），祖籍南京，因其曾祖官居渤海，举家北迁，后来全家为避元末之乱，隐居于乐安州西南的遂家

村。永乐二十二年（1424），时任四川道监察御史，因父丧返家丁忧（古代父母亡故，子要在家守孝三年）。朱高煦图谋举兵造反，到处拢罗人才，得知李浚在家丁忧，又素知李浚颇有才能，便欲拉拢李浚一起造反，特派指挥王斌前去做工作，李浚迫于形势，佯为应诺。王斌走后，李浚惊恐不已，紧急召集全族人共同商量对策。最后商定，由其兄李哲带母亲及妻远走避难，自己携10岁长子李森、8岁次子李綮趁深夜潜往济南，赶紧向三司（布政司、按察司、都指挥司）报告汉王造反的情况，并请求都指挥使靳荣发给符验，即刻赴京告变。

靳荣一听李浚要赴京告变，十分恐慌，又怕暴露自己，不敢把李浚怎么样，只是反对李浚进京告发，李浚情急之下抽刀相向，大声斥责说："靳荣，你不让我告发，难道我坏了你的事不成？"靳荣见再抵抗命将不保，乃俯首告饶，双手献上符验。

李浚把两个儿子寄于布政司后，即刻赴京。靳荣则赶紧派心腹向朱高煦报告，朱高煦派出飞骑追杀。李浚对靳荣暗报朱高煦追杀自己早有防备，乃化名王刚，避官道抄小路，星夜急行。朱高煦派出的人马未追到李浚，只追到一个叫王刚的，回来向朱高煦禀报。朱高煦大怒，说："王刚不是李浚还是谁？"然而，再追已来不及了，朱高煦又派人马捕杀李浚族众，因李浚早有安排，其兄李哲及两个儿子幸免。

李浚安全抵京，宣庙候奏。宣宗在文华殿紧急召见，见李浚疲惫不堪，饥困交加，命太监赐膳。问李浚有何良策，李浚力谏皇上亲征。

明宣宗得知朱高煦欲于八月起兵造反，在英国公张辅和御史李浚两次上奏的情况下，仍不忍心派兵镇压，而派遣宦官侯泰赐书信给朱高煦，劝说朱高煦不要谋反。侯泰来到乐安，朱高煦部署重兵压阵，面南而坐会见侯泰。见到侯泰大声说："永乐年间皇上信谗言，削去我的护卫，把我发配到乐安来，仁宗也仅用金银丝帛引诱糊弄我，我怎么能这样郁郁不乐地长居乐安？你回去告诉朱瞻基，要抓紧逮捕奸臣夏原吉等人送来，然后再

慢慢商议我的要求。”侯泰唯唯诺诺。回到京师，宣宗问：“汉王都说了些什么？招兵打造兵器可有此事？”侯泰不敢如实回答。当月，朱高煦派遣百户陈刚进京上书，又亲自写信给公侯大臣，书中把公侯大臣进行了指责训斥。宣宗叹道：“汉王果真是反了！”便召集大臣们商议对策，打算派阳武侯薛禄领兵讨伐。大学士杨荣等谏言道：“当年建文皇帝派李景隆出征讨伐成祖失败的教训不能不汲取，吾皇当御驾亲征。”明宣宗考虑再三，决定立刻领兵亲征。张辅上奏说：“我愿带兵两万前去抓获高煦，献给皇上。”宣宗说：“爱卿诚然有能力擒获高煦，但考虑到朕刚即位，也许还有对朕三心二意的人，朕若不亲征，就不能安定天下。”于是，他命令郑王朱瞻埈、襄王朱瞻墡留守京师，阳武侯薛禄、清平伯吴成为前锋，自己亲率大军出兵乐安。

走到杨村，宣宗问从臣：“你们认为高煦会采取什么计谋呢？”有的大臣回答说：“高煦必然先夺取济南作为根据地。”有的说：“他原来不肯离开南京，这一次必然带兵南下，夺取南京。”宣宗说：“你们都说得不对，济南离乐安虽近，但不容易攻取，听说大军一到，朱高煦也顾不得攻取济南。朱高煦的护卫军大都来自乐安，必然先顾家乡，而不肯直赴南京。朱高煦外强中干，凡事多猜疑不果断，今天敢造反，是欺朕年少刚登基，天下众心未归，不敢亲自出征啊！如果知道朕已率军亲征，必然胆怯，还敢出战吗？到乐安必然立即将他抓获。”

朱高煦听说宣宗亲自领兵前来讨伐，大军已快到乐安，猝不及防，立即乱了方寸，开始胆怯起来。众官兵的信心也开始动摇，不时有从乐安逃走的官兵投靠宣宗，宣宗都重重地赏赐，叫他们回去告诉其他人，要识时务，不要跟随朱高煦造反，并派遣信使给朱高煦送去书信，劝朱高煦说：“张敖失国，始于贯高，淮南被杀，成于伍被。现在大军已压境，你只要交出怂恿谋反之人，朕就可免除你的过失，恩惠礼遇像原来一样，不然的话，一开战你必然被擒，或者你的部下把你当成奇货绑了献于朕，到那

时，你后悔也来不及了。”

征讨大军前锋到达乐安，朱高煦向前锋军下战书，约定明晨开战。宣宗接到前锋大军报告后，命令大军蓐食兼行，于8月20日到达乐安，驻扎在乐安城北，包围了四门，朱高煦命令军士守城，宣宗命令发神机铳（类似现在大炮），打算逼迫朱高煦投降，神机铳响声大如雷，杀伤力巨大，叛军立刻失去斗志。诸将请求即刻攻城，宣宗不允许，再次把劝降书信用弓箭射入城内，朱高煦仍不理会。这时，城中将士都想抓住朱高煦献给皇上。朱高煦惊恐万分，见无法与宣宗对抗，便趁夜晚天黑，秘密派人到宣宗的行营，禀告皇上，朱高煦愿意今夜出城投降，但念及就要与妻儿诀别，打算明日交出城池认罪归降，宣宗允许。当夜，朱高煦把通谋书信及兵器烧毁，销毁了谋反的所有证据。八月二十一日，天刚放亮，宣宗移驻城南。朱高煦准备出城认罪归降，王斌等极力劝阻，说：“宁可战死，也不为人擒。”朱高煦见无法出城，便哄骗王斌等，又回到汉王府，然后偷偷地从后门抄小道出城去见宣宗。

众大臣请求宣宗将朱高煦处以正典刑，宣宗不同意，拿出大臣们控告朱高煦的奏章给他看。朱高煦吓得面如土色，跪在地上，叩头如捣蒜说：“臣罪该万死万万死，惟听陛下处置。”宣宗命朱高煦拟书信召集参与谋反的亲属，余党全部被擒。宣宗又赦免了乐安城守军之罪，胁从者也一律不再追究。命阳武侯薛禄和兵部尚书张本镇抚乐安，把乐安州改名为“武定州”。8月24日，押解朱高煦等班师回京。

宣宗押解朱高煦回京后，将朱高煦父子除籍废为庶人，在西安门建造囚室，名曰“逍遥宫”，用铁链缚住朱高煦手脚，长木曳地，囚禁在逍遥宫内。一天，宣宗去看望皇叔朱高煦，实则是进一步审查他。朱高煦见宣宗到来，欲羞辱之，等宣宗一进门，朱高煦运足力气猛拽拖地长木，宣宗猝不及防，一个趔趄差点摔倒。宣宗震怒，命侍卫用300斤重的铜缸把朱高煦扣起来。朱高煦大怒，在缸内哇哇大叫，运力举起铜缸欲砸向宣宗。

宣宗大惊，急命取来木炭，堆积在铜缸周围，点燃木炭，把朱高煦活活炙死在铜缸内（有点像伪证，不足信）。

之后王斌、朱恒等众叛逆全部被处死，只有长史李默因曾进谏免于一死，发往口北（指长城以北的地方，主要指张家口以北的河北省北部和内蒙古自治区中部）为民。山东都指挥靳荣以及天津、青州、沧州、山西等地的都督、指挥，凡与朱高煦串通欲举城响应者，被相继诛杀，共六百余人，那些因故意放纵和藏匿反贼而被处死或戍边的计一千五百余人，被编为边民，发配到边远地区的计七百多人。

不久，宣宗亲自把平息朱高煦叛乱一事写成《东征记》，以史为鉴，警示后人。

仁宣之治——父子齐心，其利断金

永乐二十二年（1424）朱棣死后，其子朱高炽、孙子朱瞻基先后即位。朱高炽就是明仁宗；朱瞻基就是明宣宗。在历史上，明仁宗、明宣宗常常被比作周朝的周成王、周康王，汉朝的汉文帝、汉景帝。继“成康之治”“文景之治”之后，“仁宣之治”是又一个守成君王的好典型。所谓“好”，指的是能继承创业君王的遗志，较好地治理国家。

明仁宗朱高炽是朱棣的长子，洪武二十八年（1395）就被册立为燕世子，成为燕王朱棣的法定继承人。明太祖朱元璋曾叫朱高炽与秦王、晋王、周王的三位世子分头检阅卫士。朱高炽最后一个回来向朱元璋复命。

朱元璋问他为什么回来得这么晚。朱高炽回答道："早晨的天气冷得很。我让军士们吃饱早饭，暖过身子再检阅，所以回来晚了。"朱元璋又叫这四位世子分头阅看臣子们上呈的章表奏文。朱高炽在向朱元璋汇报时，只讲章表奏文中有关军民利害的事情，从来不提其中偶尔出现的文字谬误。朱元璋把他看过的章奏拿过来，自己又看一遍，把那些谬误一一指给他看，问道："孙儿，你没看出这些毛病么？"朱高炽回答道："我哪敢疏忽粗心，看不出这些毛病呢！只是想，不能絮絮叨叨地讲这些小毛病，那样会浪费您的时间和精力。"朱元璋曾问他："尧的时候有大水灾，汤的时候有大旱灾，老百姓有什么依靠呢？"朱高炽回答道："老百姓靠的是当君王的是圣人，圣人有体恤老百姓的好政策。"经过这几次考察，朱元璋很喜欢这个孙子，认为他有当君王的见识。

靖难之役中，朱棣命令朱高炽留守北平，自己带兵去迎战辽东军的进攻。朱高炽严密部署、拼死守卫。前来进攻的李景隆面对坚城，无可奈何。李景隆的部下瞿能率精骑千余，杀入张掖门。李景隆怕他得了头功，不但不派兵支援，扩大战果，反而叫他退回来，等候大军全到后，一起进攻。朱高炽当天晚上，命令北平守军担水浇城。天寒地冻，滴水成冰，整个北平城墙成了一道冰墙。第二天，李景隆再来攻打，士卒已无法攀城。朱棣击败辽东军后，回师北平，与朱高炽内外夹攻南军，大败李景隆于北平城下。

在靖难之役中，燕王朱棣的次子朱高煦也立有大功。白沟河战斗中，朱棣差一点被瞿能抓住。朱高煦率数千精锐骑兵赶到，在阵前杀掉瞿能，救出朱棣。朱棣领兵直逼长江，被盛庸击败，又是朱高煦引骑兵赶到，击退盛庸，扭转了战局。朱高煦居功自傲，把自己比作助李渊得天下的秦王李世民。朱棣叫朱高煦陪同他哥哥朱高炽拜谒明太祖朱元璋的陵墓。朱高炽身体肥胖，脚又有毛病，得靠两个太监搀扶着才能走路，还动不动要打个趔趄。朱高煦在后面跟着，心里瞧不起他哥哥，嘴里嘟哝道："走在前头的人要是摔个跤，走在后头的人就知道走路得小心了！”没想到已被朱棣立为皇太孙的朱瞻基在他后面紧跟着，并且马上回敬他一句："那走在后头的人要是摔个跤，还有走在更后头的人也能从中知道走路得小心点。”朱高煦回过头来，与朱瞻基四目相对，心里不禁打了个寒战，脸上也陡然变了颜色。

朱瞻基是朱高炽的长子。就像朱元璋很欣赏朱高炽这个孙子一样，朱棣也很欣赏朱瞻基这个孙子。永乐八年（1410），朱棣远征沙漠，把留守北京的重任托付给朱瞻基，第二年，就将他立为皇太孙。早在朱瞻基刚满月时，朱棣见到后就称赞他道："这个孙儿长得英气溢面！”朱瞻基成了皇太孙后，朱棣经常向朱高炽称赞他道："你这个儿子是以后的太平天子！”当朱高炽、朱高煦两兄弟为皇位继承权明争暗斗的时候，朱棣也拿不定主意了。朱棣向文渊阁侍读学士解缙征求意见。解缙认为："皇长子仁孝，天下归心。”朱棣不作声。解缙连连叩首，劝说道："还有一个好圣孙！”意思指的是朱瞻基是以后继承皇位的好人选。这话说到朱棣心里去了。朱棣采纳了解缙的意见，确定朱高炽为皇位的法定继承人。

朱棣去世，朱高炽即位。朱高炽一当皇帝，就对臣下表示："以前一些当皇帝的人，妄自尊大，不喜欢听直话，下面那些当臣子的，投其所好，阿谀奉承，结果导致国家衰败，自己垮台。朕和你们都应当引以为戒！”他这样说了，也这样做了。大理寺少卿戈谦，在一次上奏言事时，态度直率，语词激烈。一些想讨好朱高炽的官员纷纷指责戈谦有失大体，沽名钓誉。朱高炽也几乎恼羞成怒，要责罚弋谦。华盖殿大学士杨士奇向他指出："有圣明的皇上，才有正直的大臣。希望陛下优待宽容像戈谦这样的人。”朱高炽没责罚弋谦，但每见到他，脸色总不好看，说话的口气也很严厉。杨士奇进一步向他指出："弋谦触怒了陛下，朝廷群臣看到陛下对他的态度，心里都会认为陛下容不得讲真话的人。”朱高炽猛然明白过来："这确实是我容不得直言，那些讨好我的人，迎合我的意思，实际

上是加重了我的错误。”他回头一想，一个多月没听到朝臣讲什么真话了，于是对杨士奇说道：“你去对诸臣谈一下，替我表白一下纳谏求言的心情。”杨士奇回答：“我空口讲几句话还不能取信于诸臣，请陛下亲自降一道诏书说明这个意思！”于是，朱高炽下了一道诏书，进行自我批评，从此，朝廷中逐渐形成一种直言不讳的好风气。

明仁宗朱高炽还没有当满一年皇帝就病死了，明宣宗朱瞻基继承了皇位。朱高煦想效法朱棣故技，重演一场“靖难”的戏剧，在自己的封地乐安（今山东广饶）发动叛乱。朱瞻基率大营五军将士，亲征朱高煦。进军途中，朱瞻基叫从征诸臣分析朱高煦的动向。有人认为他一定先取济南，有人认为他将引兵南下，攻取南京。朱瞻基却心里有数，他对诸臣剖析道：“朱高煦一听大军征战，哪有工夫去攻打防守严密的济南！他的护卫军，家属都在乐安，也不会愿意跟随他去打南京。朱高煦外多夸诈，内实怯懦，临事狐疑，当断不断。他之所以敢起兵反叛，是因为欺负朕年少，以为朕不敢亲征。他知道朕率军亲征，一定胆战心惊，哪里还敢出战呢！”果然不出朱瞻基所料。朱高煦色厉内荏，心虚胆怯，加之看到众叛亲离，军无斗志，只得出城向朱瞻基请罪。这场叛乱被迅速平定。

明宣宗朱瞻基重用贤臣，执行与民休息的政策。他有一次外出返京，看到几个农民正在耕田。他亲自到田间同农民谈话，并接过农民手中的犁把推了三下。他感慨地对随从诸臣说道：“朕只推了三下犁，就觉得很累。老百姓一年到头劳作不休，那辛苦就更可想而知了！”在修建明仁宗朱高炽的陵墓献陵时，朱瞻基遵照朱高炽的遗嘱，力主俭朴，注意节约，3个月就把陵墓的工程完成了。朱瞻基带了这个头，以后几代明朝皇帝的陵墓都修建得较为俭朴。直到明朝的第十一个皇帝世宗朱厚熜在位时，才坏了这个规矩，为自己营建奢华的陵墓。

明宣宗朱瞻基有几句名言。一句是“省事不如省官”。那是在批评一个巡抚时说的。那个巡抚要求在杭嘉湖地区增设一名专门管理粮政的布政使司官员。朱瞻基认为，国家的赋税有常额，不能养冗官，驳回了他的要求。还有一句是“安民为福”。那是在批评一个工部尚书时说的。那个工部尚书建议修建山西圆果寺的佛塔，好为国家求福。朱瞻基认为，百姓安定就是国家的福气，用不着借修佛塔来“求福”。

河南有一个知县，在当地发生灾荒时，未经请示，就将驿站公粮上千石发放给灾民。朱瞻基对他加以表扬 :“如果拘守手续，层层申报，那老百姓早就饿死了。”他还继承了他父亲愿意接受意见的作风。他要求大学士杨溥尽力辅佐自己。杨溥叩首回答 :“臣决不敢忘记报答陛下的恩情。”他嘱咐杨溥 :“直接指出我的过错，就是对我的最好报答。”

正是由于明仁宗朱高炽，明宣宗朱瞻基的作风较为开明，才有了被史家赞扬的“仁宣之治”。

同时宣德皇帝也是一个文化素质较高的皇帝。他喜好射猎、斗蟋蟀和微服私访。他亲笔绘制的反映他自己射猎等活动的如《三阳开泰图》《明宣宗射猎图》等收藏于故宫博物院。 总之，大明宣宗皇帝可算是一位称职的皇帝，他对大明王朝的贡献是不可磨灭的，他继承父亲遗志，开创了明王朝的“仁宣之治”，他被史家称为太平天子、历史上著名的守成之君，这些称号对于宣宗皇帝来讲都并不夸张，只是宣德皇帝享寿不长，在位十年就染上不明之症，撒手人寰，终年三十八岁。他的英年早逝怎能不令人慨叹？

土木与夺门之变——明王朝衰落的开端

蒙古鞑靼部自永乐年间明成祖的数次北征之后，势力已大为削弱，宣德年间复为瓦剌部顺宁王脱欢所败，尽并其众。瓦剌部势力转盛。脱欢为永乐年间被封为顺宁王的马哈木之子，脱欢统领了瓦剌、鞑靼两部后，欲自立为可汗，但多数蒙古人仍愿立元宗室子孙，脱欢乃自称丞相，立脱脱不花为可汗。正统四年（1439），脱欢死，其子也先脱离脱脱不花的辖制，向明廷朝贡也是各自派遣使臣，明廷也乐于分而治之，两边应付，赐予丰厚。

永乐以后，对蒙古改攻势为守势。仁、宣时期，除宣德三年（1428），宣宗曾率 3000 人出喜峰口击败兀良哈万人外，未与蒙古人发生过战争。宣德五年（1430）以开平孤悬塞外，移卫于独石，独石以北之险要尽失。正统年间，明廷忙于对麓川用兵，也先正拼命扩张其势力，向西北方向发展，控制了沙州、赤斤蒙古诸卫，又吞并哈密卫，明廷失去西陲屏蔽，与西域的交通也被阻断。此后，也先又转向东方，破兀良哈，胁朝鲜至正统年间，明廷坐视也先势力向东扩展到辽东地区，向西扩展到新疆、青海等地，明边防全线吃紧，朝中一些有识之士的增兵防备建议被束之高阁。

正统十四年（1449），以贡马事件为导火索，也先率部大规模南侵。

明正统十四年（1449）二月，蒙古族瓦剌部落首领也先遣使两千余人贡马，诈称 3000 人，向明朝政府邀赏，由于宦官王振不肯多给赏赐，按

实际人数给赏，并减去马价五分之四，没能满足他们的要求。遂于这年七月，也先统率各部，分四路大举向内地骚扰。东路，由脱脱不花与兀良哈部攻辽东；西路，派别将进攻甘州（甘肃张掖）；中路为进攻的重点，又分为两支，一支由阿剌知院所统率，直攻宣府围赤城，另一支由也先亲率进攻大同。也先进攻大同的一路，“兵锋甚锐，大同兵失利，塞外城堡，所至陷没”。大同参将吴浩战死于猫儿庄。明遣驸马都尉井源等四将各率兵万人御敌。

时英宗宠信王振。王振，蔚州（今河北蔚县，一说山西大同）人。明宣宗时自阉入内，侍皇太子朱祁镇读书于东宫。宣宗死，朱祁镇九岁即位，是为英宗。英宗在王振的蛊惑下，决定亲征。吏部尚书王直、兵部尚书邝埜、侍郎于谦率百官劝阻，英宗不听，命其弟郕王朱祁钰留守京师，率英国公张辅、兵部尚书邝埜、户部尚书王佐等从征，发大军５０万，要求各部门在几天之内将人、马、粮草备齐，由于时间仓促，大军领到的军需物资不足，而主战场宣府、大同等地也缺乏粮草。

7 月 16 日，英宗率５０万人从京师出发。由于仓促出行，组织不当，行伍一片混乱，自相惊扰。19 日抵达居庸关。群臣请求驻跸，英宗不听，继续北行。23 日至宣府，连日风雨，人心惶惶，边报愈急，扈从诸臣接连上章请留宣府，王振怒而不允。未至大同，兵士行粮告罄，僵尸横路，敌亦佯退，诱师深入。8 月 1 日至大同，王振犹欲再进，兵部尚书邝埜坚请回驾，王振命其与王佐随老营行动，不许参与决策。邝埜从马上跌下，几乎摔死，王佐则整日跪在草中，企图感动英宗回师，但都无济于事。这时，前锋西宁侯朱瑛、武进伯朱冕全军覆没的消息传来，大同守备太监郭敬密告王振敌锋甚锐，决不可行，王振始惧，决定于 8 月 4 日回师。大同总兵郭登言车驾宜从紫荆关入。王振是蔚州人，从紫荆关退兵正可从其家乡经过，可以要求皇帝幸其故里，显示威风。大军行了四十余里，王振又考虑到大军会踩坏其家乡的庄稼，临时改变行军路线，过宣府。邝埜上

书请求急驰入关，王振不听，邝埜又到行殿申请，王振怒称腐儒安知兵事(《明史纪事本末》卷三十二《土木之变》)，命左右掖之去。10日，到达宣府，瓦剌追兵突至，命恭顺伯吴克忠、都督吴克勤率兵断后拒敌，皆战死。又派成国公朱勇、永顺伯薛绶率三万骑前去救援，朱勇冒险进入鹞儿岭，陷入重围，全军覆没。13日，大军退至土木堡，离怀来城仅20里，随从官员都主张迅速入城，但王振以辎重车千余辆未至为由，令大军坐等。第二天想继续南行，瓦剌大军逼近大营，大军不敢行动。土木堡地高无水，掘井深2丈亦不见水，人马两日未饮，饥渴难耐。土木堡之南15里有河，已为也先所据。也先大军从土木堡旁的麻谷口进攻明军，守麻谷口的都指挥郭懋拒守一夜，敌军越来越多。15日，也先佯退，并派使者议和，王振轻信，卒令大军移营就水，军士跳越壕堑而行，行伍混乱，才及三四里，瓦剌军四面围攻，明军兵士争先奔逸，势不能止。瓦剌骑兵蹂阵而入，长刀挥舞，砍杀明军，明军死者蔽野塞川，英宗与亲兵乘马突围，被瓦剌军挡了回来，乃下马盘膝，南面而坐。一个瓦剌士兵前来剥其衣甲，见其衣着、举止与众不同，就推其去见也先之弟赛刊王。赛刊王在盘问英宗时，英宗反问道："你是谁？是也先，还是伯颜帖木儿，或者是赛刊王。"赛刊王感到英宗说话的口气很大，立即报告也先，也先派遣留在瓦剌军中的明朝使者去辨认，才知道他就是英宗。由此英宗做了瓦剌的俘虏。英国公张辅、尚书邝埜、王佐等数百随从官员皆死，50万大军几乎全军覆没，这是明京军的全部精锐。

英宗被俘，英宗的护卫将军樊忠万分愤怒，抡起铁锤对准王振的脑袋，狠狠地砸了下去。王振这个祸国殃民的恶宦，终于落得个罪有应得的可耻下场。

土木之败，并非两军数量及战斗力悬殊所致。瓦剌军士不过两万，明军50万败在战略决策失误、指挥失当上。明军欲阻厄瓦剌的强大军事攻势，主动出关，欲与敌决战，但敌情不明，处处盲目被动。明军主力进至

大同时，才知敌势强大，临时改变作战方针，仓促后退，终于酿成土木堡之惨败。

明英宗于土木堡被俘，也先大喜过望，欲挟其作为赚取边城、勒索财物及与明廷议和、换取让步的资本。明廷对这一突发事件从最初的惊慌失措转至冷静面对，促成这一重要转变的关键人物，就是于谦（1398-1457）。

土木堡败报入京，大小臣工于朝中聚哭，以翰林侍讲徐珵为首的一部分朝臣主张南迁，以兵部侍郎于谦为首的正直派官员，坚决反对，以宋南渡为例，力主坚守。郕王朱祁钰和皇太后下决心抗战，并将战守重任交给于谦。

首先，针对瓦剌挟明天子之谋，于谦与吏部尚书王直等请示皇太后，要求立郕王为帝，皇太后见英宗之子年方三岁，而国家正处于非常时期，急需皇帝主政以稳定人心，同意以郕王即帝位，以第二年为景泰元年，升于谦为兵部尚书。

王振的愚蠢顽固是土木之败的主因。群臣激愤，于朝中击杀其党马顺等三人，朱祁钰顺应民心，将王振余党下狱论斩，家产籍没。

在这些政治上的举措完成后，于谦的主要任务是加强军事上的部署。当时，京军劲旅尽陷于土木，京中仅余疲卒不足十万。8 月 19 日，于谦危难中受命，立即奏调南北两京及河南备操军、山东及东南沿海备倭军、江北及北京诸府运粮军，以及宁阳侯陈懋所率的浙兵亟赴京师。

同日，又将通州粮移入京师，通州粮储百万石，有人怕被瓦剌军夺去，主张焚毁。在京的应天巡抚周忱建议军人半年粮饷、京官九月至明年五月俸粮均于通州支取，令其自己运回，官府给运费。同时，还征调顺天府大车 500 辆运粮至京，运粮二十石纳京仓者，官给脚价银一两（《明英宗实录》卷一八一）。粮储入京，各地官军也陆续赶来，京师人心渐稳。

京师防务初定，于谦又着手京师外围之防线，他推荐右都御史陈镒安

抚畿内军民。

土木之变后，宣府周围堡垒守将纷纷弃城而逃，宣府成为一座孤城，人心惶惶，官民争相弃城出逃，巡抚罗亨信仗剑坐城下，下令出城者斩。也先三次进攻宣府，挟英宗赚取城池，守将杨洪、罗亨信拒不开门，率军民坚守。

8 月 24 日，于谦为奖谕其屏卫京师之功，请朱祁钰封杨洪为昌平伯，并奖励巡抚罗亨信等。于谦还撤换京城内外一批老弱怯懦的文武官员，提拔一批有才干的官员。如广东东莞县河伯所闸官罗通升任兵部郎中守居庸关，四川按察使曹泰守紫荆关，大同副总兵郭登升任总兵，镇守大同，都督石亨总京营兵。南京储备的军器大批调入京师。

8 月 21 日，瓦剌军拥英宗至大同城外，郭登闭门不纳。当时大同军士多战死，郭登接任大同总兵时，士卒堪战者才数百，马仅百余匹。郭登修城缮甲，慰问伤病士卒，勉励将士，誓与大同共存亡，并迅速着手扩充军队。数年后，马至 5000 匹，精兵数万，大同兵遂为天下之最。

于谦为解决京师兵力不足的问题，遣御史白圭、编修杨鼎等 15 人，募兵畿内、山东、山西、河南等地，并召募官舍余丁、义勇、民丁等，及更替下的沿海漕运官军，集中京师备用。工部则集中力量日夜赶制武器。

土木惨败后，瓦剌部没有乘胜直捣京师，而是几次在宣府、大同等边镇勒索财物，使明廷得到了一个月的喘息时间，这是瓦剌军作战中的最大失误。

10 月初 1 日，瓦剌军在也先及脱脱不花的率领下大举进攻京师，明廷在于谦的主持下，各方面的准备工作均已就绪。当日，也先挟英宗至大同，称奉明天子还，大同守将郭登严阵以待，言国已有君，拒而不纳。也先见大同兵备甚严，弃而不攻，绕过大同南进。郭登将敌情飞报入京，京师闻讯，立即戒严。10 月 3 日，瓦剌军前哨两万骑兵已抵紫荆关，9 日，也先主力抵达，全力攻关，投降瓦剌军的明朝宦官喜宁引导瓦剌军由山间

小路越过山岭，夹击关城，关城腹背受敌，守将都指挥韩青及都御史孙祥战死，紫荆关失守。另一路瓦剌军从古北口进犯，4日瓦剌三万人过洪州堡进攻居庸关，又转攻白羊口，8日，白羊口守将谢泽战死，白羊口失守。瓦剌军从白羊口和紫荆关两路进逼北京。11日，也先进抵北京城下，列阵西直门外。

明廷方面：8日，于谦受命提督各营军马，并赦原大同主将刘安及因交趾事下狱的成山侯王通出狱，协守京师。众臣集议守京师之策，王通主张挑筑城外沟壕，太监兴安鄙之，认为这是最怯懦的办法。石亨主张毋出师，尽闭九门，坚壁清野，以拖垮敌军，应该说这是老成之策，因明军新败之余，士气不高，瓦剌军骑兵骁勇，仅用10天就直趋北京城下，长驱900里，其势甚锐，北京坚城深壕，易守难攻。但于谦认为贼张甚矣，而又示之弱，是愈张也。(《明通鉴》卷二十四）主张列军城外迎击敌人，即背城死战，破釜沉舟。这是极为大胆的冒险之举。这种战法，置士兵于死地而后生，可以激励士气，对敌可示誓死抗战之决心。其弱点在于放弃有利于防守的京城城垣。于谦以其雄才大略，在朝廷危急之中，毅然采取这一孤注一掷之战法，将京师22万兵布列于京师九门之外，总兵官石亨、副总兵范广列阵于德胜门；都督陶瑾列阵于安定门；广宁伯刘安列阵东直门；武进伯朱瑛列阵朝阳门；都督刘聚列阵西直门；副总兵顾兴祖列阵阜成门；都指挥李端列阵正阳门；都督刘德新列阵崇文门；都指挥杨节列阵宣武门；诸将皆受石亨节制。于谦亲自到德胜门石亨阵中抵御瓦剌主攻部队。部署完毕，城门尽闭，不再轻易开启。于谦下令：临阵时，将领不顾士兵先退，斩将；兵不顾将先退，斩兵；前队战退，后队有权尽斩之以徇，不斩者同罪。

也先兵临城下，见明军有备，乃先以和议试探虚实，要求明朝派大臣迎驾，众人不敢出，明廷派通政使参议王复为礼部侍郎、中书舍人赵荣为鸿胪寺卿，出城朝见英宗。也先不满，对王复等称，你们都是小官，可令

于谦、王直、石亨等来，并索要大批财物。朝中一些人及朱祁钰等有些动摇，想议和。于谦不同意，坚持以武力抵抗。13日，瓦剌军万余骑兵进攻德胜门。瓦剌军此前曾派散骑到此窥探明军阵势。于谦判断其会在这里进攻，命石亨预伏精兵于德胜门外道路两旁的空房中。瓦剌大军来攻，明军先以少数散兵诱敌入伏中，抓住战机，伏兵四起，瓦剌大败。也先之弟素有“铁元帅”之称，德胜门之战中被明军火炮击毙。石亨率军出安定门，与其从子石彪持石斧冲入敌营，所向披靡，敌军退却。转攻西直门，孙镗率部拼杀，寡不敌众，退至城下，诸将未救援，孙镗急叩门求入城，给事中程信监军西城，见孙镗失利，开门纳之。敌见孙镗退却，势益张。程信见状，乃闭城趋孙镗再战，瓦剌逼近城池，孙镗军无退路，只得死战，程信、王通于城上以火炮助攻，毛福寿、高礼亦率军来援，高礼战死，形势益急，石亨兵至，才击退敌军。

此次战斗之后，于谦见西直门和彰仪门之间力量薄弱，乃增派兵力，命都督毛福寿于这一线埋伏火炮，并要求诸将临战要互相应援，瓦剌军果然在彰义门组织起新的进攻。于谦命副总兵武兴、都督王敬、都指挥王勇率军往彰义门迎战，以火器列于前，弓矢短兵随其后，挫败了瓦剌军的前锋。明军数百骑欲立功，从后队跃马而出，打乱了己方阵形，瓦剌军乘机反击，明军败退，武兴中流矢死，瓦剌军追至土城，这里的居民也前来助战，他们登上屋顶，砖石瓦块铺天盖地而来。王竑、毛福寿的援兵赶至，瓦剌军不敢恋战，仓皇退去。

瓦剌土木胜后，心骄气盛，以为京师旦夕可下，没想到五天以来受到明军的顽强抵抗，士气低落，也先布置的一支由居庸关包抄京师的2万大军，被阻在关口。守将罗通率军民汲水浇城墙，天寒地冻，城坚硬光滑，无法靠近，经七天的战斗，击退敌军。罗通还三次派军出城追杀，颇有斩获。10月15日，宣府、辽东军亦入援京师，也先无计可施，听说明援军四集，乃于15日夜拔营北归。于谦侦知英宗已被也先挟持先退，乃令火

炮齐发，轰击敌营，死者万余。瓦刺军自良乡向西退去，沿途大掠，在昌平还焚毁了明朝皇帝的长、献、景诸陵寝殿和供器。17日，由紫荆关退出关外，杨洪所率的宣府援军两万会同孙镗、范广军追击敌残兵，各地百姓也不堪瓦剌军抢掠，组织起来自卫。11月8日，瓦剌军终于退出塞外，京师转危为安。

瓦刺部落想要借英宗为人质，威胁明朝军队，哪知明朝早已易主，威胁不成只能将明英宗放回。明英宗回朝之后，朱祁钰并未将皇位还给朱祁镇，还向众大臣说："不是我贪恋皇位，而是这皇位本身就是你们给朕的啊。"不论他是否真的贪恋皇位，反正这皇位还是他在继续坐着。明景帝将朱祁镇接回京师之后，置于南宫进而软禁，并尊其为太上皇，命锦衣卫严密把守。不知是景帝对自己太过自信还是心怀仁慈不忍手刃同胞兄弟，斩草未能除根，正是这一举动，造成了明景帝政治上的一大败笔，从而为自己的帝王之路埋下祸根，进而导致自己皇位不保。

明景帝即位之后为了防止英宗的势力重起，便将朱祁镇的儿子朱见深的太子之位废除，立自己的儿子朱见济为太子。然而朱见济却无福消受，英年早逝。朱见济死后，景帝颇受打击，再加上为了尽早生出儿子他便日日纵情声色，导致身体健康每况愈下。更可惜的是，景帝越是想要儿子，这儿子却迟迟不来。景泰七年皇后杭氏病逝，这让景帝更加伤心欲绝。眼看老天迟迟不肯给自己一个儿子，景帝的身体也逐渐垮了，储君问题就被提上了日程。

景帝自己没有儿子，又不想重立英宗的儿子即位，思来想去这储君之位只能给襄王朱瞻墡。这朱瞻墡是位藩王，景帝想如果让他即位，他势必会感激自己，那么自己的身后之事也有所保障。可是，正是由于这朱瞻墡是外藩，而召集藩王入京的金牌在宣宗皇后当时的孙太后手中。孙太后当然不会放着自己的亲孙子不管而去扶持一位外藩。就这样，景帝想立朱瞻墡的念头也被打消。百般不得之下，景帝只好将立储之事拖了下来。没想

到的是，正是由于自己未来得及立储而导致了一场惊天阴谋。

在这里要提一个人物，那就是石亨。石亨曾参加了英宗的御驾亲征，兵败后自己单骑奔还，后被关入监狱。于谦组织的京师保卫战中，重新重用石亨，而石亨也不负众望，驱赶瓦剌，立下大功，石亨由此加官晋爵。景帝也十分看重石亨，对其恩宠有加，甚至超过了当初扶持自己的于谦。石亨虽是经由于谦提拔才加官晋爵的，但他跟于谦不论是在为人还是在政治观点上都不相同。而石亨后来之所以妒恨于谦，坊间还流传着这样一个故事。说是北京保卫战后，石亨不仅获免，还升了官，这让他心里十分感激。为了表达自己的谢意，石亨向景帝上书，请求加封于谦的儿子。而正直的于谦听到这个消息之后，便当着文武大臣的面教训石亨“国家多事的时候，臣子在道义上不应该顾及个人的恩德。而且石亨身为大将，没有听说他举荐一位隐士，提拔一个兵卒，以补益军队国家，而只是推荐了我的儿子，这能得到公众的认可吗？我对于军功，极力杜绝侥幸，绝对不敢用儿子来滥领功劳。”这样的义正言辞让石亨一时下不来台，也让石亨将一腔感恩之心化作满腔仇恨。这也是后来于谦下场惨烈的原因所在。景帝重用石亨，而石亨却是位投机官员。他眼见景帝病重，不久于人世，便暗中起了异心，拉拢宦官曹吉祥、都督张軏、都察院左都御史杨善、太常卿许彬以及左副都御史徐有贞等人准备兵变。

景泰八年正月间，明景帝病况依然不见好转，接连好几日不能上朝，大臣们开始商议要重新立朱见深为储君。景帝听闻之后大骇，遂传出话来，说自己正月十七祭祀那天便能上朝。然而，随着正月十七一天天临近，景帝依然卧于病榻，心有余而力不足。但是景帝又怕自己病重的消息传出去会动摇人心，让大臣们再起立朱见深之意，便想出一招，找人代替自己前去祭祀，而这一重任便落在了自己一直信任的石亨身上。正是这一意外，历史发生了改变。石亨得知景帝已经快不行了，便将皇帝病重的消息告知自己的同党。当天，宦官曹吉祥便进宫觐见孙太后告知

其拥立英宗复辟一事，孙太后听后当场赞同他们的做法，这让石亨等人更加大胆。

政变就发生在祭祀的前一夜，正月十六日晚上。石亨本为兵部官员，手下将士众多，当晚便率领中将士发动兵变。很多大臣都死于这场兵变之中，大家都未曾料到事情会发展到这种地步，且来得如此之快，导致很多人都未曾来得及做任何准备便遭了杀身之祸。石亨等人率兵前去英宗的囚禁之地——南宫，破墙而入迎英宗复位。恰巧这晚英宗入睡较晚，正在秉烛读书。忽然看到一大堆官兵闯进，还以为是景帝想要杀掉自己，吓得惊惶失措。谁知这时，众人一齐跪下大呼万岁，英宗才明白这是怎么回事。遂带领众人直奔大内宫殿，召集群臣，登上皇位。至此，震惊历史的“南宫复辟”到此结束，明英宗朱祁镇重新开始了自己的皇帝生涯。

景泰八年，明英宗重新登基之后，废除了景帝及其年号，并把病重的景帝赶到了西内（现今中南海）。后来，英宗怕夜长梦多重蹈景帝覆辙，便命人将景帝极其妃嫔勒死，葬于西山。于谦因“土木之变”时扶持景帝登基，再加上石亨对其怀恨在心，英宗复位后便将于谦以谋逆罪处死。英宗复位之后，重用石亨等人，导致了他们在朝堂之上滥用权力、横行霸道。在一定程度上加速了明王朝走向衰败。“南宫复辟”是“土木之变”的历史延伸，英宗晚年也曾后悔太过于恩宠石亨等人，妄杀大臣，但为时已晚。

弘治中兴——一个容易被忽略的真实盛世

明孝宗朱祐樘（1470—1505），明朝第九位皇帝，宪宗皇帝第三子，生母孝穆纪太后。在位期间，即位后努力扭转宪宗时朝政腐败状况，驱逐奸佞，勤于政事，励精图治，驱除宫内奸臣，任用王恕、刘大夏等为人正直的贤臣，使明朝再度中兴盛世。史称“弘治中兴”，孝宗因病英年早逝，享年 36 岁，庙号孝宗，谥号达天明道纯诚中正圣文神武至仁大德敬皇帝，葬于北京明十三陵泰陵。

明孝宗朱祐樘是明代中期的一位仁君。他的童年生活却非常不幸。他的母亲纪氏是广西纪姓土司的女儿，纪姓叛乱平息后，少女纪氏被带到皇宫。纪氏端庄、聪慧，被选送内书堂学习，然后被派充内藏看护皇家典籍。宪宗朱见深一次到内藏室，问纪氏情况，纪氏不卑不亢的回答让宪宗很满意，宪宗便临幸纪氏，纪氏就此怀孕。当时宫中最受宠的是年长宪宗 17 岁的万贵妃，她恃宠而骄，为所欲为。将所有妃嫔视为眼中钉，生怕别人争宠。万贵妃得知宫女被临幸并有了身孕便命人带着堕胎的药给纪氏吃，结果派去的人很好心地只让她吃了一点点，没有堕胎，不过孝宗先天体质较差很可能跟这些有关。虽然万氏恃宠而骄霸占后宫，但很多好心的宫女和太监们照料着可怜的纪氏，被万贵妃排挤废掉的吴皇后也帮助哺养婴儿。最终纪氏在冷宫中平安生下皇子朱祐樘，而且一直偷偷地养到 5 岁。

太监张敏一次为宪宗梳头，宪宗看到自己的白发不禁叹道："老将至矣，无子。"张敏连忙伏地说："万岁已经有儿子了。"朱见深大吃一惊，忙追问究竟，张敏说出了真情。朱见深知道事情的原委后，喜出望外，立刻派人去接儿子。纪氏搂抱着亲生骨肉，泣不成声，嘱咐朱祐樘道："我儿一走，我就活不成了。你看见穿着黄袍子，长着胡须的人，那就是你父亲。"然后她给儿子换上小红袍，长久目送着他坐上小轿子，去认自己的生父。朱祐樘这时已长到6岁，由于长期幽禁，一直没有剪过胎发，长长的头发披散到地面上。当朱见深第一次见到自己瘦弱的儿子时，不由得泪流满面，连忙抱起他，让他坐在自己膝上，亲切地抚摸，久久地凝视，连声说道："这是朕的儿子，长得真像朕。"第二年，朱祐樘被册立为太子，接着纪氏暴亡，太监张敏也吞金自尽。

显然，纪妃与张敏之死皆与万贵妃的迫害有直接关系。朱见深的母亲周太后担心万贵妃会对朱祐樘下毒手，就亲自将孙子抱养在自己的仁寿宫内，这才使太子安全地生活在宫中。但是，朱祐樘的太子之位并没有因此而稳定下来。有一次，万贵妃请朱祐樘去吃饭，周太后叮嘱道："你去之后，千万不要吃东西。"因此他赴宴时果然不沾任何食品，只称自己已经饱了。当宫人捧上汤羹时，年幼的朱祐樘想：完了，这句没教过啊！他想了一会儿，说："我怕有毒！"万贵妃既惊又怒，一举昏倒，昏迷前嚷道："这孩子才几岁就如此，将来还不要吃了我！"

此后，万贵妃一改对朱见深后宫生活的控制，让他去临幸后宫的妃子，妃嫔们有孕也能顺利出生，许多妃子都生下了皇子，皇子渐渐多起来。于是万氏就天天在朱见深耳边说太子如何不好，让他改立其他皇子。朱见深对万贵妃一向言听计从，便有了更换太子之意，并马上着手准备，虽然众大臣极力反对，据理力争，但这丝毫也没有影响朱见深换太子的决心。这一次是老天帮了朱祐樘，正当宫中为改易太子的事争得不可开交的时候，泰山地区发生地震，当时的泰山是皇太子的象征，奇异的天象一

出，群臣立刻上奏“上天已经示警了，如果改立太子，必将引起动乱”。笃信佛教的朱见深这次服软了，心中很是恐惧，于是下令不准再议废太子之事，朱祐樘的地位这才得以稳定下来。

也许是这种多难的童年生活增加了他对社会和人生的认识，增长了他的才干，锻炼了他的意志，与其他同龄人相比，他更显得早熟。据说，丧母时的朱祐樘虽然仅有六岁，但却“哀慕如成人”。史学家们认为，明孝宗朱祐樘“恭仁俭朴，虚心纳谏”，而绝少“千金之子，性习骄佚，万乘之尊，求适意快志，恶闻己过”的恶习，这种个性的形成大概也与他幼年的生活经历有一定的关系。

成化二十三年（1487）春，万贵妃病死，宪宗也因悲伤过度于八月去世。皇太子朱佑樘于九月壬寅日即位。第二年改年号为“弘治”，是为明孝宗。 事实上，宪宗留给儿子孝宗的，不仅是一个紊乱的朝政，而且是一个千疮百孔的江山。对于这些情况，孝宗在宫中为皇太子时已经是有所了解的。他即位之初，就着手改革弊政。

由于明成化时期，宪宗皇帝宠信佛道，致使许多佞幸小人混入朝中，李孜省就是其中的代表人物，他以方术、房中术进献皇帝得到宠幸，然后与太监梁芳狼狈为奸祸乱朝政，打击忠臣，扶植朋党，是当时朝廷中的第一大害。明孝宗即位之后立即逮捕了两人，文武百官弹冠相庆。接着，孝宗皇帝开始整顿吏制，将成化朝通过贿赂，溜须拍马发迹的官员一律撤换，改革首先从内阁开始，那位春药阁老万安同志自然也是好日子到头，孝宗对于女色并不沉溺，除了中宫皇后，没有别的配偶，在三宫六院屡见不鲜的皇帝群里，绝对算得上是个异类，他对万安的所作所为很反感，没多久就打发这位当了十年首辅的混混回家。万安当年因为自称是万贵妃的侄子而得到重用，然而到了这时，这层关系却差点让他跌入万丈深渊。孝宗生母是被万贵妃逼死的，作为侄子的万安，也绝对脱不了关系。就连万安自己都认为在劫难逃，但是孝宗却体现出了超越常人的宽容，甚至对万

氏本人，他都拒绝了臣下议罪的进谏，不希望再因为许多年前的旧事而影响了帝国内部的稳定。

同时，孝宗大量起用正直贤能之士。像王恕、怀恩、马文升等在成化朝由于直言被贬的官吏以及徐溥、刘健、谢迁、李东阳等贤臣。为于谦建旌功祠，使得无论是朝中还是宫中都为之一新，时称朝序清宁。在万安的被逐罢之前，人们并不十分了解明孝宗其人。只知道他是一个出生于冷宫的一个身份卑贱的宫人之子，后来虽得到宪宗承认，但一直受嫉于万贵妃，甚至到明成化末年，还有废立之危。因此，当这个十七岁的青年登极为帝的时候，除去得到一些正直大臣们的拥护之外，恐怕多少还有些同情，他的皇子生活实在太坎坷了。但是人们很快就不得不对这位年轻皇帝刮目相看，斥佞用贤的弘治初政，给成化后期混乱的朝廷打了一针兴奋剂，使明朝有了中兴的希望。

弘治朝的岁入和人丁较之成化时期都有了很大的恢复，更难能可贵的是，这些成就都是建立在不断的天灾之上。永乐朝重新疏通的南北大运河，经过几十年的使用之后，已经成了帝国经济的命脉，但在弘治朝初期，却因为淤塞造成了泛滥。弘治二年（1489），黄河开封段决堤，孝宗命令户部左侍郎白昂带了五万人前去整治，而弘治五年（1492），甚至连有“苏湖熟，天下足”之称的苏浙一带都因水患而产生了歉收，帝国的经济情况岌岌可危。这次孝宗派去治水的是工部侍郎徐贯，前后一共花了三年工夫，才基本解决水患，使得苏浙重新成为粮仓。以治水而著称的莫过于刘大夏，孝宗很放心地让他全权处理以黄河为主的水利工程。这位刘大夏本来是兵部官员，但治水功夫也是一流，采用了疏堵相结合的办法，他看出黄河泛滥的原因很复杂，在上流，他使用人工开凿、分流入海的办法平息了一度高涨的水势；而在南面，情况则有些不同，黄河由于连年的淤塞和地质的变化，已经偏离了原来的河床，刘大夏设法堵住黄陵冈等处，使得黄河经徐州汇入南北大运河，恢复了南流故道。这样，在弘治朝终于

比较完美地解决了一直困扰着整个国家的水灾问题，至少在很长一段时间内没有再出现大的隐患。

除了治水，孝宗也很重视修文，明朝自建立起也已经过了一百多年，产生了大量制度方面的文献，孝宗认为这些文献都很有价值，但各自散落开来，很难形成一个系统的典籍，不利于传承。于是，他就下令“以本朝官职制度为纲，事物名数仪文等级为目，一以祖宗旧制为主，而凡损益同异，据事系年，汇列于后，粹而为书，以成一代之典。”总之就是把老祖宗定下的各种规章制度、文明礼仪等，总结起来编成一本典籍，以供后世参考。编书的团队阵容也非常豪华，当时的内阁成员像徐溥、刘健、李东阳、谢迁等都包括在内，全书虽然不如《永乐大典》那样全面，但因为牵涉到国家宗法，需要特别谨慎，因此花费了四年多时间才完成，孝宗亲自为之取名为《大明会典》。

孝宗还很注意削减不必要的开支，从而降低当时已经略显沉重的赋税，很大程度上缓和了当时已经比较尖锐的阶级矛盾，英宗和宪宗时期频繁爆发的农民起义也渐渐平息下去，在对内控制上，他也不再过分依赖两厂这样的特务组织，营造了比较宽松的政治气氛。经过孝宗的不懈努力，已经开始走上了下坡路的明帝国，终于稳住了脚步，可惜由于先天性的体弱多病，孝宗的寿命并不长，在位十八年之后，离开了人世，他从宪宗手里接过的是一个日暮西山的烂摊子，而留给继承人武宗的，则是重新焕发了活力的中年帝国。

明孝宗统治的后期，他对佛道产生了极大的兴趣。由于孝宗多难的童年使得他的身体一直不好，他希望通过佛道之术能改变自己的身体状况。因此一些奸佞之辈再次混入宫中，再次祸乱朝政。宦官李广就是其中之一，其深得孝宗的宠信。后来李广畏罪自杀，孝宗以为李广家中有天书，命人搜寻，却搜出了李广贪污、受贿的账本，孝宗这才醒悟。李广事件唤醒了那个沉睡多年的励精图治的孝宗皇帝，他开始了生命中第二个，也是

最后一个勤政时期。重新远佞臣而重用刘大夏、戴珊等贤臣。明弘治十八年（1505年）五月初七，三十八岁的孝宗与世长辞。他在弥留之际召刘健、李东阳、谢迁等入乾清宫接受顾命，命传位于皇太子朱厚照，并叮嘱诸卿说："太子人很聪明，但是年龄还小，又好逸乐，诸卿要好好辅佐他，使他担当起大任，朕死也瞑目了。最后给太子朱厚照的最后嘱咐是"任用贤臣"。后世史家给予明孝宗给很高的评价，认为他力挽危局，清宁朝序，恭俭有制，勤政爱民，为中兴明主，其功绩不亚于太祖、成祖。在个人品德方面，更胜于太成。

宁王之乱——给满目疮痍的江山再添百孔

说起"宸濠之乱"，可能很少人知道，但是说起"宁王"，想必很多人知道,《唐伯虎点秋香》曾提到过宁王作乱，说的就是他。当初燕王兴兵时，联合宁王，曾经许诺宁王事成之后平分天下，结果等来的却是内迁到南昌，或许宁王的后代也是想折腾一下，看看能不能拿到半壁江山。

朱宸濠，宁王的第四代继承人，弘治十年（1497）嗣位。其高祖宁献王朱权是明太祖朱元璋的第17子。洪武二十四年（1391）封王，逾二年就藩大宁，其封地最初在长城喜峰口外（今内蒙古自治区宁城西边），永乐元年（1403）二月，改封南昌，以江西布政司官署为历代宁王官邸。

大明第一代宁王，因为他以优秀的野战指挥能力而闻名，得到了大宁的封地，这是北京以北草原地带的一个军事上的重要前哨基地。但是在

1399 至 1402 年的内战中，他被这场冲突的胜利者永乐皇帝迁移到了北京，永乐皇帝怀疑这位亲王对他的事业的忠诚，把他原来的封地赐给了三个蒙古王（兀良哈部族的首领们），他稍后又被重新安置在江西省。天顺统治时期（1457—1464），在位的宁王被牵连进一桩谋反案以后，被剥夺了维持一支卫队的权利，而且后来再也没有恢复。

弘治十八年（1505）五月，孝宗病死。十五岁的太子朱厚照即皇帝位，是为武宗，改元正德。武宗贪图享乐，与内臣沉湎于声色犬马之中，不理朝政。东宫宦官相互勾结，想尽办法奉迎阿上，导引皇帝逸乐，残害忠良，导致朝政再次腐败。宦官刘瑾独揽大权，不仅将自己的党羽延揽入阁，还设法满足武宗的玩乐需求，建造豹房供其淫乱。刘瑾的专权引发了朝中大臣与其他“七虎”的不满。最终刘瑾被判凌迟 3357 刀处死。朝政腐败导致阶级矛盾和统治阶级内部矛盾更加尖锐。这种形势下，宁王朱宸濠的叛乱爆发了。

宁王朱宸濠从正德统治时期的初年起就对皇位怀有野心。

弘治十年（1497）朱宸濠嗣宁王，府第仍在南昌。武宗正德二年（1507），朱宸濠为谋恢复其被削夺去的护卫，派内官梁安送给当权的太监刘瑾金银两万两。重贿之下，刘瑾高兴地说：“这事好说。”于是他对皇帝说：“奴才看着宁王宸濠有悔过之心，不如恢复宁王宸濠的护卫及屯田吧。”武宗竟荒唐地答应了。

正德五年（1510）8 月，刘瑾于真镭之叛后被捕，被杀。兵部于是上奏：“臣等请陛下复革宁王护卫，仍为南昌左卫。”

正德九年（1514），宁王宸濠看到形势不利于自己，遂又深结兵部尚书陆完，重贿受宠于皇帝的伶人臧贤，再一次恢复护卫和屯田。

朱宸濠又密令承奉刘吉招“巨盗”杨清、李甫、王儒、凌十一、闵念四等六百余人，藏在丁家寺中。平时，令这些人掠夺居民商舶财物，作为交结朝廷权贵之资，待时机成熟，这些人则成为反叛的骨干。

正德九年3月，江西按察司副使胡世宁上疏揭发朱宸濠的罪状，说："宁王宸濠无恶不作，祸害人间，臣请陛下严查。"朱宸濠见状也上奏朝廷，诬蔑胡世宁："你乃妖言诽谤，离间亲人。"正德皇帝昏庸，不查真相，下令将胡世宁下狱。

正德十二年（1517），宁府典宝副阎顺、典膳正陈宣及内使刘良等到京告发朱宸濠"诸违法事"，被下狱，后充军孝陵卫。朱宸濠怀疑阎顺等是受了承奉周仪的指使，遂杀了周仪全家及典仗查武等数百人。朱宸濠还擅杀都指挥戴宣、囚禁知府郑王献、宋以方（后被杀）。在朱宸濠这种严重打击迫害异己的情况下，尽管其反迹败露，也无敢言者。

正德十四年（1519），武帝朱厚照西巡归来后，又欲下江南，并周游天下，为了谏阻南巡，惹起一场朝臣大请愿。于是，怀有野心的宁王朱宸濠借口武宗荒淫无道，是年六月十四日兴兵，杀巡抚孙燧、江西按察副使许逵，革正德年号。以李士实、刘养正为左、右丞相，以王纶为兵部尚书，集众号称十万，并发檄各地，指斥朝廷。七月初，又以其部将守南昌，自率舟师蔽江东下，略九江、破南康，出江西，帅舟师下江，攻安庆，欲取南京。

这时候出现了一个扭转乾坤的关键性人物，他就是王守仁。

王守仁出身于浙江余姚一个显赫的家庭，天生有特殊的气质。他的母亲怀孕超过十个月才分娩，在他诞生之前，他的祖母梦见天神衣绯玉，云中鼓吹，抱一赤子，从天而降，祖父遂为他取名为"云"，并给他居住的地方起名为"瑞云楼"。出生后，他5岁仍不会说话，但已默记祖父所读过的书。有一高僧过其家，摸着他的头说："好个孩儿，可惜道破。"祖父根据《论语·卫灵公》所云："知及之，仁不能守之，虽得之，必失之，"为他改名为"守仁"，随后他就开口说话了。

是时，王守仁将去福建剿匪时（无大量军队），所率部队行军刚到丰城，宁王朱宸濠突然举兵叛乱。因此王守仁积极备战，调配军粮，修治器

械，然后发出讨贼檄文，公布宁王的罪状，要求各地起兵勤王。当时，王守仁最为担心的，就是宁王朱宸濠挥师东下，占领故都南京。如果南京失守，宁王就有了称帝的资本，同时也占了地利，那就不容易消灭了。王守仁虚张声势，利用假宣传假情报，扰乱宁王的视线，逼他做出错误的判断，以为各路大军已经组成合围态势。同时使用反间计，使宁王猜疑自己部下的进攻南京策略。宁王果然上当，有半个月时间犹豫观望、不知所措，没敢发兵攻打南京。王守仁利用这一时机，做好了防守南京的准备，使宁王欲攻南京，已无可能。七月，宁王率六万人，攻下九江、南康，渡长江攻安庆。王守仁这时已经调集了八万大军（主要为各地民兵与农民），对外号称三十万。有人指出应该急救安庆，王守仁说："现在九江、南康已经被敌军占领，如果我们越过南昌跨江救援安庆，就会腹背受敌。现在南昌空虚，我军锐气正盛，可以一举攻破。敌军听说南昌失守，定会回师来救，这时我们在鄱阳湖迎击他，肯定能取得胜利。"南昌很快攻破，停了两日，王守仁便派诸将分五路迎击回援南昌的宁王大军。四路分兵迎进，一路设伏。交战以后，宁王大军很快腹背受敌，被分割成几部分，后又中了埋伏，惨遭大败，溃逃退守八字脑地区。宁王眼观局势不妙，急忙调九江、南康的精锐部队出击，王守仁派几路大军迎战并取南康。这一仗打得相当激烈，是关键的一战。官军一度退却，王守仁部将伍文定立即斩杀了后退之人，命令诸军决一死战。最后终于打败了敌人，宁王军退到保樵舍地区，将大船结成方阵，宁王拿出金银珠宝犒赏将士，要求他们做殊死一搏。但宁王军队的方阵被王守仁看出破绽，他决定仿效赤壁之战，放火烧船。第二天，宁王群臣聚集在一起，正在船上召开"早朝"会议，王守仁大军杀到，用小船装草，迎风纵火，烧毁了宁王的副船，王妃娄氏以下的宫人以及文武官员们纷纷跳水自杀。宁王的大船搁浅，不能行动，仓促间换乘小船逃命，被王守仁的部下王冕部追上擒获，宁王的其他文武大臣也成了阶下囚。不久，南康、九江也被官军攻陷，宁王之乱全面平息，前后只有 35 天时间。王守仁因此而获“大明军神”之称。

不过，王守仁等擒获朱宸濠，也受到幸臣们的嫉妒，他们一面以搜捕宸濠余党为由，到江西大行株连诬陷，屠戮无辜，甚至连平叛有功的吉安知府伍文定也被抓来捆绑；一面制造流言，污蔑王守仁“与宸濠通谋，虑事不成乃起兵”。当王守仁从南昌出发，准备将朱宸濠献给明武宗时，他们又屡屡遣人进行阻止，要求王守仁把朱宸濠释放在鄱阳湖地区，“待上自擒之”。武宗一行的所作所为，造成了江西地方人人自危，社会极端混乱。

为了将平叛功劳延及到明武宗及其诸幸臣，正德十五年（1520）闰八月，王守仁不得已将擒获的朱宸濠押至南京，献给明武宗，名曰“献俘”，其场面十分滑稽可笑：只见武宗与诸近侍身着戎服，摆开作战的阵势，将朱宸濠除去桎梏，释放在军队的包围圈中，然后伐鼓鸣金而擒之，重新给他戴上枷锁，列于队伍前面，作凯旋状而归。一路上仍游山玩水，寻欢作乐。九月，至清江浦，在积水池钓鱼时，明武宗不小心翻船落水，尽管保驾者很快将他救起，然而他还是大受损伤，从此生病，终于在次年三月驾崩，结束了一代帝王的腐朽统治。

庚戌之变——明王朝的第二次奇耻大辱

嘉靖十二年（1543）蒙古达延汗死后，其子孙们相互争斗，蒙古又重新陷入割据状态。达延汗的三子阿勒坦汗势力日盛，成为蒙古族中最有影

响的人物，中原称其为俺答汗。

俺答汗蒙古地区基本上是游牧经济，其他物资匮乏，他们需要用畜牧产品换取中原的农产品和手工业产品。以前各朝蒙古霸主，都积极要求明廷允许互市贸易。达延汗后期，蒙古各部不时南下，抢掠财物，俘虏人口，明廷便决定中止与蒙古的和平贸易关系。俺答汗害怕了，多次表示愿意臣服明廷，要求明朝赐予封爵，允许每年向明廷进贡，并请求在长城关口恢复互市。嘉靖皇帝和首辅严嵩担心“土木之变”重演，严词拒绝了俺答的通贡互市的要求，甚至悬赏购买俺答汗的首级。

嘉靖二十一年（1542），俺答再次派出使者与明谈判。大同巡抚龙大有却将来使逮捕，请示朝廷后将俺答汗的使臣斩首示众。

明廷的态度和做法激怒了俺答汗。嘉靖二十九年（1550）六月，俺答集合十余万蒙古骑兵南下，进犯大同、宣府，大同总兵仇鸾是首辅严嵩的干儿子，既无文韬，又无武略，面对俺答的进犯，吓得慌了手脚，紧闭城门，不敢抵抗。后来，他竟然以重金贿赂俺答，请求其不要进攻大同镇，转而进犯其他边镇。俺答收受了贿赂，便移兵进攻宣府镇、蓟镇。八月，得了好处的俺答率兵沿长城东进，至潮河川南下，抵达古北口。得到消息的丁汝夔迅速调兵遣将，奋力抵抗。那些严嵩的亲信将帅们则不肯出力，不是给丁汝夔送些虚假情报，就是贪生怕死不敢向前，难以与俺答对垒。严嵩怕丁汝夔功成，谋陷无隙，遂以权压丁汝夔勿战。俺答则顺利突破古北口防线。俺答另遣轻骑绕黄榆沟，破长城墙而入，直逼京畿。

丁汝夔迅速调动京畿守备部队。这一调露了馅，号称三十五万的人马只有四五万人，还有一半是老弱病残，另一半年轻的士兵都被内外提督大臣们弄回家当了家丁，真可谓“朝无可恃之将帅，营无可用之兵戎”。无奈之下，丁汝夔只好动员在京的应试武举和百姓参战。百姓摩拳擦掌，积极响应。去武器库领武器，管库的宦官库头又按例索贿。强行打开武器库，竟没有一件可用之武器！不仅如此，严嵩还切断丁汝夔宣调来京的部队给养，士兵们四五天吃不上饭。

严嵩吓唬前来请示如何战守的丁汝夔：“塞上打仗，败了可以掩饰，京郊打仗，败了怎么掩饰？”丁汝夔说：“我不敢贪功，只是事情紧急，国家给我厚恩，应以身报国，不敢擅退，所以必须请求出战抗敌。”严嵩见劝说无用，又威胁道：“皇帝正在西苑休息，你坚持出战惊动了皇帝，这不是自取其罪吗？敌寇抢够了自然就会退去，我会在皇上面前说明情况，保证不追究你的责任。”

丁桓起说，俺答这次是按“计”而行，主要矛头针对皇上及王公大臣们的利益，专门焚烧抢掠皇陵和王公大臣们在京郊的房产庄园。王公大臣们纷纷向世宗告状，世宗非常气愤。此时，严嵩又买通皇帝近侍，教唆其在皇帝面前散布谣言：“尚书纵敌”，欲将丁汝夔置于死地。

果然，世宗听信谗言，以不设守备之罪，将兵部尚书丁汝夔、都御使杨守谦二人打入天牢，后斩于市。阴险狡诈的严嵩怕丁汝夔揭发自己，以致事情败露，安抚他说：“有老夫在，决不让丁公屈死！”直到临刑前，丁汝夔才明白这是严嵩设下的圈套，他怒火难平，大骂：“嵩贼误我！”之后他含冤赴死。

另一方面，俺答兵自白河渡潞水西北行，十九日至东直门。二十一日德胜、安定门北民居皆被毁。二十二日，由巩华城（在昌平县）攻诸帝陵寝，转掠西山、良乡以西，保定皆震。此前，俺答于十八日引兵夺白羊口（在今北京延庆西南），以西走塞外，而留余众于京城外，以为疑兵。但白羊守将扼险防御，俺答不得出，乃复东向南。至昌平北，败仇鸾之军，长驱至天寿山，循潮河川而上，仍由古北口出塞，京师解严。九月初一，蒙古兵全部撤退，一同还押走了大批男女、牲畜和金银财宝。历史上把这次俺答南下掳掠称作“庚戌之变”。

俺答兵撤走后，大同总兵仇鸾收拾残部，打道回京，沿途竟然斩杀了七八十名百姓，说是俺答兵的首级。世宗竟然信以为真，对仇鸾大加

赏赐。

庚戌之变虽已结束，但明世宗认为乃奇耻大辱，对阁臣说："外域之臣，敢于我前带信坐观城池，可欤？不一征诛，何以示惩！"指示兵、户二部"先集兵聚粮"，准备出征。又谕仇鸾"卿勿怠此戎务，必如皇祖时长驱胡虏三千里乃可！"随后明廷加强防御措施，改十二团营为三大营，总三营为戎政府；修建北京外城，置蓟辽总督大臣，辖蓟州、保定、辽东三镇，募山东、山西、河南诸道兵岁集京师防秋，秋后散去，以为定制；又选各边镇锐卒入卫京师，以京营将分练边兵。明朝北部边防逐渐加强。

庚戌之变使得明朝政府勉强答应"通贡互市"，实际实施却拖延反悔，只在次年（1551）在大同开马市。但毕竟坚冰已破，而且互市的好处也逐渐为明朝统治集团所认识，于是，1570年俺答的孙子把汉那吉负气出走明朝时，这一偶然事件却促成了蒙、明贸易的正常化。从此，这块双面舞台自丰州城被毁之后的又一个繁荣期拉开了序幕，而影响更加深远、持久的走西口人口大迁徙也从此拉开了序幕。

庚戌之变此后二十余年，俺答连年南下掳掠，长城沿线的百姓深受其害，明世宗亦对蒙古深恶痛绝，史载他"苦虏之扰，最厌见'夷狄'字面……世庙晚年，每写'夷狄'字必极小，凡诏旨及章疏皆然，盖欲尊中国卑外夷也"。至1570年双方最终达成和议，明廷封俺答为顺义王，俺答服属中央朝廷，长城一带才开始得到安宁。

万历中兴——明王朝回光返照的最后一抹辉煌

嘉靖四十一年（1562）八月十七日，朱翊钧出生在裕王府，是穆宗朱载坖的第三子。穆宗有四子，长子朱翊釴、次子朱翊钤，俱早亡。四子朱翊镠与朱翊钧同为李氏所生。朱翊钧的诞生给裕王府带来了欢乐，王府张灯结彩，来道贺的人络绎不绝，热闹非凡。然而，这种喜庆的气氛很快就烟消云散了，代之的是人人自危的恐怖现象。原来朱翊钧的祖父嘉靖皇帝，对于这个皇孙的出世并不高兴，而是产生了一种愤恨的心理。因此，关于朱翊钧的诞生，没人敢报告皇帝，更不敢为之起名字，直到 5 岁时，这个皇孙才有了朱翊钧这个名字。穆宗说，赐你名字，名为钧，是说圣王制驭天下，犹如制器之转钧也，含义非常重大。你当念念不忘。

万历帝是穆宗的独子，隆庆二年（1568）三月十一日，朱翊钧被立为皇太子，正位东宫。万历的生母李太后身世卑微，原是宫人，后来母以子贵才晋升为贵妃。皇太子就是未来的皇帝，将来要治国治民，必须从小接受教育，了解以往帝王承业治国的经验教训，熟悉朝章典故，掌握驾驭臣民的本领。万历帝虽然年幼，却很懂得这个道理。穆宗任命一批大臣为教官，辅导他读书。朱翊钧学习非常用功。其母李氏“教子颇严。帝或不读书，即召使长跪。每御讲筵入，尝令效讲臣进讲于前。遇朝期，五更至帝寝所，呼曰‘帝起’，敕左右掖帝坐，取水为盥面，挚之登辇以出”。由于

讲官的尽心辅导，李太后的严格管教，以及他本人的刻苦努力，万历帝年渐长而学愈进。他自己后来也常常十分得意地说："朕五岁即能读书。"

隆庆六年（1572）五月二十二日，宫中传出隆庆帝病危的消息。二十五日，内阁大学士高拱、张居正、高仪被召入宫中。高拱等人进入寝宫东偏室，见隆庆帝坐在御榻上，榻边帘后坐着皇后陈氏、皇贵妃李氏，10岁的太子朱翊钧就立在御榻的右边。隆庆帝抓住高拱的手，临危托孤，"以全国使先生劳累"。司礼监太监冯保宣读给太子朱翊钧的遗诏："遗诏与皇太子。朕不行了，皇帝你做。一应礼仪自有该部题请而行。你要依三辅臣并司礼监辅导，进学修德，用贤使能，无事荒怠，保守帝业。"三位大学士受托之后，掩泪而出。第二天，隆庆帝即崩于乾清宫。六月初十，皇太子朱翊钧正式即位，次年改元万历。

整个万历，即明神宗朱翊钧（1563—1620；在位1572—1620）之在位年，凡四十八年之久，是明朝在位最久的皇帝。惟有前十五年治政稍有起色，万历初年，张居正便任首辅从旁协助，而明神宗年幼，又对张居正极为信赖，故张居正能一心一意推行政令。

万历元年（1573），张居正和冯保合谋将三大辅臣之中的高拱拉下马，由此张居正在这一年当上了首辅。张居正手握朝中大权，开始进行改革。从政治、经济、军事上都实施了新的政策，张居正的改革让明朝的经济蓬勃发展，吏制选拔开明，边境防范得以巩固。这些成了万历中兴的背景。

张居正为内阁首辅以后，神宗将内廷的事务托给冯保，"而大柄悉以委居正"。对张居正不仅委以重任，而且尊礼有加，言必称"元辅张先生"，或"张先生"，从不直呼其名。隆庆六年（1572）六月十九日，张居正刚刚走马上任几天，神宗就在平台（即后左门）单独召见他，共商大计。由于明穆宗在位从没有召见过大臣，所以这事在当时曾引起轰动，使廷臣看到神宗承业治国的精神和决心，又大大提高了张居正的威信。

明神宗从思想上到行动上，全力支持张居正，合力进行改革，推行

新政。政治改革的主要措施，是万历元年（1573）推行的章奏“考成法”。它是针对官僚作风和文牍主义而提出的，意在“尊主权，课吏职，信赏罚，一号令”，提高朝廷机构办事效率。按照考成法的要求，事必专任，立限完成；层层监督，各负其责。明神宗说：“事不考成，何由底绩。”其时，因为神宗年幼，对祖制还不十分明白，不晓得个中的利害关系。后来，他意识到张居正的权力过大，“几乎震主”，这无疑是一个重要原因。

神宗即位仅一个月，王国光得到参与张居正改革的“入场券”，60岁的他出任户部尚书后，立即对全国粮食进行宏观控制。

当时，明朝人口不断增长，边疆战事不断，内地也时有农民起义爆发，因此管好粮仓具有相当重大的意义。为缓解矛盾，王国光对粮食精打细算、全面控制。他推行“天下抚按官”的办法，对各个粮食渠道统筹安排，将粮食出入大权牢牢地掌握在国家手中，对缓解粮食紧张起到了十分关键的作用。

王国光也对一系列不合时宜的旧制度、旧秩序进行了改革。

其时簿牒等公文十分繁杂、冗滥，从州县到部，无论是各部门，还是具体的承办人，都有难言之苦。他便大刀阔斧地进行裁撤合并，去掉了近半数的繁文，使得事情方便易行；户部十三司因公署狭小，官员们便不来上班，导致弊病越来越重，他便雷厉风行，一改前弊，令所有官员均入署办公，各司其职，使工作效率大大提高；边关军饷告匮，而支出及收项无案可查，他令当地的边臣核实各项收支，并且筹划出长远计策上报，使消耗、浪费锐减。

王国光还设“坐粮厅”，专门负责军粮的督办，大大方便了诸军，又将散隶诸司的全国钱谷归并，减少不必要的浪费。

这些改革措施行之有效，立竿见影，受到朝廷的称赞，后形成定制。万历四年，王国光将在实际工作中总结出来的各条辑成《万历会计录》。这部被神宗赞许为“留心国计”的专集，后来成为张居正推行“一条鞭”

法改革赋税制度的理论依据，乃至成为明清两代田赋的准则。

神宗对这段时期改革非常满意，设宴时还专门手书，夸奖王国光是“正己率属”的典范。

万历五年（1578），张居正也许是念及旧情，在吏部尚书张瀚被罢官后，让已回乡养老的王国光复出，担任了此职，再次成张居正改革的得力助手。他提出“采实政”、“别繁简”、“责守令”等八条有关国家大计的建议，均被采纳，为张居正改革推荐和选拔了不少将帅之才。

张居正对经济领域的改革，一是清丈全国田亩；二是推广“一条鞭法”。这是万历初年整个社会改革的中心环节，也最有意义与成绩。清丈田亩，又称“清丈田粮”，目的是为了纠正田制混乱。这是继洪武朝之后进行的又一次全国性的土地大清丈。万历六年（1578）十一月，明神宗下令在福建进行试点。中心问题是为了改变有田者不交纳税粮、无田者苦于赔纳的怪现象，使田亩与税粮挂钩。由于明神宗态度明确，张居正指导得力，坚决排除阻力，试点工作进行得颇为顺利。至万历八年（1580）九月，福建“清丈田粮事竣”。神宗与张居正因势利导，趁热打铁，立即通行全国清丈。户部奉旨就清丈范围、职责、政策、方法、费用、期限等制定了八项规定，于同年十一月下发各地。至万历十年（1582）十二月，各省均按三年期限基本完成，总计支出新增一百四十余万顷。推广“一条鞭法”，是当时经济改革的又一出重头戏。万历九年（1581），一条鞭法已在全国各地“尽行之”。这标志着整个张居正改革已经取得了重大胜利。

万历朝的前10年，在小皇帝的支持下，张居正在政治上、经济上进行大刀阔斧的改革，政府面貌焕然一新，经济状况也大为改善。万历十年（1582）六月，一代名臣张居正病逝，神宗从此开始亲政。这次改革，始于万历元年（1573），至万历十年基本结束。它是明中叶以来地主阶级革新自救运动的继续和发展，也是明后期政治、经济关系新变动的深刻反映。其范围覆盖政治、经济诸方面。具体步骤是，前五年以政治改革为重点，后五年以经济改革为主要任务。十年期改革取得了非常大的成就，扭转了正德、嘉靖两朝以来形成的颓势。

朱翊钧亲政后，曾主持了著名的“万历三大征”。先后在明王朝西北、西南边疆和朝鲜展开的三次大规模军事行动：分别为李如松（李成梁长子）平定蒙古人哱拜叛变的宁夏之役、李如松，麻贵抗击日本丰臣秀吉政权入侵的朝鲜之役，以及李化龙平定苗疆土司杨应龙叛变的播州之役，巩固了明朝疆土。后世有说明军虽均获胜，但军费消耗甚巨。而三大征实际军费则由内帑和太仓库银足额拨发，三大征结束后，内帑和太仓库仍有存银。

万历十四年（1586）十一月，朱翊钧开始沉湎于酒色之中（一说是染上鸦片烟瘾）。后因立太子之事与内阁争执长达十余年，最后索性三十年不出宫门、不理朝政、不郊、不庙、不朝、不见、不批、不讲。万历十七年（1589），朱翊钧不再接见朝臣，内阁出现了“人滞于官”和“曹署多空”的现象。万历十年（1582）的三月，朱翊钧就曾效仿他的祖父世宗的做法，在民间大选嫔妃，一天就娶了“九嫔”。而且，神宗在玩弄女色的同时，还玩弄小太监。当时宫中有10个长得很俊的太监，就是专门“给事御前，或承恩与上同卧起”，号称“十俊”。所以，雒于仁的奏疏中有“幸十俊以开骗门”的批评，这与当初荒唐的武宗有一点类似。至于贪财一事，神宗在明代诸帝中可谓最有名了。他在亲政以后，查抄了冯保、张居正的家产，让太监张诚全部搬入宫中，归自己支配。为了掠夺钱财，他派出宦官担任矿监税使，四处搜括民财。

万历二十五年（1597），右副都御史谢杰批评朱翊钧荒于政事，亲政后政不如初：“陛下孝顺父母、尊祖、好学、勤政、敬天、爱民、节约开支、听取意见、亲人和贤人，都不能够像当初一样。”以至于朱翊钧在位中期以后，方入内阁的廷臣不知皇帝长相如何，于慎行、赵志皋、张位和沈一贯四位国家重臣虽对政事忧心如焚，却无计可施，仅能以数太阳影

子长短来打发值班的时间。万历四十年（1612），南京各道御史上疏："台省空虚，皇上深居二十多年，从来没有一个接见大臣，天下将要沦陷的忧虑。"首辅叶向高却说皇帝一日可接见福王两次。万历四十五年（1617）十一月，"部、寺大官十缺六、七，风宪重地空署几年，六科只剩下四个人，十三道只剩下五人。"

万历中期后虽然不上朝，但是不上朝之后并没有宦官之乱，也没有外戚干政，也没有严嵩这样的奸臣，朝内党争也有所控制，万历对于日军攻打朝鲜、女真入侵和梃击案都有反应，表示虽然忽略一般朝政，但还是关心国家大事，并透过一定的方式控制朝局。

天启皇帝朱由校
——高明的木匠，愚蠢的帝王

朱由校（1605—1627），明朝第十五代皇帝，1620—1627年在位，年号天启。明光宗朱常洛长子，父亲光宗在位仅29天便因"红丸案"而暴毙，朱由校经过"移宫案"风波，为群臣拥立即位。在位7年，因嬉乐过度成病（一说曾落水，留下病根），于1627年服用"仙药"而死，终年23岁

明光宗朱常洛在东宫时，羸弱昏庸，在险恶的宫廷斗争中几不自保，于是常寄情酒色以避世，根本无暇顾及朱由校的教育，以至朱由校9岁"尚未出就外传"，也就是说朱由校九岁了还没有进"幼儿园"，大概除

了“一二三”外，“人口土”只怕也认不全。无拘无束的朱由校整天像贾宝玉进了大观园，除了与小太监小宫女厮混外，就是在宫中东游西荡。其时，宫中的三大殿以及乾清、坤宁、慈宁三宫都曾遭受火灾正进行重修，此外，朝廷因常年进行宫殿修缮，一些宫殿就成了木匠作坊。四处游荡的朱由校长期耳濡目染对木匠活发生了强烈兴趣，竟然无师自通学得了一手木匠的好手艺。吴宝崖在《旷园杂志》中写道：熹宗“尝于庭院中盖小宫殿，高四尺许，玲珑巧妙”。《先拨志》载：“斧斤之属，皆躬自操之。虽巧匠，不能过焉。”可见朱由校是个天才的木匠。

朱由校有许多发明创造，颇符合今日科技创新的要求。当时，匠人制造的床具极其笨重，需要十几人才能搬动，用料费，样式也极其普通。朱由校便自己琢磨，设计图样，亲自锯木钉板，用一年多工夫造出一张床，床板可以折叠，携带移动都很方便，床架上还雕镂着各种花纹，美观大方，为当时的工匠所叹服。

朱由校善用木材做小玩具，漆工活也很在行。他做的小木人，男女老少，神态各异，五官四肢，无不备具，动作惟妙惟肖。朱由校派内监拿到市面上去出售，老百姓都愿意以重价购买，可见其精致灵动。

朱由校还自己做水傀儡的木人与戏台。他做的木人约高二尺，有双臂但无腿足，均涂上五色油漆，彩画如生，每个小木人下面的平底处安一拘卯，用长三尺多的竹板支撑着。另外，有一个用大木头凿订成的长宽各一丈的方木池，上面添水七分满，水内放有活鱼、蟹虾、萍藻之类的海货，使之浮于水面。再用凳子支起小方木池，周围用纱围成屏幕，竹板在围屏下，游移拽动，这样就形成了水傀儡的戏台。在屏幕的后面，有一艺人随剧情将小木人用竹片托浮水上，游斗玩耍，鼓声喧哗。当时宫中常演的剧目有《东方朔偷桃》《三保太监下西洋》《八仙过海》《孙行者大闹龙宫》等，装束新奇，扮演巧妙，活灵活现。朱由校做得是如醉如痴，看得也是如醉如痴。

朱由校发明了中国最早的喷泉。宫中的人都叫这种喷泉为铜缸水戏，这在当时可是天下一绝。那时宫中都用铜缸或是木桶盛水饮用，他就在这些盛水的容器下方凿一个孔，在里面设置机关，用机关操作，缸中的水就飞散出来，有时泻如瀑布，有时又散若飞雪，最后变成一根玉柱，打击放在缸外面的许多小木球，木球就浮在水尖上，随着水的喷吐而跳跃不已，久久不息。每回玩这个游戏时，朱由校都和他的嫔妃们一起在旁边观赏。随侍的妃子和宫女都拍手赞叹，对皇帝钦佩不已。

朱由校还想做一个出色的建筑师。做皇长孙的时候，因为西李得宠，他是个“小可怜”，自然不可能给他一座不相干的宫殿拆了重造。一登九五，富有四海，始得大显身手。天启五六年间，朝廷对紫禁城的三座主殿太和殿、中和殿、保和殿进行了大规模的重建工程。朱由校在工程中大显身手，从起柱到上梁。再到外部装饰，他都亲临现场，仔细指导，高兴了还会当场脱掉外衣，卷起袖子，和工匠们一起大干一场。有时他心血来潮，在宫中兴建一些小巧别致的房屋，内设精密的机关。建成后他总是高兴得手舞足蹈，对自己的作品很是得意，找来身边所有的人一起欣赏。时间一长，他的兴趣过去了，就派人立刻毁掉，再重新建造别的花样，总是在建了拆、拆了建中玩得乐此不疲。

朱由校还喜欢雕刻。他擅长雕琢玉石，颇为精巧。他曾经赐给客、魏二人金印，各重三百两。魏忠贤的印中，刻有“钦赐顾命元臣”数个字，客氏的印中，刻有“钦赐奉圣夫人”数个字，都是他自己刻的。他经常刻制玉石，随刻随赐给身边的宫女太监，不计其数。

朱由校登基初期，事实上还有一点政绩。他即位后令东林党人主掌内阁、都察院及六部，东林党势力较大，公正盈朝。杨涟、左光斗、赵南星、高攀龙、孙承宗、袁可立等许多正直之士在朝中担任重要职务，方从哲等奸臣已逐渐被排挤出去，吏制稍显清明。由于杨涟等人在帮助朱由校即位时尽心尽力，因此，朱由校对这些东林党人也非常信任，言听计

从。在东林党人的辅佐下，朱由校在位初期他迅速提拔袁崇焕，天启二年（1622）下诏为张居正平反，录方孝孺遗嗣，优恤元勋，给予祭葬及谥号。在澳门问题上态度强硬，还与荷兰殖民者两次在澎湖交战，并且获胜。且有罢矿监、安抚辽东的之举。

但是谁知不久之后就出了事。这时的后宫之中，两颗毒瘤正在悄悄生长。这两个毒瘤就是魏忠贤与客氏。魏忠贤原为一市井无赖，大字不识，却善于钻营，很快攀上了大太监王安的关系，并结识了当时还是皇太孙的朱由校，朱由校即位后，他的地位自然直线上升，升任司礼秉笔太监。客氏是朱由校的奶妈，其奸诈而贪权，客魏两人很快结成了同盟，成了后宫不可一世的力量。王安等太监在后宫逐渐被排挤，客魏的权力覆盖了整个后宫。但魏忠贤并不满足，决心成为权倾朝野，名副其实的大太监。一方面，魏忠贤引诱朱由校玩乐，使朱由校整日沉浸在木工活之中；另一方面，魏忠贤与朝堂上的一些文臣如崔呈秀之流相勾结，排挤东林党人，逐渐掌握了内阁和六部。魏忠贤常常趁朱由校在专心制作木器时启奏，这时朱由校总是厌烦地说："朕知道了，你去照章办理就是了。"天启六年（1626），朱由校还命顾秉谦等人修《三朝要典》，为魏忠贤等歌功颂德。以魏忠贤为首的阉党不仅残酷地排除异己，而且加深了对百姓的盘剥，使得民不聊生，政治极度黑暗，其时，国内土地兼并剧烈，苛捐杂税繁重，各种社会矛盾激化，这必然导致了人民的反抗。天启元年（1621），白莲教在山东揭竿而起，奢崇明、安邦彦起事于西南，天启七年（1627），国内还爆发了山东的徐鸿儒起义和陕西的王二之起义。天启年间，朱由校不但面临内忧，还有外患。山海关外，女真叛乱政权步步紧逼。朱由校却听信谗言，不辨是非，即位后罢免辽东经略熊廷弼，致使后金势力逐渐壮大，攻陷沈阳、辽阳，进逼宁远（今辽宁兴城），辽东局势日趋严峻。同时，荷兰人于1624年登上台湾岛，大明王朝很快又失去了台湾。

1627年八月，朱由校在客氏、魏忠贤的陪同下到宫中西苑乘船游玩

时，在桥北浅水处大船上饮酒。然后，又与王体干、魏忠贤及两名亲信小太监去深水处泛小舟荡漾，却被一阵狂风刮翻了小船，不小心跌入水中，差点被淹死。虽被人救起，经过这次惊吓，却落下了病根，多方医治无效，身体每况愈下。后来，尚书霍维华进献一种“仙药”，名叫灵露饮，说服后能立竿见影，健身长寿。仙药的做法是：用银锅一口，内放桶状木瓯，既瓯有蓖，蓖中安长颈大口空银瓶一个。用淘净的米按程序添水瓯中，热气透一层，添一层，围在瓶外。银锅之上，扣一尖底银锅，其尖处正对银瓶之口。用水蒸气，尖底银锅外洒冷水，使锅内的蒸气迅速化为水，滴入银瓶。最后取出滴满的一瓶“灵露”，其实就是米的精华。朱由校依言饮用，果然清甜可口，便日日服用。饮用几个月后，竟得了臌胀病，逐渐浑身水肿，卧床不起。到了天启七年夏，朱由校的病更重了。八月十一日，他预感到自己来日不多，便召弟弟朱由检入卧室，说：“来，吾弟当为尧舜。”命他即位，次日，召见内阁大臣黄立极，说：“昨召见信王，朕心甚悦，体觉稍安。”8 月乙卯日，天启帝朱由校驾崩于乾清宫。

《明史卷二十二·天启帝本纪》评价说：熹宗“在位七年，妇寺窃权，滥赏淫刑，忠良惨祸，亿兆离心，虽欲不亡，何可得哉？”朱由校死后葬于北京昌平德陵。庙号为熹宗，又称为天启皇帝，卒后谥号为“达天禅道敦孝笃友张文襄武靖穆庄勤悊皇帝”。天启帝朱由校专心致志地盖着他的“宫殿”，奸佞们却在悄悄地挖着他的墙脚，一个高明的木匠，未必是一个高明的帝王，甚至是一个拙劣昏庸的帝王，他能建造一座座精美的宫殿，却让另一座巍峨的宫殿轰然倒下，这就是悲剧。

三、红颜篇

明朝美人的那些韵事儿

明朝的那些美人们，既是大明帝国的国宝，也是国花中之名花；既是爱情的天使，也是权力的“粉丝”；既是帝王的绿叶，又是帝王的殡葬者；既是命运的信徒，又是反抗的枪弹……明朝美人的那些韵事儿，是明朝的一部美人史，也是一部爱情史，又是一部性色与权力的博弈史。

美丽的大脚——母仪天下马秀英

大脚娘娘马秀英（1332—1382），今安徽宿州市北70里闵贤乡新丰人，（闵子骞同乡）其父马公，仗义杀人，命案在身，携女逃往定远，遇好友郭子兴。当时郭子兴是义军的首领，在困难时他收留了马秀英父女，认她为干女儿，马公返回宿州后不久辞世。郭子兴视秀英如同己出，授诗书，教女红，秀英成人后，端庄温柔，老成干练。恰好朱元璋是郭子兴的亲兵，屡建战功，郭子兴就将马秀英许配朱元璋为妻。谁知到后来朱元璋能当上皇帝，郭子兴万万没想到，要早知道绝不会把养女许配给他，使的自己亲闺女当了小，这就是后来的郭惠妃。

马皇后是一个没有缠过足的大脚女人。可别小看这“缠足”，在封建社会里，如果谁家的姑娘不缠足，这姑娘即使长得再漂亮，也不会被别人看好。当时就流行这么一句话：“姑娘脚大，难找婆家。”女人要有一双“三寸金莲”才算得上漂亮。

马皇后小时候怎么会不缠足呢？原来，她的母亲死得特别早，父亲又有命案，东躲西藏，家里没人照顾马姑娘，所以马姑娘的脚也就没有缠。马皇后当姑娘的时候，别人给他起了一个绰号，叫“马大脚”。她当了皇后，别人自然不敢这么叫了，可仍然还有很多人在背地里暗暗叫她“大脚皇后”。而朱元璋不仅没有因此而嫌弃她，反而百般维护，甚至曾因一则灯谜的答案是“好双大脚”而认为这是在嘲笑马皇后，为此而大开杀戒。

朱元璋因为娶了主帅的养女为妻，身价陡增，军中上下都对他另眼相看，尊称他为“朱公子”，他也成为“夫以妻贵”的典型。马氏精明能干，而且十分贤惠，成了朱元璋政治生涯上的好帮手。

马氏身材修长，容貌秀丽，颇具一种大家闺秀的端庄美丽，最令朱元璋感到满意的是，马氏除了拥有天生丽质外，还有那份难得的修养，那种端庄明智、知书达理的超然风韵。马氏也通过她独有的敏锐洞察力，感觉到了她的夫君有出人头地的野心，也有与之相配的过人才智。因此她也去尽心尽力地去帮助他。

朱元璋的岳父郭子兴是一个心胸狭窄、嫉贤妒能的人，朱元璋在军中的人缘很好，而且行事干练，颇有谋略，得到了将士们的广泛信赖，这使郭氏父子极为不满，怀疑他有自立之心。郭子兴遇到什么难事需要朱元璋帮助时，他会对朱元璋格外亲热，表现得比亲生儿子还要亲，但事情一旦处理完毕，他就会来个一百八十度的大转变，脸也拉长了，声音也变粗了，总是对朱元璋挑三拣四，稍有不满就会厉声责骂，还常常因为小事把朱元璋关进柴房不给饭吃。每当这时，总是马氏从中调解，设法保护自己的丈夫。她拿出自己的私房钱送给郭子兴的小妾张氏，请她帮忙说好话，缓和翁婿矛盾。

有一次，郭子兴的两个公子郭天叙和郭天爵把朱元璋骗进帅府后面堆柴草的一间小屋里，把门窗都锁了起来，想活活地饿死他。朱元璋饿了想吃东西却没人给他送来，想出又出不去，就这样在小屋里整整饿了三天，滴水未进。一直到了第四天的早上，一个做饭的老军到后院取柴，这才发现了被锁在屋里的朱元璋。朱元璋向老军诉说了缘由，并请他去给马氏送信儿。马秀英得知了这个消息，急忙来到后院看望丈夫，问他犯了什么罪，竟遭到这样的惩罚。朱元璋虽然明白是那两个公子搞的鬼，但又不知道这是不是郭大元帅的意思，所以夫妻二人仍然不敢声张出去。就这样马秀英每天偷偷地给丈夫送饭。这一天，马修英又拿着刚刚烙好的大饼去给

丈夫送饭，还未走到后院，突然发现张夫人带着一群丫鬟在前面游玩。慌得马秀英急忙把热乎乎的大饼塞进了怀里。张夫人看到马秀英神色慌张，怀疑又出了什么事儿，就上前来询问。马秀英垂头不语，只是默默地流泪。这时，张夫人发现马秀英怀里冒出一股股热气，急忙上前解开她的衣服。张夫人发现了大饼，惊得目瞪口呆。马秀英见事情暴露，只好对张夫人诉说了真情。张夫人不相信丈夫会干出这种事情来，就立刻到前院找丈夫对质。郭子兴听了也大为惊讶，他怒气冲冲找来两位公子，当着众人的面大加训斥，又每人重重地责打二十大板，算是给朱元璋出了一口怨气。但从这以后，马秀英的胸前留下了一块马掌大小的伤疤，这就是被烙饼烫伤留下的，这伤疤也成了他们夫妻之间恩爱的象征。

朱元璋当上皇帝后，立马氏为皇后，统领六宫。在十年的宫廷生活中，马皇后严于律己，并设法规劝朱元璋少犯错误，是少数几个能劝阻朱元璋的人之一。朱元璋一向禁止后妃干政，马皇后不但不让自己的族人出任官职，甚至还拒绝了朱元璋为了补偿她而给予族人的赏赐。在她的影响下，洪武年间从没有滥封过公爵。马氏贵为皇后，却仍然在料理朱元璋的饮食，除了她认为妻子应该亲手服侍丈夫之外，也为了防止丈夫因为饮食不合口味而降罪他人，滥杀无辜。她也总是劝朱元璋要赏罚公平，不能只凭一己一时之喜怒而制罪于人。在对待朝臣的问题上，她劝朱元璋要礼贤下士，尊重朝中大臣，这些举措使朝中内外之人均赞不绝口。

朱元璋的性格在刚强中隐藏着一种阴狠与固执，当了皇帝后更是听不进任何人的劝告，又常常喜怒无常，动辄杀人，这时唯一能改变朱元璋不合情理决定的就是马皇后了。在马皇后的劝阻下，不知使多少忠臣得救。

比如，宋濂是一个很有学问的人，他做过太子朱标的教师。朱元璋居然借口宋濂谋反，要处死那位名士。晚饭时，朱元璋和马皇后同桌进餐。马皇后脸色抑郁，满脸愁容，她含着眼泪解释道："老百姓家请个教师，还要让儿子一辈子尊敬他，更何况我们帝王之家呀？而你却无缘无故地要

杀宋濂！我们没有按照教师的礼节来对待他，我感到心里非常难过，因此，这饭也吃不下去。”

朱元璋也觉得自己做得太不近人情了，第二天，便赦免了宋濂的死罪。

洪武十五年，马皇后病重，眼看就不行了，但是她却坚决拒绝医生给她看病。朱元璋为此寝食不安，甚至命令各地祭祀山川神灵，为皇后祈福。马皇后在弥留之际还笑着说：“人的生死都是上天注定的，这时候祈求有什么用呢？我也不想看病，如果治不好，我死了，还要治那些医生的罪，这可是我不愿看到的。我唯一希望的是，你能够求贤纳谏，子孙皆贤，臣民得所而已！”

话刚说完，马皇后就咽下了最后一口气，朱元璋不禁抚着马皇后的尸身痛哭不止，此后，朱元璋也再没立过皇后。

大脚马皇后本是一位极具反叛精神的平凡女子。她生于乱世，有胆有识，在艰难逆境中，全力帮助朱元璋成就大业，五次救朱元璋死里逃生。做了皇后之后，虽大富大贵，仍不骄，始终不忘民间劳苦，不改勤俭本色，不变平民心态，时常用自己的言行规劝、影响朱元璋。她惩奸佞毫不手软，扶良善鞠躬尽瘁，保忠臣机智灵活，助皇上能屈能伸，革陋习坚决果敢，倡新风大马金刀。朱元璋称她“家有贤妻，犹国之良相”。她对后世影响极大，明、清诸后乃至命妇民妇皆以其为楷模，争相仿效。她是史家公认的中国封建时代的第一贤后。

披甲展英姿——有勇有谋徐皇后

仁孝徐皇后（1362—1407），明成祖朱棣皇后，中山王徐达的长女。她幼年时便贞洁娴静，喜欢读书，堪称女中儒生。朱元璋闻知徐氏贤淑，便将徐达招来说道："朕与你是布衣之交，自古以来君臣相互投合的，一般都成了姻亲。你有这么好的女儿，朕想将儿子朱棣与她相配。"徐达马上叩头拜谢。

于是，洪武九年（1376）正月二十七日，十五岁的徐氏头戴九翟四凤冠，身着青质九翟衣，在隆重典礼之后正式成为十七岁的燕王朱棣嫡妃。从此开始了她尊贵而不平静的一生。

嫁入皇家的徐氏，非但才貌出众更兼品德贤能，在一大群子侄辈的媳妇里，她得到了马皇后的格外喜爱，与婆母的关系也非常亲密。马皇后曾经不止一次地当众称赞过年轻的燕王妃。

洪武十三年三月，徐氏跟随燕王朱棣前往藩地北平（今北京市），为孝慈高皇后守丧三年，她按照礼制素食淡饭。马皇后遗言中可以诵读的部分，徐氏都能将其一一列举不遗。

建文元年（1399）七月五日，燕王朱棣宣布起兵"靖难"。当朱棣率部攻打大宁时，建文帝施围魏救赵之计，命大将李景隆率兵 50 万，攻打北京。面对兵临城下的强敌，她先是冷静地在宫中指导儿子应变，见情势紧急，她又传命，给所有和自己一样留在城中的燕王部属及官绅士民之妻

都配发甲胄，让大家都加入战事中。徐王妃本人更是亲自登城督战。这时正是农历十月，徐王妃又命众人水泼城墙及城下兵将，李景隆措手不及，望城兴叹。在徐王妃的指挥下，北平守军一直坚持到了燕王朱棣成功收编宁王军队，回师救援的时候。这场守城之战的胜利，凸显了徐王妃作为开国勋臣之女的风范。而她在其中表现出的智谋胆略，更是在历代皇后中是极为罕见的。

建文四年（1402）七月，朱棣登基为帝，十一月封王妃徐氏为皇后。徐皇后对朱棣说："每年南北征战不止，兵民都已疲惫不堪，现在应当让他们休养生息。"又说："当今贤才都是高皇帝所留，陛下不应当以新疏旧。"又说："尧帝施行仁治是从自己的亲人开始的。"朱棣对她的进言总是给予嘉奖并且采纳。

当初，徐皇后的弟弟徐增寿常常将国家的情报送到燕地，因此被朱允炆所杀，现在朱棣想追赠爵位给他，徐皇后极力反对这样做。朱棣不听，还是封徐增寿为定国公，命其子徐景昌继承爵位，然后才告诉徐皇后。徐皇后说："这并非臣妾的意愿啊。"终归她没有表示感谢。

徐皇后曾说汉、赵二王品性不良，应当选择廷臣兼任其官属僚臣。有一天，徐皇后问道："陛下与什么人一起治理国家？"朱棣回答说："六卿管理政务，翰林的职责是研究问题、草拟文告。"徐皇后因此请求召见所有这些人的夫人，赐给她们冠服及钱币，并对她们说："妻子侍奉丈夫，哪里只是为他准备饭菜、衣服而已，应该还有别的帮助。朋友的话，可以依从，也可以违背，而夫妇之间的话，则委婉顺耳，容易听进去。我朝夕侍奉皇上，唯以百姓生计为念，你们也要鼓励你们的丈夫。"徐皇后还摘录《女宪》《女诫》，写成《内训》二十篇，又类编古人的嘉言善行，写成《劝善书》，颁行天下。

可惜，徐皇后年寿不永，她只做了四年皇后，就在永乐五年（1407）的七月离开了人世，年 46 岁。临终前，她最后一次劝谏朱棣，让他爱惜

百姓，广求贤才，恩礼宗室，不要娇惯自己的娘家。她还叮嘱太子朱高炽说："我一直惦记着当年在'靖难之役'初起时，为守住北平城而应命作战的将士妻子，感念她们的功劳和付出的血汗。想要趁着皇帝日后北巡的机会，亲自向她们以及她们的家人赠予嘉奖抚恤。只可惜我再也无法完成这个夙愿，这是我此生唯一的恨事。"

朱棣对结发妻子的去世非常悲恸，他为徐皇后上谥号曰"仁孝"，并从此不再立后。同年，他在昌平天寿山营建自己的陵寝。四年后长陵落成，他将徐皇后安葬在了里面。十五年后，即永乐二十二年（1424）七月十八日，壮心未已的朱棣病逝于征漠北的途中，享年六十五岁。同年十月十九日，朱棣与徐皇后合葬长陵。

女中之尧舜——相夫教子张皇后

明仁宗诚孝张皇后（？—1442），名不详，永城（今河南永城高庄镇张大厂村）人，指挥使赠彭城侯张麒之女，明仁宗朱高炽原配，明宣宗朱瞻基之母，明英宗朱祁镇之祖母。洪武二十八年（1395）封燕王世子妃，永乐二年（1404）封皇太子妃。

明仁宗即位，册立其为皇后。宣宗即位，尊为皇太后。英宗即位，尊为太皇太后，由于英宗年幼，张皇后便成为实际上的摄政。正统七年（1442）十月十八日，张皇后崩逝，谥号"诚孝恭肃明德弘仁顺天启圣昭皇后"，葬献陵。

张氏孝谨温顺，侍奉成祖夫妇尽心周到，所以很得成祖与徐皇后的欢心。

朱高炽生性仁厚端重，举止言行沉静有法度，但因身体肥胖不善骑射，不得成祖喜爱。成祖最喜爱次子汉王朱高煦，觉得他最像自己，有心废太子立汉王，但徐皇后和大臣们一直阻拦。而且张氏所生长子朱瞻基聪慧好学，深得成祖宠爱，成祖也很喜爱张氏这个儿媳妇，所以最后因为这些原因，才没有废太子。

仁宗朱高炽顺利登基后，张氏也随之被册封为皇后，可惜没过多久，仁宗便过世了，她的儿子宣宗即位，张氏被尊为皇太后。宣宗即位之后，十分孝顺母亲，每天早晚都要到母后的寝宫问安，四方朝贡的物品也都首先进献给母亲。每当遇到重大的军政要事，总不忘向母亲禀报，而张太后也只是提出自己的意见，并不干预朝政。宣宗和他父亲统治时期，国泰民安，一派盛世景象，被史家称为“仁宣之治”。为了给常居深宫的母亲解闷，宣德三年（1428），宣宗和张太后，还有他的嫔妃们畅游西苑。宣宗亲自搀扶着母亲走上万寿山，捧上美酒敬祝母亲万寿无疆。第二年，宣宗还陪同母亲去拜谒明祖父成祖朱棣和父亲仁宗朱高炽的陵寝。一路上，百姓拜伏地上，高呼万岁。张太后意味深长地告诫宣宗：“水能载舟，亦能覆舟，百姓们这样拥戴皇帝，是因为皇帝能让他们安居乐业，皇帝一定要时常把百姓的困苦放在心上。”有农家献上酒食，张太后亲切慰劳，询问生计，还把酒食拿给皇帝品尝，让宣宗知道民间的风土人情。“仁宣之治”的形成，里面有张太后的很多功劳。

当然母子也有关系不协调的时候。宣宗不喜欢皇后胡氏，而喜欢更加貌美的孙贵妃，为了显示恩宠，特地在“贵妃”名号之前加个“皇”字，册封孙氏为皇贵妃。再加上胡皇后一直没有子嗣，宣宗就一直想废掉胡氏，而立孙氏为皇后。宣宗召集大臣商议自己想改立皇后的事，但大臣们都说：“胡皇后没有什么过错，不能随便废立。”看到宣宗听了不欢喜，又

马上献计说：“不如好好开导胡皇后，让她自己上表辞去中宫之位。”胡氏便这样被逼着自己请辞，但因为张太后一向喜欢胡氏的贤惠，坚决不同意，宣宗对此便没了办法。传说宣宗对换后这件事殚精竭虑，胡皇后和孙贵妃都没有儿子，宣宗便用一个宫人之子冒充为孙贵妃所生，并且册立他为太子，就是后来的英宗。孙贵妃母以子贵，在宣宗向张太后保证以后仍然会厚待胡氏的情况下，张太后勉强同意改立孙氏为皇后。

胡皇后被废后，号静慈仙师，退居长安宫。张太后对无故被废的胡氏十分同情，时常加以照拂，经常将她召到自己宫中，和自己一同居住。家宴时，还命胡氏坐在孙皇后的上座，孙皇后经常因此怏怏不乐，但孙皇后也不敢对胡氏怎么样。对于胡氏无过被废，虽然有张太后的极力阻拦，但终于还是无法挽救。后来的史家对宣宗无故废后这件事提出了很多的批评。

宣德九年（1435），宣宗驾崩，享年三十八岁。皇太子朱祁镇才九岁，宫中讹传将立襄王朱瞻墡为皇帝。张太后眼见局势日益混乱，人心汹动，只好强抑悲痛，出面宣召诸位大臣来到乾清宫，把年幼的引子放在皇帝的宝座上，对群臣说：“这就是你们以后的新天子，你们以后要好好辅佐。”众大臣高呼万岁。这样英宗才顺利即位。朱祁镇当上皇帝后，遵宣宗遗诏，凡朝廷大政均奏请张氏而后行，并于二月戊申尊张氏为太皇太后。大臣请求张氏垂帘听政，张氏说：“不要破坏祖宗之法。只须将一切不急的事务全部废止，时时勉励皇帝向前人学习，并委任得力的辅佐大臣就可以了。”

一天，张氏在便殿落座，英宗面西站立，召英国公张辅和杨士奇、杨荣、杨溥及礼部尚书胡濙入内，张氏对他们说：“你们都是老臣了，如今皇帝年幼，望你们同心协力，共同维护国家的安定。”将这五位老臣作为了正统政治的核心。张氏又特意召杨溥上前，说：“仁宗皇帝念卿忠诚，多次发出叹息，不想今天还能见到你。”杨溥感动而流泪，太后也流

泪，左右的人也都很悲伤。过了一会儿，又派人把太监王振叫来，王振跪在地上，张氏突然脸色一变，厉声喝道："你侍候皇帝不循规矩，应当赐死！"身旁的女官们应声而起，将刀放在王振的脖子上，吓得王振浑身颤抖。这时，英宗和五大臣都跪下为王振讲情，张氏才饶了他。接着警告他说："你们这种人，自古多误人国，皇帝年幼，哪里知道！现因皇帝和大臣为你讲情，且饶过你这一次，今后再犯，一定治罪不饶。"此后，张氏时常派人到内阁询问政事，一旦得知有王振独断而未交内阁商议的，就马上派人召王振来责备他。所以在张氏有生之年，王振一直无法真正擅政。

对于自己的娘家人，张太后也要求严格。张家此时已今非昔比。她的一个哥哥掌管着五军右哨军马，手握重兵；另一个哥哥曾经掌管过五军都督府（五军都督府是明朝军队的最高指挥机构）。年幼的英宗登基后，她把她的兄弟叫到面前来，叫他们以后做人一定要自敛，不能干预朝政。当时杨士奇上书请求重用张太后那个已经赋闲的哥哥，张太后总是不许。有了张太后的全力维持，在英宗的早期，明朝仍然延续着仁宣时期的繁荣昌盛。

正统七年（1442）张太后病重，不久过世。病危时，还召见杨士奇、杨溥，询问国家现在还有什么大事要办，她知道英宗不懂事，想趁自己还在的时候，把该办的事先办了。杨士奇接连上书指出国家急需办而还未办的事情。可惜，杨士奇第三封奏疏还没上，张太后便病逝了。由于失去张太后的钳制，几位重臣又死的死，辞职的辞职，王振肆无忌惮，开始擅权，朝臣中附和自己的便大加提拔，反对自己的一律排挤，搞得整个朝廷乌烟瘴气，他还把明太祖挂在宫内的那块"宦官不得干政"的铁牌给摘了下来。正统十四年，他怂恿皇帝亲征瓦剌，由于准备仓促，而王振又越俎代庖，干预军队的指挥，导致明军最终在土木堡全军覆没，英宗被俘，这就是著名的"土木之变"，是明朝由盛转衰的重要转折点。

抱郎上牙床——心狠手辣万贞儿

万贞儿（1428—1487），明宪宗成化帝的宠妃，恭肃贵妃万氏，青州诸城人氏。朱见深倾其一生都对这个比自己大 17 岁的女人格外地宠爱和忍让，一直到万贞儿去世。明朝文人沈德符在《万历野获篇》中对万贵妃所受的恩宠感慨道："自古妃嫔承恩最晚、而最专最久者，未有如此。"

万贞儿的父亲万贵为县衙掾吏，因犯法被流配边疆。为了使日后有所依靠，他托付同乡把年仅四岁的女儿万贞儿带进皇宫当宫女。年幼的万贞儿十分懂事乖巧，深得明宣宗皇后孙氏的喜爱。到了正统十四年（1449），万贞儿已经成了十九岁的妙龄少女，她没有如他父亲希望的那样得到皇上的宠爱，而是被孙太后派去照顾年仅两岁的皇太子朱见深。两个人的缘分由此开始，也为日后万贞儿的得宠埋下了伏笔。在朱见深的眼中，万贞儿既像母亲又如姐姐，幼小的他便和万贞儿形影不离。万贞儿一直在盼望有出人头地的那一天，所以使出浑身解数巴结这位皇太子。天顺六年（1462），孙太后因病去世，万贞儿和皇太子更加肆无忌惮。而此时的万贞儿虽然已年过三十，但仍然风韵犹存，风姿绰约，旁人看来也只有二十几岁。为了勾引情窦初开的太子，她格外献媚，终于得到了太子的青睐。

由于太子从小就是万贞儿带大的，对她有很强的依赖性，而且越来越强烈，简直离不开她了。万贞儿便利用这一点牢牢地抓住太子，于是她和太子之间便越来越暧昧。太子居然也爱上了这个大他十七岁的宫女，这在皇室是绝对不允许发生的事。

天顺八年（1462），明英宗驾崩，十八岁的皇太子朱见深即位为帝，是为宪宗。当上皇帝的朱见深要做的第一件事就是册封心爱的万贞儿为皇后。但他的生母周太后强烈反对，万般无奈下宪宗只能屈服，立宗室女吴氏为皇后，改立万贞儿为贵妃。年轻美貌的皇后并没有打动宪宗，他依然与万贞儿如漆似胶，形影不离。虽然宪宗对万贞儿宠爱有加，但在万贞儿的心中无宠的皇后仍然是她的眼中钉，她并不满足于贵妃的名份，她要成为皇后，六宫真正的主人。

于是仗着皇帝的无比宠幸，她根本就不把吴皇后放在眼里，且皇帝经常驾临她的寝宫，更加助长了她在后宫的威风。因此，她每次见到吴皇后时总是指桑骂槐，不给皇后留任何面子，还故意摆架子。这使吴皇后非常生气，碍于皇帝对她的宠爱也只能作罢。但万贞儿并没有因皇后的忍气吞声而停止，反而越来越嚣张。吴皇后见状免不了对她进行斥责，可万贞儿却毫不示弱，对皇后也恶语相讥。有一次，皇后忍无可忍，便命宫人将她拖倒在地，亲自取过杖来打了她几下。

皇后万万没有想到，万贞儿竟不失时机地跑到宪宗面前哭闹不休。眼见宠妃受苦，血气方刚的宪宗大怒，不问青红皂白就要治皇后的罪。心怀鬼胎的万妃又故意拦住宪宗不让去闹，说道："妾身年长色衰，不及皇后玉女天成，还请皇上让臣妾出宫，以免再让皇后生气，臣妾也省得再受那皮肉之苦了。"宪宗看着万贞儿身上的伤气不打一处来，心疼不已，又说道："此等泼辣之人，朕若不把她废除，誓不为人！"第二天一早，宪宗便去见两宫太后，说吴氏没有一国之母之胸襟，在后宫里竟敢动粗，不配居六宫之首，定要将其废去。周太后极力劝阻道："才册立一个多月就要废去，岂不让天下人笑话？"可宪宗心意已决，周太后说服不了皇帝也只得由着他。于是，他便颁布了一道废后诏书，命吴氏缴出宝册、贬入冷宫。血气方刚的宪宗下令废后。两宫皇太后的强烈反对使万贞儿与皇后宝座再

次擦身而过，而将尊贵的身份拱手让给了王氏。那王皇后天资聪颖又性情淡泊，早就看透了宫廷中的道道，她对万贞儿一味忍让好让这万贵妃无可乘之机，以达到明哲保身的目的。

功夫不负有心人，两年后，已经三十七岁的贵妃万贞儿生下了宪宗的第一个儿子，狂喜的宪宗晋封万贞儿为皇贵妃，并许诺立其子为太子。然而万贞儿并没有高兴多久，一年后，她的儿子居然夭折了，这也是她一生中唯一的儿子。据清代张廷玉等人所修《明史》记载，经历丧子之痛，万贵妃开始对其他怀孕的妃嫔或已经降生的皇子大加谋害，通过买通太监给怀孕的妃嫔灌药，导致“饮药伤坠者无数”。 迫于万贵妃在宫中的权势，妃嫔们只有含泪服从。

此后，宪宗一直没有子嗣，宫廷内外，朝野上下为之忧心。大臣们屡屡奏请，要皇帝广施恩泽，宪宗也为之愁眉不展。到成化五年，柏贤妃生下一个皇子，宪宗高兴非凡，大事庆贺，取名佑极，并立即立为皇太子。第二年二月，皇太子突然生起病来，病势来得凶猛，令御医们束手无策，一天一夜后竟夭折了。宪宗哭得死去活来，宫人太监们觉得太子病得奇怪，偷偷查访下来，果然是万贵妃派人毒死了太子。但是，谁也不敢去告发。而宪宗也对这个女人无计可施，未加责罚，相反却是一再地退让。

据说，明孝宗生母纪淑妃之死，其实是万妃迫害。后来万妃百般想废掉明孝宗的太子之位，结果都不能行，气怒攻心，成化二十三年春，暴疾薨之，享年 59 岁。

明宪宗与万贵妃的“姐弟恋”热烈持久宽容到如此程度，不仅前无古人，也后无来者，不能不说是一种特例、一桩个案，令人费解。万贞儿究竟是如何迷住小自己 17 岁的宪宗皇帝的呢?

曾有资料说万贞儿有高超的房中御夫术。在明末清初查继佐撰写的《罪惟录》中，描述万贞儿“貌雄声巨，类男子”，可见万贞儿绝非是美女中的极品，连宪宗的母亲周太后也大惑不解地问儿子：“彼有何美，而承恩多？”宪宗答道：“臣有疝疾，非妃抚摩不安。”这话已经说得非常露骨了，万贞儿尽管不是美女，却有美女不可替代的好处。不过这一观点大多见于小说野史，真实性不敢恭维。只是后来很多小说都根据这一点把万贵妃塑造成了一个风骚淫荡的女人。因未见正史，也无法考究，只能算是一种说法罢了，无需多言。

万妃一死，宪宗好似失了魂儿一样，凄然说道：“贵妃一去，朕亦不久于人世了！”他主持贵妃的葬礼一如皇后之例，并辍朝七日。这年八月，郁郁寡欢的宪宗果然也得了重病，追随万贵妃而去。

历史上受到专宠的妃子很多，但若论情况之离奇，谁也比不过万贞儿。万贞儿以一个大皇帝十七岁的宫女，最后再以半老徐娘的身份夺得专宠、幸冠后宫，这在今天看来也是很难让人接受的，更何况是在封建时代的明朝。但富有心机的她确确实实地做到了，在与宪宗二十多年的感情里，万贞儿成功地将母亲、初恋情人和政治盟友三个角色融为一体，让宪宗对她依赖、留恋，兼有佩服，更令他们的关系成为一段密不可分的联盟。万贞儿从宫女到贵妃一步登天地创造了奇迹，所有是与非也都是仁者见仁、智者见智了。

执戈卫社稷——南征北战秦良玉

秦良玉，字贞素，土家族，四川忠州（今忠县）人，自幼从父习文练武，善骑射，通诗文，有智谋。丈夫死后，继任其职，她曾派出族人救援

沈阳抗击后金，更曾亲率三千精兵北上，镇守山海关。清军入关南下，她坚持抗清，被南明隆武帝加封太子太保、忠贞侯。成为中国历史上唯一登录正史的巾帼英雄。

秦良玉出生于一个岁贡生家庭。她自幼深受其封建家庭“执干戈以卫社稷”的思想影响，跟从父亲秦葵操练武艺，演习阵法，显露出一般女子所难企及的军事才能，向来以“饶胆智、善骑射、熟韬略、工词翰、仪度娴雅而驭下严峻”著称于世，幼年时代秦良玉就树立了掌军挂帅的雄心。她说：“使儿掌兵柄，夫人城，娘子军不足道也。”

明神宗万历二十年，刚满20岁的秦良玉嫁给了石柱宣抚使马千乘为妻。石柱地属忠州，离秦良玉的娘家不远，是一个苗族人为主的郡县，朝廷设置宣抚使统辖这些归顺了大明的苗人。马千乘并不是苗人，他祖籍是陕西抚风，因祖上建立了战功，被封为石柱宣抚使，官职世代沿袭，最后传到了马千乘身上。因石柱地处偏远，民风剽悍，时有叛乱兴起，所以宣抚使最重要的责任就是训练兵马，维护安定。秦良玉嫁到马家，可谓是英雄找到了用武之地，她一身文韬武略派上了用场，几年时间，她就帮着丈夫训练了一支骁勇善战的“白杆兵”。

所谓“白杆兵”，就是以持白杆长矛为主的部队，这种白杆长矛是秦良玉根据当地的地势特点而创制的武器。它用结实的白木做成长杆，上配带刃的钩，下配坚硬的铁环，作战时，钩可砍可拉，环则可做锤击武器，必要时，数十杆长矛钩环相接，便可作为越山攀墙的工具，悬崖峭壁瞬间可攀，非常适宜于山地作战。马千乘就靠着这支数千人马的白杆兵，威震四方，使石柱一带常年太平无事。婚后，夫唱妇随，生活十分甜蜜，不久秦良玉生下一子，取名祥麟。

万历二十六年，播州宣抚使杨应龙勾结当地九个生苗部落举旗反叛。他们四处攻击，烧杀抢掠，残暴至极。播州在现在贵州省遵义一带，地势险峻，山高水险，叛军依仗着天然屏障，猖獗一时。朝廷派遣李化龙总督

四川、贵州、湖广各路地方军，合力进剿叛匪，马千乘与秦良玉率领三千白杆兵也在其中。由于白杆兵特殊的装备和长期严格的山地训练，因此在播州的战争中十分得心应手，经常给予叛军出其不意的打击，不论怎样山峻岭高，白杆军都能出奇而至，宛如神兵从天而降，令叛军闻风丧胆。

最后，叛军调集所有兵力，固守在播州城里，城外则设下五道关卡，分别是邓坎、桑木、乌江、河渡和娄山关，每道关卡上都有精兵防守，杨应龙想以此作为自己的护身符。攻打邓坎，是由秦良玉带领500白杆兵为主力。邓坎守将杨朝栋见对方兵力单薄，便准备一举吞灭，于是把手下五千精兵全部拉到阵地上，排下密密麻麻的阵式。秦良玉面对十倍于己的敌军毫不畏惧，骑一匹桃花马，握一杆长枪，威风凛凛地杀入敌阵，只见她左挑右砍，东突西冲，所过之处敌军兵士纷纷丧命。敌军潮水般涌向她，把她层层包住，不料她越战越勇，长枪抡得像飞族舞轮，所向披靡。陷入敌阵中的秦良玉方寸不乱，一边砍杀周围的敌兵，一边慢慢地向敌将杨朝栋靠拢，将到近前时，她一顿猛杀之后，忽地纵马腾跃，还没待四周的人看清，她已把杨朝栋抓在了自己的马背上，右手挥舞着长矛，左手牢牢制住了敌将。众敌兵见头领被擒，顿时乱了阵脚，秦良玉的白杆兵乘胜追杀，没一顿饭的工夫，敌兵就死的死、伤的伤、逃的逃，五千人马溃散无遗。

攻下邓坎后，剿匪大军接着又顺利地拿下了桑木、乌江、河渡三关，直达播州外围的娄山关。娄山关是播州城外的一道天然屏障，山势高峻险要，仅一条小路通过关口，可谓一夫当关，万夫莫开。攻打娄山关的主要任务又落到了白杆兵头上，限于道路狭窄，无法通过大批兵马，秦良玉便帮丈夫定下了一个巧取的方案。这天凌晨，秦良玉与丈夫马千乘双骑并驰，沿正路攻向关口，只见两杆长矛上下翻飞，挡关的敌兵一一倒下，而后上的援兵也无法一拥而上。当秦良玉夫妇两人并肩血战，而敌兵越聚越多时，几千白杆军突然从关口两侧包围过来，敌兵防不胜防，落荒而逃。

原来，趁秦良玉夫妇正面进攻，牵引了敌军注意力的时机，其他白杆兵将士从关卡两侧的悬崖处，凭着白杆长矛首尾相连，攀越上关，给了敌军出乎意料的打击。攻下娄山关后，叛军失去了护身符，剿匪大军一鼓作气，攻陷了叛军据点播州城，杨应龙全家自焚而死，叛乱彻底平息下来。

论功行赏时，石柱白杆兵战功卓著，被列为川南路第一有功之军，秦良玉初次参加大战，立下汗马功劳，除受到重奖外，女将军的英名远播四方。

班师凯旋的路上，由于天气炎热，马千乘染上了暑疫；回到石柱后，又因接待不恭，得罪了内监邱乘云，被邱乘云设罪投入狱中。在狱中，得不到治疗调养，马千乘病重而死。

马千乘死后，朝廷觉得他并无大罪，所以仍保留了他家石柱宣抚史的世袭职位。而这时马家的继承人马祥麟年龄尚幼，朝廷鉴于秦良玉作战有功，文武兼长，所以授命她继任了丈夫的官职。秦良玉是个坚强的女人，她强忍住失夫的悲痛，毅然接过丈夫遗留下来的千斤重担，继续训练白杆兵，管理石柱民众，尽心尽力，保住了石柱的安谧昌平。

20 年时光匆匆流过，转眼到了明神宗万历末年，满人崛起于东北的白山黑水之间，以努尔哈赤为帝，公然向大明边境挑衅。明神宗调集 8 万大军征边应敌，却不料出师不利，8 万大军几乎全军覆没。辽东情势危急，朝廷重调全国兵马赴援，秦良玉此时已经 46 岁了，仍然亲自率领三千白杆兵，连同自己的哥哥、弟弟、儿子，兼程北上卫边。

万历四十八年，秦良玉的白杆兵已与清朝军队打了几场硬仗，挫了清兵的一些锐气。这时，明神宗驾崩，明光宗即位，光宗在位仅一个月就崩逝，又由明熹宗登上了皇帝宝座。

前后几个月时间，换了几个皇帝，明朝廷一时无人主事，清兵乘虚而进，攻占了沈阳。秦良玉的大哥邦屏和弟弟民屏，为了挽回大明的损失，强渡浑河与清兵激战，无奈因寡不敌众，邦屏战死疆场，民屏身陷重围。

秦良玉闻讯后，亲自率领百名白杆兵，渡河杀入重围，拼死救出了弟弟，抢回了哥哥的尸体。其后，因秦良玉智勇双全，朝廷任命她为把守山海关的主将。山海关是东北通向内地的必经之路，清军屡次派重兵前来叩关挑战，秦良玉不为所激，只命部下加固防守，终使清兵无法得逞。一次，秦良玉的儿子马祥麟带兵巡关时，被敌军的流矢射中一目，他忍痛拔出箭镞，援弓搭箭向远处的敌人射去，连发三箭，射死三个敌人，清将大为震惧，从此不敢轻易再来山海关挑衅了。兄亡子伤，秦良玉悲怒交集，于是上书皇帝，陈述了自家军队作战及伤亡情况。熹宗深为感动，下诏赐予秦良玉二品官服，并封为诰命夫人，任命其子马祥麟为指挥使，追封秦邦屏为都督佥事，授民屏都司佥事之职，还重赏了白杆兵众将士。

后来，清兵暂时放弃了骚扰边境的行动，于是秦良玉率部返回石柱。返回之时，正碰上永宁宣抚使彝族的奢崇明起兵叛乱，奢崇明的党羽樊龙占据了重庆，听说秦良玉带兵回到了石柱，马上派人携金银厚礼去与她联络，想请她共同举兵。秦良玉大怒道：“我受朝廷厚恩，正思报效国家，岂能与叛贼为伍！”当即斩了贼使，火速发兵，溯江西上赶到重庆，出其不意地打败了樊龙的部队，攻下重庆。紧接着，她又率兵直赴成都，赶走了围攻成都的奢崇明部众，先后拿下红崖墩、观音寺、青山墩等几个大寨，彻底击毁了叛军势力。朝廷闻报后，授秦良玉为都督佥事，拜为石柱总兵官，以嘉奖她的血战功绩。

当解除了成都之围，秦良玉率领白杆兵骑马进城时，成都的市民纷纷涌上街头，扶老携幼，争睹女将军的风采。这时秦良玉已是五十开外，几十年的戎马生涯，不但没催她衰老，反而把她磨炼得越加英姿飒爽。只见她端骑桃花马上，面颊红润饱满，两眼炯炯有神，身姿挺拔，气宇轩昂，一派大将风范，却又不失成熟女性的醇美。成都民众简直把她视为神明，纷纷在她走过的路上焚香跪拜。

巡抚设宴为秦良玉以及部众庆功，秦良玉豪爽海量，与当地高层官员

同坐一桌，开怀畅饮。酒酣耳热之时，一位邻座的巡抚署官员，也许是被秦良玉酒酣面红的神态迷住了，竟忘乎所以地从桌下伸过一只手来，拉住她的衣角抚弄不放，秦良玉很觉烦心，悄悄抽出佩刀，猛地割下被牵的衣角。在座的人大惊失色，秦良玉却丝毫不动声色，依旧举起酒杯，谈笑风生，倒是那位失态的官员羞愧地离开了席位。

数年之后，贵州水西一带，有一个叫安邦彦的匪首，自立为罗甸王，招兵买马，很快占据了贵阳以西的千里之地。朝廷又诏命秦良玉率白杆军入黔平乱，秦良玉义无反顾，很快就平定了叛乱，消灭了安邦彦，但为此也失去了弟弟秦民屏。

天启七年，明熹宗驾崩，明思宗入承大统。清兵趁朝廷改帝之机，由蒙古人做向导，从龙井关越过长城，直奔向通州，京师形势十分急迫。明朝廷再次诏令天下诸军镇边勤王，当然忘不了调遣上次抗清有功的女将军秦良玉。秦良玉接旨后，带领她的白杆兵，日夜兼程赶往京师，并拿出自己的全部家产作为军饷，以补朝廷因连年应战而造成的军需不足。

秦良玉的部队与清兵在京师外围相遇，还没来得及安营扎寨，就开始了全面进攻。年已五十五岁的秦良玉，手舞白杆长矛，好似瑞雪飞舞、梨花纷飘，锋刃所过之处，清兵不是人头落地就是手脚分家。所有白杆兵将士，无不以一当十，威猛如虎，打得清兵落荒而逃。很快，秦良玉接连收复了烁州、永平，解救了京城之围。明思宗听到捷报后，派特使携带大批赏赐前来犒军，并在平台召见了富有传奇色彩的女将军秦良玉。见过女将军后，明思宗感慨万千，写下了四首诗，夸赞她的功绩，并御笔亲誊，赐给了秦良玉：

学就四川作阵图，鸳鸯袖里握兵符；由来巾帼甘心受，何必将军是丈夫。

蜀锦征袍自剪成，桃花马上请长缨；世间多少奇男子，谁肯沙上万里行。

露宿风餐誓不辞，忍将鲜血代胭脂；凯歌马上清平曲，不是昭君出塞时。

凭将其帚扫匈奴，一片欢声动地呼；试看他年麟阁上，丹青先画美人图。

皇帝亲题的四首赞美诗，给予了秦良玉极高的评价，这实在是难得的殊荣，秦良玉叩谢圣恩后，班师回石柱。

又过了十来年，起义军张献忠进入四川一带，年过花甲的秦良玉再次披挂上阵，风采不减当年。她率领白杆兵，连战连捷，解除太平之围，扼反将罗汝才于巫山，斩叛帅东山虎于谭家坪，使张献忠的军队在川地吃尽了苦头。然而，由于川地屡经兵灾，府库空乏，损耗的兵力和粮饷无法补充，而起义军部队势力强大，潮水般涌进川蜀，在整个战局上，官兵是无法取胜的。秦玉良万般无奈，只有退保石柱一地。

这时京城已被李自成所率领的义军攻破，明思宗自缢于煤山，大明王朝在风雨飘摇中终于彻底倒塌，李自成入主京城，张献忠则想牢牢控制住川蜀，以作为自己的据点。张献忠东征西战，几乎囊括了全蜀，却对石柱弹丸之地无可奈何。已 68 岁高龄的秦良玉，带着她手下历经百战的白杆兵，不畏强暴，誓死抗拒，一直到张献忠败亡，起义军终没能踏入石柱半步。清顺治五年端阳节过后，75 岁的秦良玉，在一次检阅过白杆兵后，刚刚迈下桃花马，身子突然一歪，安然离开了人世，结束了她驰骋疆场的豪迈生涯。秦良玉葬在石柱县东 3 公里处、龙河北岸的回龙寨（今石柱县大河乡鸭桩村），享年 75 岁。其墓碑题刻为：“明上柱国光禄大夫镇守四川等处地方提督汉土官兵总兵官挂镇东将军印中军都督府左都督太子太保忠贞侯贞素秦夫人墓。”

秦良玉 26 岁时开始带兵打仗，一生多次率师远征，历经 44 年戎马生

涯，足迹遍及长城内外，大江南北，为明朝建立了赫赫战功。作为历史人物的秦良玉，受其历史的局限，一方面忠君爱国，另一方面与农民起义军为敌。但“功则功之，过则过之”，“瑕不掩瑜”。终其一生，功大于过——这是著名政治家、历史学家、文学家郭沫若公正地对秦良玉一生做出的历史评价。

美女救英雄——侠肝义胆紫薇女

努尔哈赤，这个名字在中国历史上掷地有声。他的一生极具戏剧性和开拓性，更极具让后人仰望和向往的英雄气概，他传奇般的身世为他金戈铁马的一生涂上了浓重的辉煌色彩。他为满清王朝的兴起立下了汗马功劳，但他的基业却得益于一位纤弱女子——紫薇夫人。紫薇夫人，颇具倾城之貌，乃明末辽东总兵、勋爵李成梁的如夫人。

明朝万历年间，胸怀大志的努尔哈赤，为了部族的强大，学习汉文化。他隐姓埋名屈尊为奴，投进辽阳府研习兵法。紫薇夫人得知真相后，把早年所学的用兵之道尽皆传授给了努尔哈赤。总兵李成梁曾经一度对努尔哈赤动了杀机，紫薇夫人及时通风报信，逃跑途中，为了不拖累努尔哈赤，她将自己吊死在一棵歪脖子梨树上。努尔哈赤成了大金国的天命皇帝之后，册封紫薇为满人的歪梨娘娘，世代供奉！

紫薇夫人家本是世代武举，她父亲原任边关守备之职，因为得罪了奸相严嵩被扣上通盗杀良的罪名，他一怒之下，便带家将，反上山去做了寨主。每日里，紫薇跟着父亲在山上读书习武，向往做个巾帼豪杰。不料，有一年，辽东重镇辽阳城的总兵李成梁奉命平叛，她全家尽被杀戮，唯有紫薇因有几分姿色，被李总兵带回帅府，强行非礼纳为第六妾。

紫薇本想以死明志，但又想自己既已失身，做鬼也愧对九泉父母，莫不如忍辱偷生，以图待机雪恨。然而，她哪里知道，李总兵绝非庸夫俗辈，他智勇过人，武艺超群，威镇边关，连皇帝都敬畏他三分。因此，报仇雪恨竟有些渺茫了。紫薇常常暗自流泪，自悲自叹。

一天，李总兵带着亲兵卫队，进山狩猎。他只身策马追射一只苍鹰。突然从密林深处蹿出一只猛虎，他开弓便射，老虎受伤倒地。他翻身下马，抽出宝剑奔上前去。哪料想，受伤的老虎一声长啸，凶悍地扑上来，李总兵躲闪不及，被撞翻在地。老虎又是一个跳跃，居高临下直扑面门。就在这千钧一发之际，“哗嘟嘟”一声脆响，一柄钢叉凌空飞起，正扎进老虎张开的血盆大口，老虎立时惨叫而亡。

随后，从树丛中跳出一个英俊的青年。李总兵赶紧起身行礼：“本帅谢壮士救命之恩！”他把这个打虎英雄上下打量一番，见他一身豪气，笑着问道：“壮士，该怎么称呼你？”

青年毕恭毕敬地答道：“小人世居赫图阿拉，是个满人，只有个小名叫罕郎，别人都叫我为憨郎。”

李总兵沉吟片刻，问道：“憨郎，本帅念你救命之恩，欲将你收留帐下，你可愿意？”

憨郎听了喜出望外，忙跪倒在地，连磕了三个响头：“奴才愿侍候大帅，万死不辞。”

就这样，憨郎随李总兵到了大帅府。一顿宴请之后，李总兵让憨郎常住剑楼，为紫薇夫人等人所住的藏春院把守门户。这种安排，为故事的发展，创造了极好的条件。

原来憨郎真实姓名叫爱新觉罗·努尔哈赤，女真部落首领。

从这以后，紫薇与努尔哈赤交往更密切。紫薇夫人把早年所学的用兵之道尽皆传授给了努尔哈赤，又把李总兵那些兵书向他细细地解说，什么淝水之战，什么曹刿论战，等等。而努尔哈赤本来就是个天资聪颖的人，听了紫薇夫人简单明了的讲解，茅塞顿开，学识大长。紫薇夫人还把自己的一本《三国演义》送给努尔哈赤："这部书通俗易懂，里边有很多战争实例，对你今后会大有好处。"就在这一教一学之中，他们更加了解对方，更加仰慕对方。

忽有一日，李总兵得到一道密旨：钦天监夜观天象，发现辽东地面升起真龙天子的祥云瑞气，限期缉拿追捕。拿住钦犯，赐世袭王位，逾期不获，辽东百官都要严加治罪。

这真龙天子之气，本是妄说。但在当时的人们却是深信不疑。得到这一旨令，李总兵浑身直冒冷汗。偌大辽东，人海茫茫，去何处缉拿？突然，他一个闪念：这憨郎的来历不明，家世一概不知，还有，他是真憨还是假憨？想到这儿，李总兵是又惊又喜。

李总兵对紫薇是颇为宠爱的，于是，他把自己的怀疑告诉了紫薇夫人。听说这事，紫薇夫人的心砰砰乱跳。待把李总兵稳住之后，她趁着夜深人静，来到书房，一把抓住憨郎的手，"快跟我来！"如坠云里雾中的憨郎，被紫薇拉出书房，直奔马棚。路上，紫薇把事情一五一十地告诉了他，末了，把令牌塞进他手中："憨郎，快骑上大青马，逃命去吧！"

不料，马蹄声惊醒了李总兵，翻身一看，不见了紫薇夫人，他立即明白了怎么回事。他马上召集人马，领兵追杀出来。

坐在马上的紫薇夫人，心急如焚，她知道一匹马骑两个人是难以逃脱的。她情急生计，以解手为由，翻身下马，往岔道的一个山坳跑去。

努尔哈赤等了一会儿，不见紫薇出来，觉得不妙，慌忙下马。等他找到紫薇夫人，她已经吊死在一棵歪梨树上了。他捶胸顿足，哭喊着解下紫薇。紫薇再也不会醒了，可是她的香魂却永远伴随着努尔哈赤。

清太祖努尔哈赤，中国历史上卓越的政治家、军事家、战略家、统帅，在这位英雄的心灵深处却始终活跃着一位美丽的女子——紫薇夫人。美女救英雄，一个永远说不完道不尽的美丽话题。发生在他们身上的爱情故事是那样荡气回肠，而一个义举改变了一个人的命运甚至一个民族及国家的命运，又是怎样地让人击节长叹！试想，如果努尔哈赤没有遇上深明大义、才色俱佳的紫薇夫人，中国历史在清朝这一段或许要重新改写。历史在紫薇夫人这里拐了一个弯，这当然是当年在总兵府教习努尔哈赤兵书的紫薇所始料未及的。当然，一个女人最大的幸福，就是永远活在她所爱的男人心中。

风尘有节烈——女侠名姝柳如是

柳如是（1618—1664）本姓杨，名爱，改姓柳，名隐，字如是，号河东君，又号靡芜君。盛泽镇人，秦淮名妓之首。明崇祯十四年（1641），柳如是与东林领袖、常熟钱谦益以忘年之交喜结秦晋之好。晚年她推动钱谦益投身抗清斗争，被后世史学家称为“女侠名姝”。柳如是传世之作有《戊寅卓》《柳如是诗》《尺牍》等。她的墓在常熟虞山脚下钱谦益墓西，墓碑文“河东君之墓”。清朝文人徐夤曾经歌咏七绝《题河东君像》：夫婿才名冠九州，龚吴鼎足峙千秋。谁能地老天荒后，大节从容问女流。

柳如是幼时即聪慧好学，但由于家贫，从小就被掠卖到吴江为婢，妙龄时坠入章台，易名柳隐，在乱世风尘中往来于江浙金陵之间。由于她美

艳绝代，才气过人，遂成秦淮名妓。她留下了不少值得传颂的逸事佳话和颇有文采的诗稿：《湖上草》《戊寅卓》与《尺牍》。柳如是后来嫁给了江南名士钱谦益，关于他们终成眷属的经过，有一段颇富传奇意味的故事。

明崇祯十三年（1640）冬，原朝廷礼部侍郎钱谦益削籍归乡已有两年。闲居家乡，百无聊赖，一日钱谦益忽然听见柳如是来访，他欣然迎上。钱谦益知晓柳如是乃女子之身，可来人虽脚着弓鞋，但头戴幅巾，身着男装，神情落落洒脱。钱谦益再看手中名刺，分明是柳如是，他顿时明白这是女扮男装。两人走入屋内，畅言把酒，相见恨晚，流连相伴。柳如是兴致高昂，挥笔写就七律一首：《庚辰仲冬访牧斋于半野堂奉赠长句》：

声名真似汉扶风，妙理玄规更不同。一室茶香开澹黯，千行墨妙破冥濛。竺西瓶拂因缘在，江左风流物论雄。今日沾沾诚御李，东山葱岭莫辞从。

柳如是以东汉扶风茂陵人马融喻钱谦益，钱谦益年近耳顺，竟受红颜知己夸赞，喜出望外。他早已闻知柳如是择婿要求颇高，但想自己学识渊博，如今又是美人亲访，不妨大胆一试芳心。便也题了一首诗《次韵奉答》：

文君放诞想流风，脸际眉间讶许同。枉自梦刀思燕婉，还将拎士问鸿蒙。沾花丈室何曾染，折柳章台也自雄。但似王昌消息好，履箱擎了便相从。

钱谦益以汉朝同司马相如私奔的卓文君喻柳如是，聪明如柳如是岂有不明之理？她敬佩钱谦益的才识，钱谦益又怜爱柳如是如莲花般出淤泥而不染，一敬一爱，柳如是找到了如意郎君。为了纪念这一次相会，钱谦益以柳如是尾联“东山”二字，命名自己从庚辰十一月至癸未年初的诗集，以表深情。

半年之后，钱谦益准备以嫡聘之礼迎娶柳如是，他为柳如是取了一个号——“河东君”。这既取柳如是的郡望，也巧用了《玉台新咏》中“河东之水向东流，洛阳女儿名莫愁”的名句。钱谦益向柳如是吟咏：“人生富贵何所望，恨不嫁与东家王。”柳如是见钱谦益得意之色溢满脸庞，她也心知，钱谦益晚年寂寞，忽然遇到她，好像天降奇宝。他以莫愁女喻柳如是，柳如是甚为喜悦，自此以后，柳如是又有“河东君”的雅号。

当地缙绅得知他们在松江茸城芙蓉舫上结为连理后，一时哗然，甚至喜谈风月的人也认为这是妖孽姻缘，亵渎朝廷，有伤风化。举行婚礼之时，岸上站了一层又一层的人观看，虽热闹非凡，可他们手中不停拿着瓦砾朝画舫扔去。婚礼完毕之后，他们满载一船瓦砾而归，柳如是见钱谦益面无愧色，怡然自得，才安下心来，以为终身有托。

成婚之后，他们又于十一月偕游苏州等地，展拜南宋抗金名将韩世忠与梁红玉的坟墓，又到京口，吊唁梁红玉金山擂鼓的战场。柳如是向钱谦益述说平生最佩服的女子唯有梁红玉，她双眸晶晶望着钱谦益，钱谦益忽然想到柳如是赠他的诗句：声名真似汉扶风。他认为这不仅是恭维自己的话，也是柳如是的平生所愿，即希图自己在晚明乱世中也像韩世忠那样立下一番伟业。

钱谦益晚年得红颜知己，爱心炽盛，他不惜花费巨资在半野堂之后建造绛云楼。为了筹得资金，他将自己千金购得并已收藏二十余年的宋版前、后《汉书》，减损二百金卖给情敌谢三宾。绛云楼中藏有晋唐宋元以来书法与宋刻书数万卷，还有许多名瓷、奇石充塞其中。柳如是与钱谦益日日相伴在绛云楼中煮沉水、斗旗枪、写青山、临墨妙，考异订讹，仿佛李清照在赵明诚家。钱谦益写文章时，时常有所检勘，这时柳如是就帮忙寻阅。虽然书架上万卷书册，但某册某卷，需要时柳如是立时翻点，百无

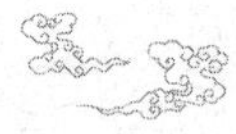

一失，这深得钱谦益的敬服。

虽然钱谦益早有一妻二妾，但自从得柳如是后，对她尊敬有加。柳如是拥有极大自由，婚后也经常穿儒服，出厅接待四方宾客，谈吐慷慨，钱谦益常在人前呼她为柳儒士。豪士李待问曾与柳如是有深交，他们分别之时李待问曾赠送柳如是玉篆“问郎”一印作纪念。有一年，钱谦益在南京大宴宾客，柳如是听说李待问在座，取出那枚珍藏已久的玉印，让侍女送还给李待问。柳如是了断了这一段情缘，却不料这竟是永生之别。

晚明局势动荡，崇祯十七年三月十九日，李自成攻破北京城，崇祯帝手刃骨肉，在煤山自缢而亡。国君虽殇，拥立新君为当务之急，南京作为明朝的陪都，拥立新君的活动就在这里展开了。崇祯帝的三个儿子都随着北京沦陷而下落不明，地位较为尊贵的几个藩王之中，惠王、桂王和瑞王都远在西南，只有福王和潞王近在咫尺。钱谦益自思平生所学实不下那些官员，他耐不住寂寞，想有一番作为，极力前往。

钱谦益急于求成，先暗中推举潞王，与拥戴福王的马士英不和，到福王朱由崧做了小皇帝时，他又为了保命，上疏颂扬马士英的功劳，马士英这才引荐钱谦益为礼部尚书。钱谦益又推荐阮大械，阮大械遂被提为兵部侍郎。得意的钱谦益携着柳如是前往南京就职。柳如是冠插锥羽，身穿戎服骑马入国门，钱谦益自谓：“好一幅昭君出塞图矣。”

偏安一隅的南明弘光小朝廷诸臣或沉湎酒色、醉生梦死，或争权夺利、互相倾轧。柳如是旧日情人陈子龙也被弘光朝廷招用，他曾上书防江之计，但未被采用。清兵扫荡江浙，弘光朝很快覆灭。柳如是听到此消息后，痛苦不已，又想起梁红玉，认为自己这一生定不能像梁红玉一般擂鼓助阵了。她感到绝望，想以死殉节。当晚，柳如是在家中水池边设一酒席，邀请钱谦益。酒过半晌，她手指池水，举杯向钱谦益说：“此时应当取义全节，以负盛名。”钱谦益听到年轻的夫人从容不迫地说出此话，面有难色，犹豫地说：“水太冷，奈何。”柳如是本想钱谦益应与她心意相通，但看到钱谦益举棋不定，深感绝望。未曾叹息，她毅然转身朝水池投去。钱谦益没有料到妻子竟真的投水，心慌意乱中幸好及时拉住了柳如是，柳如是没有死成。

清兵攻陷南京以后，松江陷落之时，李待问守城，城破而李待问不屈，终被清兵杀害。陈子龙也在松江，但因为祖母尚在，为了躲避清兵的追杀，他躲到嘉兴水月庵为僧。明亡后，钱谦益与陈子龙率先迎降清师。柳如是看着钱谦益喜色融融，心冷如死灰。钱谦益忙着准备行装到北京觐见新主，听候任命，他本想携柳如是一同前往，但柳如是冷然拒绝，不愿随君北上做降臣之命妇。钱谦益到了北京，清王朝也只复原他在崇祯朝的官职，命以礼部侍郎管秘书院事，充修《明史》副总裁。钱谦益做了半年，实在难以忍受做降臣的羞愧滋味，终以疾病告假，从京师回到家乡。

柳如是对待已别半载的钱谦益非常冷淡，昔日的欢声笑语、幸福时光再也不曾出现，钱谦益自知有愧，也不敢发怒。有时想到半生失意之时，钱谦益自恨道："要死，要死。"柳如是听说，立刻叱道："君不死于乙酉之变，而死于今天，太晚了。"钱谦益无言以对，低头不敢看柳如是。不久，钱谦益邀柳如是到苏州游玩，那时恰是春天，佛水山庄的池水清澈可爱，钱谦益兴致来时，想脱鞋洗脚，柳如是站在一边看见此举，冷笑道："你以为这是秦淮河的水吗？"钱谦益又羞又窘。

明虽亡了，但陈子龙依然为复明奔波。他在松江一带联络志士，但不幸为清兵俘获，而后被押往南京受审。途经松江时，陈子龙投水而死，年仅 40 岁。柳如是听到噩耗，身心俱碎。她承受不住国家破亡夫君变节，不久生了大病，卧床不起。谁料此时，已回到常熟家中的钱谦益又被牵连到黄毓棋抗清复明的案件中，被带入南京狱中。柳如是闻知此事，虽不知钱谦益为何被牵涉，但她毅然不顾病体，冒死赶到南京。她一面上书代钱谦益死，否则从死，一面四处奔波，寻找在清廷中有势力的官员。钱谦益在狱中 40 天就被放出。出狱后，看到面容憔悴但精神尚好的妻子，钱谦

益流下眼泪，大叹一声："恸哭临江无壮子，徒行赴难有贤妻"，白发萧萧的钱谦益握住青发如丝的柳如是的双手，感激之情永怀心中。

柳如是在30岁那年生下一女，隔年钱谦益的儿子生下一子，他们晚年得女、得孙，儿孙承欢膝下之时，柳如是不忘劝告夫君为复明奔走。钱谦益也自觉有愧，晚年更积极联络郑成功和南明永历势力共商抗清大业，虽然都以失败告终，但世人也逐渐原谅了他。

1650年，绛云楼突遭失火，藏于楼中的数万卷藏书、名瓷奇石全部毁于大火，钱家财产损失巨大。1664年，钱谦益重病去世，终年83岁。他死后，钱家的族人钱朝鼎指使钱曾等人向柳如是逼索钱财三千两，但经过绛云楼失火后，钱家的财力大减，甚至钱谦益重病时服药都向药铺赊账，柳如是根本无力交付。想到这些人与钱谦益生前都有善交，如今竟如此欺诈她，柳如是悔恨当日乙酉之变时，不曾殉节，令今日自取其辱。

钱谦益死后53天，柳如是走向家中荣木楼，一条白练系上了她的脖子。死前她留给女儿一封遗书，有言："我来汝家二十五年，从不曾受人之气，今日竟当面凌辱。我不得不死，但我死之后，汝视兄嫂，如视父母。我之冤仇，汝当同哥哥出头露面，拜求汝父相知。"

柳如是去世时年仅47岁，一代才女如此寂寂而终。纵观其一生，生活历经坎坷，情感几经波折，但她在文艺上的成就有目共睹，而其晚年推动钱谦益投身抗清斗争的事迹，也让后人扼腕默叹。柳如是不愧被后世史学家称为"女侠名姝"。

声色甲天下——倾国倾城陈圆圆

陈圆圆，江苏常州武进人，本姓邢，名沅，字碗芬，为苏州名妓，擅长歌舞。初为田弘歌伎，后被吴三桂纳为妾。

陈圆圆，原是苏州的一名青楼女子，因色艺双绝而芳名远播。国舅田弘发现她歌舞出色，诗画俱佳，神韵动人，花重金将她买下，想献给崇祯皇帝，以进一步发展与皇家的裙带关系。然而，这时崇祯皇帝被军国大事搅得头昏脑涨，根本没有心思重结新欢，他对陈圆圆只是欣赏，没有收纳之意。陈圆圆在宫中盘桓了两三个月，终究没能投入皇帝的怀中。

与此同时，明廷内忧外患的形势越来越严峻，李自成的势力已越过宁武关、居庸关，直逼京师，满清军队也从东北面发起进攻。危急关头，明朝廷下诏吴三桂以总兵身份统领大军镇守山海关，同时连带起用他父亲吴襄为京营提督。一时间，吴家父子兵权在握，成了京城里的热门人物，乱世之时谁都想得到军队的庇护，所以吴三桂离京赴任时，京城里的达官显贵纷纷设宴为他饯行，想为自己今后找个靠山。

周奎自然也不落后，在府中摆下珍肴美酒款待吴总兵。这天，除了数不清的山珍海味呈列在吴三桂面前外，还有田府中绝色的歌舞伎陈圆圆在席前奉歌献舞。一阵悠扬清新的丝竹声后，陈圆圆身披白纱舞衣从重重帘幕中缓缓飘出，她淡扫蛾眉，轻点朱唇，淡雅中露出一种超尘脱俗的气韵；轻舒长袖，明眸含笑，一段轻舞后，在厅中站定，随着动人心弦的乐

器声，她又唱起了轻柔的小调。这舞这歌，把上座的吴三桂迷醉了。

陈圆圆歌罢，奉田弘之命捧了银壶来为吴总兵斟酒，吴三桂心荡神移地接了酒，一饮而尽，陈圆圆拽着长裙飘然入内，吴三桂的目光随之而去，良久不曾收回。宴散前，吴三桂终于按捺不住，悄悄对田弘说："倘以圆圆送我，战乱之时，我会先保贵府，再保大明江山！"田弘会心地点了点头。第二天，吴三桂派人带了千两黄金做聘礼，到田府求婚。田弘早已准备好丰盛的嫁妆，当天就亲自把陈圆圆送到了吴家。

此时边关战事告急，吴三桂王命在身，可他还是挤时间举办了隆重的纳妾之礼。婚后不久吴三桂即离开了京城。其后，闯王李自成便率大军攻入了北京，建立了大顺王朝。城中旧臣遗老全部遭到了搜捕，吴三桂的父亲吴襄及其全家也在其列，而陈圆圆被闯王的心腹大将刘宗敏看中，并夺为侍妾。"大顺帝"李自成逼迫吴襄写信给吴三桂，以其家人性命为要挟，劝他来京受降。见信后，吴三桂动了心，他深知大明皇朝已无重兴的可能，不如顺应时势，归附李自成，也好保全家人的性命。

但是，正当吴三桂积极准备入京"拜谒新主"时，得知李自成的第一勇将刘宗敏不但囚禁了自己的父亲及至亲三十余口，掠尽本家财物，"拷掠酷甚"，还将爱妾陈圆圆掳藏于府中，视之为禁脔。于是，吴三桂"冲冠一怒为红颜"，对李自成"降而又叛"，走上以前途和生命作乾坤一掷的道路。他准备惩罚李自成的大顺王朝，以泄痛失圆圆之恨。吴三桂开关引清兵通往北京，而这正合多尔衮的心意，多尔衮立即发兵入关。李自成侦知清兵逼近的消息后，亲自率领 20 万大军向东迎去，同时带上吴襄做人质。由于清军与吴三桂的兵马并肩作战，致李自成大败，一怒之下，李自成马前斩杀了吴襄，并将他的首级悬挂在高竿上示众，回师京城后又杀了吴家老少共 38 口。清兵紧追不舍，李自成眼看大势已去，只好带上京城的金银财宝撤回陕西老巢。临走时本想带着陈圆圆，陈圆圆却认认真真地劝告说："妾身若随大王西行，只怕吴将军为了妾身而穷追不舍；不如将妾身留在京师，还可作为缓兵之计！”李自成听了以为颇有道理，命运危急关头，他无心留恋美色，索性丢下陈圆圆跑了。

可惜那边吴三桂并不知道陈圆圆留在京城，他挥师紧追李自成的残部，一心夺回心爱的女人。一直追到山西绛州，忽然京师有人来报，说是已在京城寻获了陈圆圆，吴三桂喜不自胜，立刻停兵绛州，速派人前去接陈夫人来绛州相会。

陈圆圆来到绛州时，吴三桂命手下的人在大营前搭起了五彩楼牌，旗旗萧鼓整整排列了 30 里地，吴三桂穿着整齐的戎装亲自骑马出迎，其仪式之隆重绝不亚于迎接圣驾降临。

此时京城里也正热闹，多尔衮组织人马隆重地迎接清世祖顺治帝入关，在北京建立了大清朝廷，准备全盘控制整个江山。为了表彰吴三桂开关请兵之功，清朝廷册封他为平西王，并赏银万两，吴三桂接受了。这样一来，当初请兵相助的初衷完全改变。

崇祯帝自缢殉国后，福王朱由崧在南京重新组建了南明新朝廷。新朝廷深知吴三桂手握重兵，举足轻重，因而遣特使前往绛州，欲封吴三桂为蓟国公，并从海路运米 30 万担、银 5 万两犒劳吴军。不料吴三桂因已受封于清廷，不肯再接受南明皇朝的封赏，他已经决定彻底归附清朝。陈圆圆曾起心劝吴三桂弃清返明，以尽忠义之道，吴三桂不为所动。

清顺治二年，吴三桂继续协助清兵西讨，由山西渡黄河入潼关，攻克西安，将李自成的力量彻底消灭。随后，他又风尘仆仆，东征西伐，为清廷统一中国立下了汗马功劳。因缴杀永历帝父子于昆明逼死坡，吴三桂深得清政府厚爱，康熙命他总管云贵两省军政，让他成了雄霸西南一方的土皇帝。除了扩军扩权掠饷之外，吴三桂还穷奢极欲地享受荣华富贵。他嫌“平西亲王”王府不够豪华，下令将翠湖填之一半以造美轮美奂的新府；他纵情声色。陈圆圆无奈于这位当年为她不惜“冲冠一怒”的“白皙通侯”称帝野心的日夜膨胀。

康熙十二年，陈圆圆再次规劝吴三桂，恳请其允许她出家，她说：“妾闻知足不辱，知止不殆，长此奢华，恐遭天忌，愿王爷赐一净室，妾茹素修斋以求夫君长幸……”吴三桂感泣不已，以“封为正妃”阻止她，然而，见陈圆圆情切意坚，只得允许她带发修行。这样，昆明凤鸣山上，吴三桂于康熙十年重建的金殿，也成了陈圆圆祈求上天赐福于吴三桂的常去之处。金灿灿的铜殿内，依陈圆圆心意，不仅供奉着“真武祖师”，还于金殿殿门上方高悬一块“南无无量寿佛”匾，以求道、佛诸神的护佑。

吴三桂开藩云南二十多年后，终于按捺不住寂寞，又欺康熙皇帝年幼，起兵问鼎中原。兵败衡阳后，暴死在衡州。三年之后，清军攻占昆明，将已运回昆明安葬的吴三桂，从棺材里扒出来剁成肉泥焚毁。此时，陈圆圆自沉于莲花池，终年五十余岁。孙旭的《吴三桂始末》则说清兵攻入云南时，陈圆圆是自缢身亡。吴三桂“冲冠一怒为红颜”，引清兵入关，数百年受到唾骂，陈圆圆也因此成为为人不齿的“红颜祸水”。

深一步分析，吴三桂的冲冠一怒，看似偶然，却是官僚地主阶级为了维护其根本利益的必然结果。他在清兵入关这一历史转折关头只是起了推波助澜的作用，充其量不过是个帮凶。因此，没有理由说吴三桂的“冲冠一怒”改变了历史发展的总趋势，那又何况一个歌妓陈圆圆呢？

作为不能完全主导自身命运的封建女性，陈圆圆是非常不幸和无辜的。吴梅村说得好：“妻子岂应关大计？”“女人是祸水”实是卫道者泼在女性身上的污水。但无论如何，由于吴三桂被激怒，在客观上，陈圆圆瞬间影响和改变了中国历史的面貌，她的故事永远值得后人体味和深思。

四、地狱篇

恐怖的明朝特务机关

大明王朝里，有一群恐怖的“魔鬼”在咆哮，他们令明的朝天空阴霾一片，使暴力机器威震天下。这群“魔鬼”就是明朝独一无二的特务机关——厂卫。他们在明朝初建之时给了统治者莫大的帮助，却也成了压垮大明王朝的最后一根稻草。

锦衣卫——大明皇帝的私人警察

锦衣卫是明朝最早的特务机构。身世坎坷的朱元璋生性多疑，在贵为人主之后，给朝中大臣们这一搅和，更是缺乏安全感，生怕臣下对自己不忠，更担心千辛万苦得来的江山与荣华富贵会化为乌有，因而他时时处处充满戒备之心，对臣下的一举一动都不放过。他不仅要求大臣们当面对他毕恭毕敬，言听计从，忠贞不贰，就是出朝回府之后的言行也要在他的监视与掌握之中。为此，朱元璋煞费苦心，派出密探四处巡视，保证以最快的速度向他汇报各位大臣的动向。

于是，聪明绝顶的朱元璋决定以锦衣卫来为自己保驾护航。《水东日记》曾记载了这样一件趣事，典型地反映了朱元璋手下密探的厉害：

传说有一次明朝的开国重臣宋濂，秉性老实忠厚，年纪虽老，办事却还算得力，让皇帝满意。有一天下朝回家，大概因为总是早起上朝，加上年纪大了，体力有些不支，过于劳累，就顺口赋诗一首：

四鼓咚咚起着衣，
午门朝见尚嫌迟。
何时遂得田园乐，
睡到人间饭熟时。

这本是一篇信笔之作，诗成之后，宋濂也就宽衣歇息了。没想到第二日上早朝时，朱元璋一见宋濂就笑着说："昨天爱卿作了一首好诗啊，可是寡人没有嫌你上朝迟呀，是不是用忧字更好一些呢？"这一番话说得宋濂心惊肉跳，连忙磕头谢罪，心中暗自庆幸，多亏昨日还没有胡言乱语，否则今天此头就难保了。

朱元璋如果仅仅派亲信四处刺探臣下的隐私，显然还不足以对朝野构成严重威慑。起初，朱元璋任用的亲信密探名曰检校，任务是专门负责侦察探听在京大小衙门官吏不公不法之事，及风闻之事，事无大小，全部上奏。洪武十五年（1382），锦衣卫正式挂牌。锦衣卫的首领称为指挥使（或指挥同知、指挥佥事），一般由皇帝的亲信武将担任，很少由太监担任。其职能是"掌直驾侍卫、巡查缉捕"，一个顿号，基本上把锦衣卫分成两个截然不同的部门。负责执掌侍卫、展列仪仗和随同皇帝出巡的锦衣卫，基本上与传统的禁卫军没什么两样，其中比较著名的为"大汉将军"。这些人虽名位"将军"，其实只负责在殿中侍立，传递皇帝的命令，兼做保卫工作，说白了，就是在皇宫大殿上的桩子。当然，这些"桩子"也非等闲之辈，一般都是牛高马大，虎背熊腰，而且中气十足，声音洪亮，从外表上看颇有威严，对不了解明廷底细的人有一定震慑作用。大汉将军在锦衣卫中自成一营，初期约有1500人，到明末，由于官僚机构的膨胀，大汉将军也一度增加到五千余人。

至于"巡查缉捕"，则是锦衣卫区别于其他各朝禁卫军的特殊之处，也是它为什么能为人们牢牢记住的原因。其实朱元璋建立锦衣卫的初衷也只是用来卤簿仪仗，但后来由于他大肆屠戮功臣，感觉传统的司法机构刑部、大理寺、都察院使用起来不太顺手，于是将锦衣卫的保卫功能提升起来，使其成为皇帝的私人警察。负责侦缉刑事的锦衣卫机构是南北镇抚司，其中北镇抚司传理皇帝钦定的案件，拥有自己的监狱（诏狱），可以自行逮捕、刑讯、处决，不必经过一般司法机构。南北镇抚司下设五个卫

所，其统领官称为千户、百户、总旗、小旗，普通军士称为校尉、力士。校尉和力士在执行缉盗拿奸任务时，被称为“缇骑”。缇骑的数量，最少时为1000，最多时多达60000之众。锦衣卫官校一般从民间选拔孔武有力，无不良记录的良民入充，之后凭能力和资历逐级升迁。同时，锦衣卫的官职也允许世袭。

明朝前两代皇帝朱元璋、朱棣，由于其出身的特殊性，对皇权的维护有其他朝代所没有的强烈欲望。这就使得锦衣卫“巡查缉捕”的职能无限度地扩大了。一般来讲，锦衣卫的工作只限于侦察各种情报、处理皇帝交付的案件，但适逢野心大、心肠狠的指挥使掌权，就会利用职务之便不遗余力地制造事端，既可以打击异己，也可以作为自己升迁的资本。如成祖时的纪纲、英宗时的逯杲、武宗时的钱宁等，在他们掌权时，缇骑四出，上至宰相藩王，下至平民百姓，都处于他们的监视之下，对他们的命令只要稍有拂逆，就会家破人亡，全国上下笼罩在一片恐怖气氛中。臭名昭著的北镇抚司大牢中更是关满了各种各样无辜的人们，死于锦衣卫酷刑之下的正直人士更是不计其数。更为可怕的是，这种恐怖的氛围，与唐武则天时期的短期出现不同，终明一朝几乎是绵绵不绝，这种无节制的滥捕极大地影响了皇帝与官僚机构之间的关系，使百官、民众、军队与皇帝离心离德，难怪有人说明朝不是亡于流寇，而是亡于厂卫。

锦衣卫另一项著名的职能就是“执掌廷杖”。廷杖是皇帝用来教训不听话的士大夫的一项酷刑，始自明朝。《明史·刑法志》称之为：“明之自创，不衷古制”。一语道破了贯穿明皇朝的特别专制的酷政性质。一旦哪位倒霉官员触怒了皇帝，被宣布加以廷杖，他就立刻被扒去官服，反绑双手，押至行刑地点午门。在那里，司礼监掌印太监和锦衣卫指挥使一左一右早已严阵以待。受刑者裹在一个大布里，随着一声“打”字，棍棒就如雨点般落在他的大腿和屁股上。行刑者为锦衣卫校尉，他们都受过严格训练，技艺纯熟，能够准确根据司礼太监和锦衣卫指挥使的暗示来掌握受刑人的生死。如果这两人两脚像八字形张开，表示可留杖下人一条活命；反之，如果脚尖向内靠拢，则杖下人就只有死路一条了。杖完之后，还要提起裹着受刑人布的四角，抬起后再重重摔下，此时布中人就算不死，也去了半条命。廷杖之刑对士大夫的肉体和心灵都是极大的损害，但明朝的皇帝却乐此不疲，锦衣卫将校对它也是情有独钟。

纵观有明一朝的锦衣卫，尽管也出过袁彬、牟斌这样比较正直的指挥使，但总的来说，其职能主要还是为明朝的极端专制制度充当帮凶。有了锦衣卫这样高效率的工具，明朝的皇帝压制起士大夫阶层、下层民众就显得更加得心应手，但为此付出的代价却是社会活力的极大降低，这也是为什么明朝虽有二百多年历史，但在政治制度、经济制度上却无所进展甚至还有所倒退的主要原因。

明代的锦衣卫，乃是著名的酷政。《明史·刑法志》明确说，近于汉武帝时之诏狱。所谓诏狱，主要是指九卿、郡守一级的二千石高官有罪，需皇帝下诏书始能系狱的案子。汉武帝与匈奴作战多年，将国家拖入了战时体制，多用法家酷吏，严刑峻法，《史记·酷吏列传》等篇说，汉武帝晚年，诏狱多达二十六所，关押有郡守、九卿一级高官前后达百余人，牵连对象至十余万人。不过，在汉代，这类酷政依然只是汉武帝晚年阶段较短时期的现象。了解了诏狱的性质，明太祖朱元璋何以要设置锦衣卫也就容易明白了。《明史·职官五》说：“锦衣卫掌侍卫、缉捕、刑狱之事，恒以勋戚都督领之……盗贼奸宄，街涂沟洫，密缉而时省之。”明太祖担心自己死后，下一代皇帝驾驭不了文武功臣，所以他几兴大狱，假借了若干由头，连杀带整，把辅佐他打天下的文武功臣差不多灭了个干干净净。这类案子，事出有因、查无实据，如果交给朝官们按法办理，就有可能旷日持久，甚至定不了案，所以就把这些案子作为诏狱交给锦衣卫办理。

这样来看锦衣卫，性质就十分清楚明白了。“侍卫”，本就是皇帝的亲兵；“刑狱”，自己可以断狱；加之“密缉”，则又说明其特务机构性质。

汉武帝时的诏狱，仍是由朝官办案，只是严刑峻法的政策失误；明太祖的锦衣卫，则以消灭功臣为目的，罗织罪状，置无罪者于死地。“幽絷惨酷，害无甚于此者，太祖时，天下重罪逮至京者，收系狱中，数更大狱，多使断治，所诛杀为多。”《明史·刑法志》说：“胡惟庸、蓝玉两（大臣）案，株连且四万（人）。”足见其酷烈程度。作俑之始，就是皇帝心术不正的产物，所以其后遗症也特别严重。自然，明太祖自己也知道，此类酷政不可以为常，所以，在蓝玉案以后、也即是功臣都已杀得差不多后的洪武二十六年（1393），他就下“诏内外狱无得上锦衣卫，大小咸经法司”。不过，始时心术已坏而造成的弊政，是难以断根的，到他的儿子燕王朱棣，借着京城文武功臣已经杀光、大伤元气的特殊机遇，起兵夺了明太祖嫡孙建文帝的帝位，是为明成祖，不免又要大杀忠于建文帝的正直官僚，这却又需要特务机构了，所以，明成祖手上，锦衣卫重又灿烂辉煌。明初两代重用锦衣卫，其后，有明一代，此弊终难去矣。

这就是地狱！——诏狱魔窟

所谓诏狱，就是奉诏而设置的直属朝廷的监狱。诏狱，最早设于西汉武帝时期。史载：“汉文后四年，绛侯周勃有罪，逮诣廷尉诏狱。诏狱之名始于此。然其狱犹属之廷尉，则典其狱者犹刑官也。其后乃有上林诏狱，则是置狱于苑囿中。鸿胪诏狱，则是置狱于少府之属，不复典于刑官矣。——后世因之，往往于法狱之外，别为诏狱。（《大学衍义补·制刑狱之具》。）后来，历代皇帝基本沿袭西汉，相继设置了这种法外之狱——诏狱。到了明代，朝廷设置诏狱，由宦官、厂卫特务组织把持并直接行使审判和治狱大权，肆虐臣民，践踏狱法，成为诏狱的极盛时期。

明朝诏狱，就其本质而言，仍然是封建地主阶级国家暴力机器的组成部分，也是明朝专制主义极端强化、皇权恶性膨胀的结果和突出表现。这就正如清朝沈家本所评说："卫狱以听断之权授诸武夫，而又与奄竖相倚，其冤惨何可胜言——古今所无者。"

明朝诏狱的主要任务是保护皇权的神圣不可侵犯。明太祖登基后，即令锦衣卫设置诏狱，负责审理他交办的重大案件。于是，凡妖言、人命、强盗及其他军民诉讼，锦衣卫都有权管辖，尤其是"天下重囚，多收系锦衣卫断治"（《通鉴辑览》）。后明代皇帝，嫌锦衣卫力量不够，又相继设置东厂、西厂、内行厂，专司缉查谋反之事，以加强镇压。这些厂网罗大量特务，构成比锦衣卫更严密的特务网。一经他们认为有谋反言行，都可直接逮捕，关押诏狱。可见，诏狱的主要拘禁对象，是那些敢于反抗明朝统治者的劳动人民和统治阶级内部的叛臣逆子，保护皇家的特权成为诏狱的基本职资。

诏狱是凌驾于三法司和其他中央机关之上的非法之狱。诏狱始设时，明皇帝就斌予其特殊的权力，直接受皇帝的指挥。因此，三法司无权过问诏狱事宜，而诏狱则可过问他们的狱制工作，并可对任何高级司法官吏进行侦缉、审讯、录囚。厂卫及诏狱无需事实根据，仅凭方言片语，片纸朝入即可罗织罪名罪状，把无数臣民投入诏狱，可见，他们一言为法，一言代法，恣意横行，为所欲为，使繁备的法律制度和法典成为一纸空文，形同虚设。

诏狱实行恐怖主义，是明朝极端专制主义本质的必然反映。诏狱所关押的囚徒绝大多数是待审的嫌疑犯，然他们一旦入狱，不论有罪无罪，罪重罪轻，都失去了生命的保障。诏狱是"杀人至惨而不丽于法"的地狱。平民朝官动辄下诏狱，一入诏狱，多是苦辱至死，有进无出。诏狱的戒具

狱具，不是一般笞杖杻枷锁镣，而是立枷、全刑、剥皮、铲头会、刷洗、钩背、抽肠、断脊、刺心等酷刑，惨状空前。所谓立枷，重150斤，最重者达300斤，令犯人直立木笼内，笼顶即套在犯人颈上的枷板，受刑者往往数日就站死。诏狱最常用的一种丧失人性的酷刑便是剥皮，并且定下了条律，“所擒之人，手足咸钉门板上，取沥青浇其遍体，用椎敲之，未几，举体皆脱，其皮壳俨若一人”（《明史·刑法志》）。犯人一进诏狱，往往“五毒备尝，肢体不全”。这种疯狂的恐怖屠杀，使良士忠臣和劳动人民蒙受了深重的灾难。

诏狱中的犯人被皇帝视为逆臣反贼，锦衣卫根本不会把他们当人看待，所以，诏狱根本不同于三司刑部的监狱。锦衣卫是希望犯人早死早好，早除祸害。诏狱牢房终年阴气森森，房间狭窄潮湿，墙壁厚达八尺，犯人受刑时，隔壁听不到声音。

诏狱犯人的饮食由家属提供，享受不到社会上坐牢者的基本待遇。家属送来的饭食，十之八九被狱卒享用。三九严寒时节，犯人挨饿受冻，吃冰冷的饭食、睡觉盖的是如同冰块的薄被。犯人家属不得入诏狱探视。犯人在狱中生病，锦衣卫是不予治疗的。

在锦衣卫镇抚司狱中被酷刑折磨、残害致死的犯人，并不都是大奸大恶之人，有很多是忠良正直的大臣和被勒索的无辜的民众。

锦衣卫狱所设的种种酷刑，后来被东厂、西厂所沿用。锦衣卫在南京究竟杀了多少人，根据粗略统计，在处置胡惟庸案中，锦衣卫就胡乱杀了三万多人，蓝玉一案，也至少杀了一万五千多人。几年工夫，在锦衣卫的帮助下，朱元璋几乎除尽了明代开国功臣。也许朱元璋不愿死后留个“暴君”的骂名，洪武二十年（1387）年春节，他下令将诏狱中，锦衣卫使用的酷刑刑具集中起来，在诏狱外的御道街上全部焚毁，并下令解散锦衣卫。不过，这毕竟是表面文章，特务组织是一切独裁者所喜欢的，后来的明成祖还是恢复了锦衣卫，为其专制独裁统治服务。

惨绝人寰的大明酷刑

锦衣卫在天津设立机构后，就开始按照皇帝的意思私下打探军情民意，凡是有一点对皇帝不利的言论都逃不过他们的耳目，当地的官吏也不敢随便过问他们的事情。只要流露出对他们的不满，都有可能被抓去受刑，而一旦被特务们抓去，那就是九死一生，最轻也要落个残疾的下场。据明史记载，锦衣卫常用的刑具有 18 套。其中有一项刑罚叫作“廷杖”。

“廷杖”是朱元璋赋予锦衣卫的特权，所谓廷杖，就是在午门下对“逆鳞”（违抗圣命）的大臣直接施行杖刑，由司礼监太监监行，锦衣卫诏狱狱吏施杖。明朝从太祖起使这制度大规模地、经常性地实行。朱元璋曾下令将其亲侄朱文正，在广东受贿枉法的永嘉侯朱亮祖父子和工部尚书薛祥等当众鞭死。此后，廷杖被当作祖宗之制继承下来。诏狱行刑狱吏，都受过特别训练，如果得到满意的贿赂，他们打下的木棍，看起来很重，甚至血肉横飞，但受伤较轻，痛苦也较轻。如果没有得到行贿，下杖的看起来很轻。皮肤也不破，但痛彻心扉，只三四十杖，静脉血管就会寸寸切断，全部肌肉组织溃散，不久即死，无药可救。

明朝君主以廷杖制度表现其生杀予夺的大权神圣不可侵犯，实质上，廷杖是明代重典治吏的一种法外酷刑，是君主施展专制淫威，强迫臣上完全服从自己意志的野蛮手段，朱元璋的子孙——明武宗和明世宗还曾让锦衣卫一次“廷杖”几百人，当场打死几十人，创下了明史上“廷杖”的

纪录。

至于诏狱等监狱中，锦衣卫常用的酷刑更是名目繁多，其中最酷毒的分别为械刑、镣刑、棍刑、拶刑、夹棍刑。

械刑的刑具是用坚硬的木材做成，长一尺五寸、宽约四寸，中间凿两孔，固定在犯人的手臂上，无论如何受刑，犯人也无法挣脱，饱尝着痛苦。

镣刑刑具则是铁制的，也称“锒铛”，长约五六尺，盘在犯人左脚上固定，然后，锦衣卫在犯人右脚上用刑。

棍刑的刑具是把杨树和榆树树条削成的，长五尺，弯曲如匕首，执手处有人的小指那么大，着肉处直径八九分，用棍施刑时，先用绳子束紧犯人的腰部，两名卫士踩着绳子的两端，使犯人无法躲避，这才用刑。

拶刑的刑具是用杨木做的，长一尺有余，直径约四五分，是一种夹手指的刑具。每当用拶子施刑时，两名卫士挟着犯人，用细绳锁紧犯人的手，其他人用硬棍左右敲击，使拶子上下夹紧，犯人痛不欲生。在戏曲舞台上，拶刑常用于女犯人。

夹棍刑的夹棍是用杨木做的，两根夹棍各长三尺余，离地五寸许，中间贯穿铁条。夹人的时候，将犯人脚固定，上面快速束紧绳子，再用一根棍支牢足底，使犯人不能动，接着用一棍大杠，长约六七尺，从右边猛力敲击犯人的足胫，受刑者顿时就会痛昏死过去。

犯人很难经受“全刑”（就是让犯人按顺序经受械、镣、棍、拶、夹棍）五种酷刑的，除此之外，锦衣卫还有很多惨绝人寰的酷刑，触目惊心，令人发指。包括：

剥皮

剥的时候由脊椎下刀，一刀把背部皮肤分成两半，慢慢用刀分开皮肤跟肌肉，像蝴蝶展翅一样撕开来。最难的是胖子，因为皮肤和肌肉之间还有一堆脂肪，不好分开。另外还有一种剥法，不知道可信度多少。方法是把人埋在土里，只露出一颗脑袋，在头顶用刀割个十字，把头皮拉开以后，向里面灌水银下去。由于水银比重很重，会把肌肉跟皮肤拉扯开来，埋在土里的人会痛得不停扭动，又无法挣脱，最后身体会从头顶“光溜溜”地爬出来，只剩下一张皮留在土里……皮剥下来之后制成两面鼓，挂在衙门口，以昭炯戒。最早的剥皮是死后才剥，后来发展成活剥。

刷洗

用刑时，把犯人剥光衣服，裸体放在铁床上，用滚开水往身上浇几遍，然后用铁刷子一下一下地刷去他身上的皮肉。直到把皮肉刷尽，露出白骨，但受刑的人等不到最后早就气绝身亡了。刷洗之刑仅见于明初。

血鹰

一般由施刑者亲自动手将受刑者的后背在胸腔附近沿脊柱两侧开两个口子，然后用双手将受刑者的肺叶从胸腔中拽出。当肺叶离开胸腔之后 由于压力等原因迅速收缩，而受刑者也将因为无法呼吸而窒息而死。由于从后背伸出的两个肺叶看上去很像收缩后翅膀，因此，俗称这种刑罚为血鹰。

灌铅

在佛教关于阎罗的故事中，有阎罗黑白二相的说法，白相即为地狱之主，有百官所命，美女围侍；黑相即每天有两个时辰，要受铜汁灌肠之苦。与此相似，人间有灌锡或灌铅的酷刑。锡的熔点是摄氏 232 度，铅的熔点是摄氏 327.4 摄氏度，无论灌锡或灌铅都能把人烫死。而且溶化的锡或铅一入肚腹就会凝固成硬块，这种重金属的坠力也能致人死命。

断椎

当一个人对另一个人仇恨之极时，往往会想到要打断他的脊椎骨。打断脊椎骨确实是一种很解气的行为，因为人的脊梁骨若是断了，他也就一命呜呼了。在中国历史上，断椎也是一种很重要的酷刑。据《商君书·赏刑篇》载，春秋时姬重耳打算明文规定刑律，使国内百姓人人守法，就和大夫们一同商议。姬重耳的著名朝臣颠颉很晚才到，有人认为颠颉有罪，

应该给予处罚。于是，姬重耳批准，将颠颉断椎处死。晋国的士大夫们都非常害怕，他们说，颠颉跟随姬重耳流亡列国十九年，功劳很大，现在偶尔有小过尚且受到如此严厉的刑罚，何况我们呢？从此人人畏刑守法。

弹琵琶

弹琵琶是明朝发明的一种酷刑，主要在锦衣卫和东厂使用。被使用者痛苦万分，求生不得，求死不能。其巨大的痛苦，可以让你痛恨自己为什么生出来。先将人犯按倒在地上，控制住其手脚，掀去其上衣，露出肋骨。用尖刀用力在人的肋骨上来回“弹拨”。

拶指

古代对女犯施用的一种酷刑。“拶”是夹犯人手指的刑罚，故又称拶指（用拶子套入手指，再用力紧收，是旧时的一种酷刑），唐宋明清各代，官府对女犯惯用此逼供。古语有云“十指痛归心”，而且正是因为古代女子的手很巧，如果把女子的手弄伤了或弄残了，会对女子的伤害很大。

坐冰块

这是一种凌虐之刑罚：缚住犯人手脚迫他坐在冰块上问供，不说实话罚坐越久。在冬天使用此刑有乘数效果，瘦子犯人极畏惧此刑；此刑罚历史悠久，西汉苏武初被匈奴逮捕时曾受此刑。

老虎凳

这是一种刑具。由横凳和垂直的柱子或者靠背组成，两者呈90度。这是其基本结构。反关节的酷刑中最著名的莫过于老虎凳，这是中国古代特有的酷刑。膝关节在人体四肢各大关节中活动的范围最小，两端大腿小腿的长度有利于施刑者用杠杆原理，以较小的力度强迫受难者。反关节使用老虎凳的关键点一是使受刑者处于坐姿（两臂反绑或绑成十字形），这样会加重腿部韧带的牵拉力度，而仰卧的姿势由于髋关节的放松，连带腿部韧带放松，会减弱痛苦程度；二是腿部捆绑在膝盖上的大腿部，而不是以下部位。因为老虎凳的作用在于牵拉受刑者腿部的关节韧带和造成膝关节

脱臼，不在于折断受难者的小腿。因为折断小腿腓骨需要很大力量，痛苦时间短（受刑者很快昏厥）不符合施刑者既要折磨受难者又自己省力的要求。老虎凳本身的用刑过程很简单，就是在受刑者脚后跟下逐块垫砖头。

《明史·刑法志》说："刑法有创自明而不衷古制者，廷杖，东厂西厂，锦衣卫，镇抚司狱是已。杀人至惨，而不丽于法，踵而行之，至末造而极。"编撰《明史》的清人批评明代不遵守中国古代刑法制度，创造许多惨绝人寰的刑具，到明末达到登峰造极的地步。

纪纲——一个充满野心的特务头子

纪纲，山东临邑人，在燕王朱棣起兵北征时加盟队伍，因善于察言观色办事机灵而深受朱棣喜爱。待朱棣篡权夺位后，擢升其为锦衣卫指挥使，成了说一不二瞪眼就杀人的特务头子。随着权势膨胀，纪纲的触角越伸越长。他曾伪造诏书，到各盐场勒索四百余万斤盐，用官船牛车运走私藏。至于搜刮民间商户、夺取百姓田产，那都数不清有多少次。

明建文元年，燕王朱棣起兵，组织靖难军与侄儿建文皇帝争夺天下。建文二年，燕王率领大军与建文帝五十万大军激战于德州以北，建文帝的护国军战败南逃，燕王攻破德州城。五月，燕王率领二十万铁骑路经临邑，在临邑东北二十多里处演练骑兵，附近几十里内人民惨遭蹂躏，几乎灭绝人迹。临邑自古有宿安店，燕王朱棣路过此地时，宿安人纪纲与同乡肃穆结伴投军，纪纲冒死扣住燕王坐骑，请求自愿跟随燕王效命。燕王喜

纪纲胆略过人，弓马娴熟，当即将他收为帐下亲兵。

燕王大兵围攻济南时，遭到山东参政铁铉顽强抗击，燕王久攻不下，命人将劝降书用弓箭射入境内。济阳诸生高贤宁与纪纲是同学，高贤宁作《周公辅成王论》用弓箭射回城下，燕王得书后非常高兴，佩服高的文笔。后来，燕王围攻三月不克，率军撤回北京。建文四年，燕王绕道攻破南京继皇帝位，下令搜捕高贤宁，高贤宁被逮捕以后，燕王想封他官职，高贤宁宁死不屈，燕王派纪纲前去劝降，纪纲与高贤宁在一起读书时，两个人相处很友善，纪纲被老师逐回家后，两个人一直有书信来往，纪纲好言相劝高贤宁接受官职，高贤宁说道："君被学校驱逐，造反故应尔，我食朝廷俸禄多年，决不能负义投降。"纪纲知无法改变其志向，婉言回复燕王，燕王遂将高贤宁释放回家，这是纪纲所做的一件善事。

明成祖即位后，纪纲升为锦衣卫指挥使，典亲军并掌诏狱。时建文旧臣被诛数十族，亲属受株连被杀者达数万人，其事多由其亲行。明成祖以为忠，视为心腹。曾矫旨下盐场取盐数百万斤，夺官船运输，尽入私囊。构陷富商上百家，夺其资为己有。还曾阉割良家幼童数百人，服侍左右。纪纲桀骜不驯，诡计多端，他善于迎合燕王旨意，受到成祖格外宠爱，很快又被提升为都指挥佥事，兼掌锦衣卫。纪纲一时成为权焰熏天的权臣，更加卖力地替成祖铲除异己。名臣解缙因为劝阻成祖更换太子，得罪了汉王朱高煦，成祖北征时，解缙私谒太子，被汉王检举揭发，解缙被囚禁死牢中。汉王买通纪纲，派人将解缙弄到雪地里活活冻死。种种不法得逞后，使纪纲更加胆大妄为起来。

明永乐五年，徐皇后病故，成祖下诏全国选美，各地送来的美人到达京师后，纪纲挑出绝色美人藏于自己家中私纳。纪纲查抄到已故吴王的冠服后，私自隐藏在家中，有时还穿在身上，命令左右饮酒祝贺，高呼万岁，没有一个人敢告发。

纪纲心里时刻惦记着造反，又为形势不明朗忧心，虽然自己徒众甚多，但那些王公贵胄们到底怕不怕自己，心里还是没底，必须测验一下。机遇总是偏爱有准备的人。这一年端午节，机会来了。

在古代北方，端午节射柳是一件重要活动。《金史》里有对端午节射箭活动的详细描写。当天清晨要早早起来，找棵柳树枝将枝干中上部削去青皮一段，使其露白，“削其皮而白之”，当作靶心。然后大伙纵马飞驰，同时弯弓搭箭开射，凡是射断柳干而后又能骑马接住断柳的是赢家，“既断柳，又以手接而驰去者为上”，比赛期间还有啦啦队擂鼓助威，场面很是热闹，以此庆祝节日。

那一年端午节也不例外，朱棣率领着文武百官背着弓、抄着箭去射柳。

这么露脸的机会，纪纲自然也要去，不仅要去，更要射两箭显摆显摆。不过，虽然《明史》载纪纲“善骑射”，这次他打算展示的却不是射艺。纪纲事先嘱咐亲信镇抚庞瑛，小庞啊，射箭时我会故意射偏，但你要折断柳枝，做出我射中了的样子，大声喝彩击鼓庆贺，我要看看这些王公大臣们作何表现。

作为纪纲的拥趸，庞瑛自然无条件服从命令。到时，纪纲果然一箭射飞，庞瑛如约“折柳鼓噪”，这时候，指鹿为马的伟大场景重新上演，那么多围观的大臣全都装了孙子，成了睁眼瞎，没一个站出来，没一声反对，全体以难得糊涂明哲保身为宗旨通过指鹿为马的测验。

这下纪纲信心备增，遂开始积极筹划造反。后多蓄亡命犯死罪之人，造兵器万计。

然而，成祖从“指鹿为马”这件小事中感觉到，纪纲在朝廷中的势力已经超出了正常的范围。

特别是大明浙江按察使——周新“谋反”事件之后，永乐帝（朱棣）已经在认真考虑如何处置纪纲的问题，而端阳节射柳以后，他下了决心。因为，纪纲专权已经明显危害到他的大明天下。又过了两个月，几个皇帝

的贴身太监出头告发纪纲种种图谋不轨，这显然是皇帝亲自授意的。由于太监们对纪纲的所作所为并不十分了解，他们指控的罪行也颇多莫须有的成分。但皇帝对罪状本身并不感兴趣，因而没有做任何调查就立即将他逮捕，送交都察院审讯，同时命令负责监察的给事中和御史集中揭发他的罪行。特别令人震惊的是，对纪纲的审讯仅仅进行了不到一天就草草结束，纪纲在当天就以“谋大逆”的罪名被凌迟处死。如此迅速的处理不仅不符合当时的法律程序，而且在整个明代的历史上也是绝无仅有的。

纪纲被处决后，他的家属不论老幼都被流放戍边，其爪牙庄敬等人大多也被处死。

应运而生的东西两厂

在纪纲这件事上，宦官在关键时刻发挥了很大作用，并没有辜负朱棣对他们的信任。现在，连亲兵都不可信，朱棣能倚重的似乎只有宦官了，此前，他曾使用过宦官监视自己的儿子朱高炽，那么现在再用宦官牵制一下锦衣卫也没什么大不了的。迁都北京后的永乐十八年（1420），一个由宦官提督控制的侦缉机构在东安门北侧创立，被命名为东厂。

东厂成立后几十年中一直非常低调和隐秘，不见于史籍，所谓成立于永乐年间，都是后世的追述。东厂首次出现在史料中是景泰时的笔记《双槐岁钞》，到明宪宗朱见深的成化十三年（1477）六月，东厂才出现在官修国史《明实录》中。尚铭是史籍上第一个以“东厂太监”名义出现的人。东厂的属官有掌刑千户、理刑百户各一员，由锦衣卫千户、百户来担任，称贴刑官。具体负责侦缉工作的是役长和番役，役长相当于小队长，又叫“档头”，共有一百多人，也分子丑寅卯十二颗，一律戴尖帽，着白皮靴，穿褐色衣服，系小绦。役长各统帅番役数名，番役又叫“番子”，又叫“干事”，这些人也是由锦衣卫中挑选的精干分子组成。这样算下来，东厂番子至少有几千人。

起初，东厂只负责侦缉、抓人，并没有审讯犯人的权利，抓住的嫌疑犯要交给锦衣卫北镇抚司审理，但到了明末，东厂也有了自己的监狱。东厂的首领称为东厂掌印太监，也称厂主和厂督，是宦官中仅次于司礼监掌印太监的第二号人物。

东厂的侦缉范围非常广，朝廷会审大案、锦衣卫北镇抚司拷问重犯，东厂都要派人听审；朝廷的各个衙门都有东厂人员坐班，监视官员们的一举一动；一些重要衙门的文件，如兵部的各种边报、塘报，东厂都要派人查看；甚至连普通百姓的日常生活，柴米油盐的价格，也在东厂的侦察范围之内。东厂获得的情报，可以直接向皇帝报告，相比锦衣卫必须采用奏章的形式进行汇报，要方便得多。

东厂府衙，大厅左侧供奉着岳飞的雕像，右侧刻着腆式芏案的故事。历届东厂厂主的牌位，供奉在大厅西侧的祠堂里，堂前还有一座“百世流芳”的牌坊。可惜东厂人员的所作所为与这些摆设实在相差太远。东厂番子每天在京城大街小巷里面活动，并非完全为朝廷办事，更多的是为自己牟私利。他们常常罗织罪名，诬赖良民，之后就屈打成招，趁机敲诈勒索。到了明中后期，东厂的侦缉范围甚至扩大到了全国，连远州僻壤，也出现了“鲜衣怒马作京师语者”，搞得举国上下人人自危，民不聊生。在与锦衣卫的关系上，东厂则是后来居上。由于东厂厂主与皇帝的关系密切，又身处皇宫大内，更容易得到皇帝的信任。东厂和锦衣卫的关系，逐渐由平级变成了上下级关系，在宦官权倾朝野的年代，锦衣卫指挥使见了

东厂厂主甚至要下跪叩头。

西厂的成立是非常偶然的，成化十二年（1476），先是京城内出现了“妖狐夜出”的神秘案件，接着又有一个妖道李子龙以旁门左道蛊惑人心。当时李子龙以“左道”驰名一时，在朝中有极多的亲信。在亲信的帮助之下，李子龙有机会深入内宫，到万岁山等地观察。虽未明其真正之意，但据传李子龙意欲弑君，并且被锦衣卫校尉发现，李子龙遂伏法。

当时二十余岁的成化帝明宪宗得知此事后，认为到处都布满危险，因而大为紧张、疑神疑鬼，为了避免类似的事再次发生，明宪宗朱见深十分想了解宫外的民臣动向，于是令宦官汪直从锦衣卫中选人乔装成平民，出宫伺察。汪直抓住了这个机会，到处捕风捉影，搜罗了不少所谓的“秘密消息”报告给了宪宗。宪宗认为这些消息很有价值，对汪直的表现也十分满意，要他继续做下去。

这个乔装成百姓的侦查是不成气候的，于是宪宗组织了新的内廷机构——西厂，西厂以汪直为提督，厂址设在灵济宫前，以旧灰厂为厂署总部。西厂的军官主要从锦衣卫中选拔，这些人再自行选置部下，短短几个月内，西厂人员极度扩充，其势力甚至超过了老前辈东厂。

西厂成立，本来只是为了替皇帝刺探消息，但汪直为了升官发财，拼命的构置大案、要案，其办案数量之多、速度之快、牵扯人员之众都远远超过了东厂和锦衣卫。西厂在全国布下侦缉网，主要打击对象是京内外官员，一旦怀疑某人，就立刻加以逮捕，事先不必经由皇帝同意，之后当然就是严刑逼供，争取把案件弄得越大越好。对一般百姓，其一言一行只要稍有不慎，就会被西厂以妖言罪从重处置。

西厂仅仅成立五个月，就弄得朝野上下人心惶惶，以大学士商辂（一位连中三元的人才）为首的辅臣集体上书，向宪宗痛陈西厂之危害，并将汪直办下的不法之事一一举报。宪宗收到奏章后为之震惊，于是撤销西厂，遣散了西厂的人员。

但没有西厂的日子总让宪宗觉得没有安全感，一个奸臣戴缙在得知皇帝心思后，主动上书，大肆吹捧汪直。宪宗大喜，立刻恢复西厂，废与开之间，只相隔一个月。汪直复出后，更加严酷地办案，戴缙也得以升职。

在此后的五年里，汪直领导西厂又办下了无数“大案”，将反对自己的朝臣如商辂、项忠等一一剪除，他的权势也达到了极点。但俗话说“物极必反”，汪直极度膨胀的权力不能不引起皇帝的警觉，在其后的权力角逐中，汪直失败，被调出京城，西厂也随之解散。几年以后，汪直在失意中死去。

到了宪宗的孙子武宗即位后，大太监刘瑾掌权，宦官势力再度兴起，正德元年（1506），西厂复开，由太监谷大用领导。好笑的是，西厂与东厂虽然都受刘瑾的指挥，但两者之间不是互相合作，而是争权夺利，互相拆台。为了改变这种情况，刘瑾又自建了一个内行厂，由本人直接统领，其职能与东、西两厂一样，但侦缉范围更大，甚至包括东西厂和锦衣卫。一时间，锦衣卫、东西厂、内行厂四大特务机构平存，缇骑四出，天下骚动。

正德五年，刘瑾倒台，明武宗下令撤销西厂和内行厂。西厂作为一个临时产品，就这样在历史上永远地消失了。

厂卫制度作为明代政治上的一个独创，它满足了明代加强皇权的需要。皇帝通过厂卫对国家进行更为有效的控制，明代的厂卫虽然享有广泛的政治权利，但它始终受皇权的控制和制约，是为皇帝服务的侍卫班子，体现了皇帝的意志。明代实行的这种特务警察制度有其一定的合理性和进步意义，但另一方面，厂卫制度是皇帝通过宦官对人民实行特务统治，手段残酷，令人发指，几乎成为恐怖政治的代名词。

站着的皇帝——小太祖刘瑾受刑千刀

刘瑾（1451—1510），陕西兴平人，本姓谈，六岁时被太监刘顺收养，后净身入宫当了太监，从此改姓刘。

刘瑾在明孝宗在位时侍奉太子朱厚照，他对这个难得的机会很知道珍惜，因为他知道太子将来登基即位后他这个日夜服侍的太监就是功臣了，权势与富贵唾手可得。于是，刘瑾便千方百计地讨好太子，侍奉当时只有十多岁的太子。

1505 年，即弘治十八年，明孝宗因病去世，太子顺利即位，这就是明武宗。刘瑾和马永成、高凤等七名太监得到了新皇帝的宠爱，被称为“八虎”，刘瑾则是“八虎”之王。在刘瑾的领导下，这些宦官想方设法地鼓动武宗游玩享乐，他们则专权跋扈，隐瞒着皇帝为非作歹。刘瑾最受武宗的信任，在内宫监任职，而且掌管着京城的精锐守卫部队。

第二年，为国忧虑的大臣们见武宗被宦官们搞得不理朝政，便纷纷劝谏。开始武宗听不进去，直到被告知天象有变，是上天在警示他，武宗这才有所表示。武宗打算将刘瑾先贬到南京。但大臣们则坚决要求杀掉这个祸根。为了让皇帝下决心除掉刘瑾，大臣们联合了当时的京城主要官员，准备第二天一起劝谏武宗杀掉刘瑾。但吏部尚书焦芳却在当天晚上向刘瑾透露了消息，刘瑾一听，大惊失色，赶忙召集其他七人连夜到武宗面前哭诉求情。武宗念及刘瑾以前的忠心照顾，竟赦免了他们，而且在他们的怂恿下将司礼监、东厂、西厂也让他们分别掌管。

司礼监在当时是很重要的内宫官署，有掌印太监一名，秉笔太监八至九名。在明朝，百官向皇帝上书，要先送内阁，由内阁辅臣做出初步的处理意见，叫作“票拟”，再交给皇帝批阅。皇帝用朱笔在奏章上批示，叫作“批红”。有的皇帝如果不勤于政事，便让司礼监宠信的太监代笔，这就给太监的胡作非为提供了可能性。另外，司礼监的太监还有一个其他部门无法比拟的特权——传达皇帝旨意。有时由秉笔太监记录下皇帝的话，然后让内阁起草，或者由太监口头传达给有关大臣。这种制度直接给宦官造成了篡改圣旨的机会。刘瑾就是司礼监的主管，这是他专横跋扈的重要资本。

司礼监原来的第一号人物是掌印太监李荣，他虽位在刘瑾之上，“主画诺而已”。正德三年（1508）六月，李荣被逐出司礼监，据说是在宫中发现的匿名文帖誉李荣而短刘瑾。李荣被逐后，刘瑾自任司礼掌印太监，他终于成为名副其实的第一号太监。

刘瑾的地位确立以后，他与“八虎”中其他太监的关系也发生了变化。

张永是“八虎”中第二个有影响的人物，他恶刘瑾所为，刘瑾也发觉他不服自己，两人日渐疏远，甚至动了拳脚。而其他太监有所请求，刘瑾多不应允，马永成、谷大用等皆有怨心。与同党结恶，是刘瑾很快失败的一个重要原因。

正德二年（1507）三月，刘瑾令廷臣跪于金水桥，宣示奸党名单。列入奸党的有大学士刘健、谢迁，尚书韩文，部曹李梦阳等数十人，罪状是“递相交通，彼此穿凿，曲意阿附，遂成党比”。宣示奸党，便把反对派官僚逐出政治舞台；让廷臣跪而听诏，造成他们心理上更大的压抑感，这是刘瑾树立权威的第一个重大措施。

正德三年（1508）六月的一天，因早朝时发现攻击刘瑾的匿名书帖，他刻意追查，令群臣跪于奉天门下。在追查过程中，有三百多人被送至镇抚司究问。翰林院官跪诉：“内监事待翰林官素厚，岂肯如此？”御史表

白：“御史等官素知法度，岂敢如此？”刘瑾训斥道：“尔每把朝廷事件件坏了，略加处置，就都怨恨。太祖法度，尔等不曾见，岂不闻知？”显然，刘瑾的权威已经树立起来。后来，他听说此书是内臣所为，方释放诸臣回家，但已有数人因日晒干渴、紧张恐怖而死。

有了权势，刘瑾和很多贪官一样也开始敛财。他的手法也没有什么创新，索贿、受贿、贪污，都是一般的手法。只不过他的胆子比一般的贪官大了很多，因为他的上边仅有一个皇帝。

作为一个太监，刘瑾的性格和一般的贪官还不一样，如果他向你伸手要钱，你就必须给他，否则太监那种狭窄的心胸，报复起来比一般的贪官更心狠手毒。有一个人刚升迁，刘瑾便向他要“贺印钱”，其实就是索要贿赂，言外之意是：没有我同意，你根本就做不上这个官。那个人不肯给，刘瑾马上就下令让他退休回老家。

刘瑾受起贿来也是来者不拒，有的为了得到高官向他行贿，例如刘宇，刚上任巡抚时，用万金向刘瑾行贿，使刘瑾喜不自胜。后来刘宇又先后给了刘瑾几万两银子，结果一直升迁到兵部尚书的位子上。其他的官员多数是害怕刘瑾对自己打击报复，于是各地官员进京朝拜述职时总是要向刘瑾行贿，叫作“拜见礼”。少的要上千两，多的则五千两，有一年，考察地方官时，竟有贿赂两万两银子的。如果升了官要立即使用重金“谢”刘瑾，叫作“谢礼”。送少了还不行，否则要马上撤职，但如果你赶紧追加银子，官职又能马上恢复。官位基本上成了刘瑾手中卖钱的商品。

接受别人贿赂之后，刘瑾还枉法行事，直至制造冤狱。御史葛浩原来因为触犯了刘瑾，被杖责后贬为平民，刘瑾却收下了葛浩仇人的贿赂，找借口又将葛浩押进京城，处杖三十。有一段时间，刘瑾这个大贪官竟然拒贿了，而且还把行贿的人治罪，他这是听从了亲信的话才这么做的。亲信的话很有道理，大意是说那些给他行贿的人的钱不是盗取的官银，便是剥削百姓所得，假借刘瑾的名义损公肥私，但给刘瑾的钱仅是十分之一，而今后百姓的怨气却都要集中到刘瑾身上。刘瑾听了觉得很有道理，于是开始拒绝贿赂，像个清官一样惩罚行贿者。但他不可能从根本上改掉贪婪的性格，后来一有机会还是照贪不误。

宦官专权，总要凭依暴虐行为。刘瑾数兴大狱，众多官员被抄家。他设计使用了大枷，有一百五十斤重，披带者不数日即死，还有另外一些对付官僚的方法。比如用疲劳战术，使六科给事中长时间办事，寅入酉出，达七个时辰。他还规定，京官养病三年不赴部报到，革为民。

都察院上审录重囚之本，不合刘瑾意。左都御史屠滽率十三道御史跪于阶下谢罪，听刘瑾斥责，皆叩头不敢仰视。

给事中周钥外出勘事，向淮安知府赵俊借贷千金，以便回朝献与刘瑾。赵知府先已答应，既而不贷，周氏计无所出，竟在半途自杀。

给事中许无锡以敢言著称，他清核内库时，发现侵匿数十事，他写好奏疏后自杀，命家人于他死后上之。据载，谏官“惧祸者往往自尽”。

在畏惧和讨好两种心理的作用下，各衙门各职官奏事，先将章奏送刘瑾处，具红揭，称红本。然后上通政司，称白本。刘瑾也往往将章奏携回私室，与同党捏写旨意。这一时期对官僚奏议的批答，比较充分地反映了刘瑾的执政思想。由于以上种种行为，京师流行“两皇帝”之说，称武宗为坐皇帝或朱皇帝，称刘瑾为站皇帝或刘皇帝，中外官僚多称他为“内相”。他的同党更称他为“小太祖”。

刘瑾的专权使朝政混乱，他的索贿受贿也直接导致了地方矛盾的激化，给国家和人民带来了无穷灾难。官员们向他行贿后，必然要加重剥削百姓，逼得百姓走投无路，只好反抗。安化王朱寘鐇趁机于正德五年（1510）四月发动叛乱，武宗派都御史杨一清和八虎之一太监张永去平定安化王的叛乱。杨一清平定叛乱后与前来监军的张永商讨除刘大计。叛乱平定之后，太监张永利用献俘之机，向武宗揭露了刘瑾的罪状，揭发了刘瑾的十七条大罪。武宗不禁大吃一惊，命令将刘瑾抓捕审问。在李东阳的

帮助下，明武宗最终动了杀心。第二天，武宗亲自出马，去抄刘瑾的家。从其家中查出金银数百万两，并有伪玺、玉带等违禁物。在刘瑾经常拿着的扇子中也发现了两把匕首，武宗见了大怒，终于相信了刘瑾谋反的事实。

经会审，刘瑾被判以凌迟。同年八月，刘瑾伏诛，结束了其罪恶的一生。恶贯满盈的明朝太监刘瑾，被判凌迟 3357 刀，分三天割完：刽子手先从其胸脯割 10 刀，然后对着他大声吆喝，怕他昏过去，等醒过来，再割 10 刀，如此反复 . 第二天，刘瑾熬不住气绝身亡 . 第三天继续割尸，直到割足 3357 刀。在封建社会，除非谋反、杀父母亲等属于“十恶”的大罪，一般的死刑犯要等到秋天的霜降以后，在冬至以前才能处死。这是顺应天时，而春天万物生长的时候禁止行刑，也禁止捕杀幼小的鸟禽和走兽。但刘瑾属于谋反的第一重罪，所以不等到秋天的霜降到来就行刑了。行刑完毕，割下的小肉块被受过其害的人家抢着买下吃掉，一文钱一块肉。

魏忠贤——从市井无赖到风光九千岁

魏忠贤（1568—1627），中国明朝末期宦官，原名李进忠，北直隶肃宁人。进宫后从继父魏朝姓魏。他结过婚，有个女儿。他有些武功，左右手均能挽弓，箭法很准；家中贫穷，却喜欢赌博，赌运不佳，常常受到凌辱。从他的家境和经历来看，活脱是一个市井无赖。

后来在没有其他出路的情况下，魏忠贤愤而净身，入宫当了宦官，这是在万历年间。他先在司礼太监孙暹名下，后在甲子库办事，有些油水，因而逐渐富裕了起来。他又请求做皇长孙的母亲王才人的典膳，巴结上了魏朝。魏朝多次向王安称赞魏忠贤，王安也就善待他。长孙的乳母叫客氏，一向私下服侍魏朝，这就是所谓的对食关系，到魏忠贤进宫后，客氏又与他沟通，客氏于是冷遇魏朝而喜爱魏忠贤，两人结成了很深的关系。

光宗去世，长孙即位，这就是熹宗。魏忠贤和客氏并受宠爱。没过一个月，封客氏为奉圣夫人，荫封她的儿子侯国兴、弟弟客光先以及魏忠贤的哥哥魏钊为锦衣卫千户。魏忠贤不久从惜薪司升任司礼监秉笔太监兼提督宝和三店。魏忠贤不识字，按例不能进司礼监，但因客氏的缘故，他得以破例。

天启元年（1621），诏令赐给客氏香火田，给魏忠贤记治理皇祖陵墓的功劳。御史王心一劝谏，皇上不听。到皇上大婚时，御史毕佐周、刘兰请将客氏遣出宫外，大学士刘一燝也这么说。皇上恋恋不舍，说："皇后年幼，尚需老媪护理，等皇祖大葬后再谈。"魏忠贤独占客氏，逐出魏朝。他又忌恨王安主持正道，阴谋杀死了他，将他名下的阉官全部斥退。客氏淫毒凶狠。魏忠贤不知书，但记忆力很好，性猜疑残忍而且阴毒，好阿谀奉承。皇上非常信任这两个人，两人势力更加嚣张。

天启三年（1623）是个重要的年份。魏忠贤受命提督东厂，顾秉谦、魏广微等选入内阁。顾、魏不断受到言路的弹劾，不为东林党所容。赵南星与魏广微之父魏允贞是朋友，但他三拒魏广微于门外，公开说魏允贞无子。魏忠贤需要外朝官僚的配合，不为东林所容的官僚也需要投靠魏忠贤，他们很自然形成一个政治派别。

天启四年（1624）四月，给事中傅樾等上疏，称左光斗、魏大中等与内阁中书汪文言交通。六月，杨涟疏劾魏忠贤，列数他迫害朝臣、迫害太监、迫害妃嫔、蓄养内兵、罗织狱案等罪状，共二十四条，其他大臣也纷纷弹劾，不下百余疏。魏忠贤与外朝大臣的斗争，或者说，魏党与东林党的斗争，进入公开的阶段。从当时的形势看，反对魏忠贤党派的力量还很强大，无论哪一方都没有必胜的把握。魏忠贤找到阁臣韩炉，希望他从中

调解，这是一种妥协的姿态。韩炉不肯合作，其他大臣也不肯息战。

魏忠贤只能依靠他和客氏摆布熹宗的能力。熹宗年少好游戏，魏忠贤等引导他于陆地走马行猎，于池中窍水泻珠为乐，又利用他喜爱木工的特点，每在他手操斧锯时赛事，在熹宗的眼里，国事远不如他引绳削墨、营筑小室重要，他不等听完，便说：“好为之。”朝政的议决权逐渐为魏忠贤把持。

魏忠贤的同党把反对派官僚开列名单，括入百余人，称为邪党，而将魏党六十余人列为正人，以此作为黜陟的根据。给事中阮大铖别出心裁，作《点将录》，以《水浒传》中的聚义领袖的名号排东林党人，如天罡星三十六人：托塔天王李三才、及时雨叶向高、浪子钱谦益、圣手书生文震孟、白面郎君郑鄤、霹雳火惠世扬、鼓上蚤汪文言、大刀杨涟、智多星缪昌期等；地煞星七十二人，有神机军师顾大章、青面兽左光斗、金眼彪魏大中、旱地忽律游士任等。 天启四年七月，叶向高被迫去官。此前，中官为了搜寻一个被缉拿的御史，闯入叶向高宅邸，鼓噪谩骂，这也是历代首辅从未受过的大辱。十月，赵南星、高攀龙致仕，杨涟、左光斗削籍。

在魏忠贤党派打击东林人士的活动中，汪文言是个重要人物。他不由科举出身，初为县变，豪侠机智。入京后，与太监王安倾心接纳，在王安与内阁间进行联络。为叶向高所器重，用作内阁中书，与杨涟、左光斗、魏大中及赵南星等均有来往。魏忠贤党派痛恨杨涟、左光斗，必欲置之死地。他选择汪文言这条线索，把他下诏狱，严刑拷讯两个多月，定要他供出杨涟等受贿情状。汪文言很有骨气，说：“以此蔑清廉之士，有死不承。”最后受刑气绝。负责审狱的锦衣卫官许显纯自造狱词，把杨涟等下狱。同时下狱的还有经略辽东军务的兵部尚书熊廷弼。熊廷弼得罪过朝中权贵；又倡议放弃辽东，撤回关内，负有失地之责；且有人传言，杨涟弹劾魏忠贤的奏疏由他起草，于是他在劫难逃。魏忠贤认为，仅以移宫一案定杨涟等罪，尚难以昭彰，且牵涉的人员太少，而若以交通边帅，收取贿赂定罪，则死有余辜。

天启五年（1625）八月，熊廷弼弃市，传首九边。八九月间，杨涟、魏大中、左光斗、顾大章等人相继死于狱中。受杨涟等狱牵连，被逮被杀的官僚尚有多人。魏大中被逮，押解过吴县时，吴县人、吏部主事周顺昌正在家中。他挽留魏大中，周旋数日，并结为亲家。这是对魏忠贤的公然蔑视。魏忠贤派缇骑前去逮人，在苏州引起骚乱。聚集的群众为周顺昌乞命，击毙堤骑一人，击伤多人。周顺昌下狱被害。在处理苏州民变时，市民颜佩韦、马杰、沈扬、杨念如和周顺昌的舆隶周文元五人论死。他们被合葬在虎丘附近，墓碑题曰“五人之墓”。

高攀龙得到消息，自知不免，写下遗表，于三月十七日凌晨从容赴死，终年64岁。崇祯初年得以昭雪，赠太子太保、兵部尚书，谥忠宪。遗著经后人整理为《高子遗书》和《高忠宪公集》。

高攀龙自杀前曾遗言同年挚友袁可立道：“弟腐儒一，无以报国，近风波生于讲会，邹冯二老行，弟亦从此去矣（高攀龙《高子文集·答袁节寰中丞》)”，其言犹未尽之厚望可见于笔端，从此袁可立这位力图远离党争多做事的正直大臣终于不能再安其位，走上与阉党斗争的前台，每议事与阉党“数有所抵牾，欲自请外”（黄道周《节寰袁公传》）。天启六年（1626）十一月，袁可立在朝堂上抗疏道：“此非挂冠神武门时呼？”（《睢州志·袁可立传》），阉党益怒。几个月后，九卿公推袁可立为南京兵部尚书参赞机务，遂被魏忠贤排挤出朝，致仕归里，而以自己的心腹刘廷元代袁可立为南大司马，时北则崔呈秀为本兵，天下兵马大权二人一手握定。随后魏忠贤欲加害袁可立，赖袁可立在朝中素享清望未果。袁可立“归而魏焰益肆（黄道周《节寰袁公传》）。”

魏忠贤党派与东林党的斗争已超出朝廷的范围，在社会上引起强烈的反响。 魏忠贤在用刑狱对付反对派官僚的同时，还命其党羽编纂《三朝要典》，重新记述和评价“三案”，为打击异己制造舆论。魏忠贤的地位不断提升，相当一部分官僚出于各种原因，向他靠拢，协助他控制局面，打击

反对派，他们被称为魏党。

天启五年（1625）以后入阁的大臣，大多为魏忠贤的党徒。这里包括顾秉谦、魏广微、黄立极、施凤来、张瑞图以及魏忠贤被罢以后入阁的来宗道、杨景辰等人。表现最突出的当数顾秉谦和魏广微。顾秉谦为首辅，掌拟旨批答，朝廷有一举动，则归美魏忠贤。魏广微呈寄魏忠贤书札，称"内阁家报"，当时人叫他"外魏公"。魏忠贤的党徒有五虎五彪十狗十孩儿四十孙等。"五虎"为文职，包括工部尚书兼左都御史崔呈秀、一年内由太仆少卿六迁至工部尚书的吴淳夫、一年内由大常少卿升至兵部尚书的田吉、太常卿倪文焕、左副都御史李夔龙。"五彪"为武职，包括左都督田尔耕、锦衣卫都指挥佥事许显纯、锦衣卫指挥崔应元、东厂理刑官孙云鹤和田尔耕的心腹杨衰。

居"十狗"之首的是周应秋。此人善烹饪，魏忠贤的侄子、肃宁伯魏良卿最喜欢吃他烧的猪蹄。他升至左都御史有赖于此，被人称作"煨蹄总宪"。十孩儿四十孙更是人品繁杂。如李蕃、李鲁生由知县分别擢御史、给事中。他们先投靠魏广微，魏广微失宠，改投阁臣冯铨，冯铨失宠，又投靠崔呈秀，因而被讥称为"四姓奴"。魏忠贤的党羽还为魏忠贤建立生祠。最先建生祠的是浙江巡抚潘汝祯。他假借机户恳请，建祠于西湖，建成后上疏，请熹宗赐匾额。熹宗名之曰"普德"。作为对此举的鼓励，潘汝祯升为南京刑部尚书。而浙江巡按的奏疏晚到一天，竟被罢官。此例一开，兴建生祠立刻成为风气。全国各地都争先恐后地为魏忠贤建生祠。

一名叫陆万龄的监生还别出心裁，建议在国子监建造生祠，把魏忠贤与孔子并论："孔子作《春秋》，忠贤作《要典》，孔子诛少正卯，忠贤诛东林，宜建祠国学西，与先圣并尊。"甚至尊贵如楚王也为魏忠贤建起生祠。主持制造生祠的官员不一定都是魏忠贤的党徒，如袁崇焕是明末颇有见识的边方帅才，未必有心投靠魏忠贤。只能说，建生祠形成了一种潮流，即使为了自我保护，也不得不随潮流而动。生祠"极壮丽庄严，不但朱户雕梁，甚有用琉璃黄瓦，几同宫殿。不但朝衣朝冠，甚至垂旒金像，几埒帝王”。每建一祠，多者用数十万，少者也要数万。所用钱财，不是盘剥民众，就是取自官府。建生祠需要土地，或占民田民墓，或拆民房民舍，无人敢阻拦。开封建词，拆毁民舍达两千余间。生祠飨祀，按王公规格。祠内供像，以沉香木雕刻，外部镀金，工艺精细，眼耳口鼻及手足都可转动，有如生人。外则衣服奇丽，内则以金玉珠宝为肺为肠，发髻上有一空穴，不断更换四时香花。明人对权势者的奉承阿谀，至此而极。魏忠贤亲自提督东厂，锦衣卫官多是他的亲信和党徒。厂卫是魏忠贤专权的主要工具。厂卫的主要任务之一是监视官僚系统。魏忠贤时代，豢养厂役数百人，在东厂抽签，分派各衙门。

监视审狱的厂役叫听记，监视其他官府和各城门的厂役叫坐记。厂役将所探得事项汇报东厂叫打事件。有这一类情报，不论昼夜，都可直接从东华门投入。许显纯掌镇抚司，每审狱，魏忠贤必派人坐其后，“其人偶不来，即袖手不敢问”。至于社会上层人物的隐私，以至“家人米盐猥事”，很难躲过厂卫的耳目，多在宫中传笑。如宁安大长公主（兴献王女）之子李承恩，藏有公主所赐器物，也被发现。厂卫的触角也深入到民间。下面一件事很有代表性：

一次，京城四个平民在密室夜饮，一人酒酣耳热，大骂魏忠贤，其余三人不敢出声。骂者话音未了，突有隶役数人冲入，捉四人面见魏忠贤，魏下令将骂人者当场剥皮，另三人赏钱放回。生还者吓得魂飞魄散，险成疯疾。

魏忠贤统领下的厂卫，所用刑罚之酷，更是令人发指。被称为“六君子”的杨涟、左光斗、魏大中、袁化中、周朝瑞、顾大章六人都受过全刑，各打四十棍，拶敲五十，夹杠五十。杨涟受刑最多，五日一审。许显纯令将他头面乱打，齿颊尽脱；钢针作刷，遍体扫烂如丝；以铜锤击胸，肋骨寸断；最后用铁钉贯顶，立刻致死。死后七日，方许领尸，止存血衣数片，残骨几根。左光斗估计，锦衣卫狱对他，或是“亟鞫以毙之”，或

是“阴害于狱中”，如果送到法司，或无死理，于是“靡焉承顺”。他也被五日一审，“诃话百出，裸体辱之。弛扭则受拶，弛镣则受夹，弛抄与夹，则仍戴扭镣以受棍”。

另如周顺昌在狱中大骂许显纯，许显纯用铜锤击周顺昌齿，齿俱落。周宗建骂魏忠贤不识一丁，魏忠贤命以铁钉钉之，又使他穿棉衣，以沸汤浇之，顷刻皮肤卷烂，赤肉满身。 魏忠贤专权时期，厂卫横行，造成了超过历次宦官专权的恐怖环境，这恐怕也是魏忠贤给后世留下的最深刻印象。 魏忠贤本人、他的亲属和党羽，利用一切机会，谋求显赫的地位，阁臣和部院大臣按照常规，可得到公孤加衔，自不必说。像田尔耕加少师兼太子太师，许显纯加太子太保，却是不多见的。魏忠贤的族人中，荫封锦衣卫指挥使的有十七人，他的族孙和姻亲中有多人官至左、右都督及都督同知、佥事等。他的侄子魏良卿地位最高，封宁国公，加太师。另一个侄子魏良栋封东安侯，加太子太保，侄孙魏鹏翼封安平伯，加少师。后两人都还是襁褓中稚子。 在名义上，魏忠贤本人除了司礼大监和提督东厂太监职务以外，还进上公，加恩三等。再者有熹宗所赐印鉴，文曰“顾命元臣”。而实际上，他的权势远不止这些。对他本人有九千岁的称呼，对他的雕像行五拜三稽首之礼。最轰动的事件是魏忠贤去涿州进香，“铁骑之拥簇如云，蟒玉之追随耀日，登跸传呼，清尘垫道，人人以为驾幸涿州，及其归也，以舆夫为迟，改驾四马，羽幢青盖，夹护双遮，则已俨然乘舆矣”。凡朝中草疏，李永贞必遣人急速驰白，即百里外，亦一日往返，传达魏忠贤之意，票拟始敢批发。 魏忠贤是否有心篡位，这并不重要，而他权势的发展，已经威胁到皇权，这一点就足以决定他的命运了。

魏忠贤肆虐专政七年，使明末各种社会矛盾更加激化，加速了明王朝的崩溃。思宗即位后，虽然逮捕了魏忠贤，罢逐了阉党，但积重难返，他仍然任宦官、倚厂卫，还振振有词地埋怨大臣：“苟群臣殚心为国，朕何事乎内臣”（《明史·宦官传》），就这样直到明朝灭亡。

五、悬疑篇

耸人听闻的明朝惊天疑案

翻开明朝 276 年的历史，特别是明朝宫廷史，里面充满了权与血的斗争场面：权力是各类悬案的终极谜底，鲜血则是权力斗争的必然结果。从明初的政治屠杀到明末宫廷暗战，在权与血的官场政治中，大明王朝给我们留下了太多在史书上永远找不到答案的悬疑案件。

建文谜踪

明成祖朱棣的军队打到南京以后，建文帝见大势已去，下令火烧皇宫。朱棣攻入皇宫之后，没有找到建文帝，便命人仔细搜查寻找建文，宫里的太监说建文帝在万般无奈之下，跳入火中自焚了，并从火堆里找出一具尸体指认说是建文帝。朱棣假惺惺地痛哭一番，说自己只是要清理奸臣，并不是要皇上死。然后，以皇帝礼将其厚葬，但是，在正史的文献中，却没有任何有关建文帝陵寝的记载，而且后来的崇祯皇帝也曾亲口说过建文无陵。

因此，废墟中的那具焦尸到底是否就是建文帝，建文帝到底死没死，没死的话他又逃到了哪里？对于这一系列的问题，朱棣本人也持有怀疑，后世史家和民间传说更是众说纷纭，离奇万分。

一种说法认为，建文帝并没有死，而是逃出南京，到了贵州的一个寺庙当了和尚。据说，在燕王朱棣围城之后，建文帝叫天天不灵，叫地地不应，为防被俘受辱，建文帝决定自尽殉国。这时，突然有一个太监跑了过来，他告诉建文帝，太祖皇帝临终前曾经交给他一个密匣，并叮嘱他如果皇上遇到危难，可以打开匣子。建文帝听后，急忙命这个老太监取来密匣，打开一看，里面装有三套袈裟，三张度牒，一把剃刀，三张度牒上分别写着应贤、应能、应文三个名字。应文指的是建文帝朱炆，应贤、应能

分别是指建文帝的心腹近臣杨应能、叶希贤。匣中还有一封信，上面写道“应文从鬼门出，余从水关御沟而行，薄暮，会于神乐观之西房”。建文帝一看，便明白这是太祖皇帝早就预料到自己会有今天，传此密匣，告知自己剃发为僧从密道出逃保命。按照密匣的指示建文剃发做了和尚，从鬼门逃出宫去开始了浪迹天涯的游行四方的僧人生活。

建文帝化妆出逃之后，皇后马氏为了掩护他，命令太监放火烧城，然后自己跳入火海，自焚而死。第二天朱棣攻入皇宫之后，搜寻建文帝的下落，太监、宫女们迫于压力，便谎称建文帝以自焚而死，并指认皇后的尸体就是建文帝，此时火中找出的尸体已被烧得面目全非，难以辨清，就这样朱棣信以为真，没再追究。

有人甚至还找到了建文帝出家后的隐居之所，贵州安顺平坝县境内的高峰寺。据《平坝县志》记载：高峰山寺内斋堂地下有一个藏身洞，洞底有一块石碑上刻有“秀峰肇建文迹尘知空般若门”的铭文，此外，寺中的另一块石碑上刻有开山祖师秀峰收留建文帝的经过。以此，后人推测此处就是建文帝出家之后的归宿之地。

建文帝归隐贵州高峰寺为一种说法，还有人认为，建文帝出逃之后没有去贵州，而是就近在兰溪市东山上的一座古寺归隐，东山又名皇回山，是金华山脉的一支，寺院里的和尚世代口传建文帝在此削发隐辟的传说，并说寺院中还保留有建文帝的隐居之处和古碑遗迹。在寺院的大殿内，塑的是身穿袈裟的建文帝像，左右两旁分别为伴帝出家的杨应能、叶希贤两人，殿内的后壁绘有建文帝出逃的路线。此外寺院内还保留有建文帝出家后所做的几首诗：“百官不知何处去，惟有群鸟早晚朝”“尘心消尽无孝子，不受人间物色侵”。诗中意蕴饱含仓皇出逃，归于世外的无奈和忧伤，为建文帝归隐于此，又添一证据。

另外，还有一种比较流行的说法，就是建文帝从南京城逃出之后，辗

转来到泉州，流落到海外，后来明成祖即位之后，派郑和下西洋，就是为了寻找流落海外的建文帝。传说，建文从密道中逃出京城之后，见前往北方的道路大都被燕王的军队围阻，因此不得不化装南下，辗转来到武昌罗汉寺。罗汉寺的住持达玄和尚，看过建文帝的度牒后，赶紧将建文帝引入寺中躲藏。过了一段时间后，建文帝等人见此处易于被燕王的爪牙发现，他们又在达玄和尚的指引之下坐船前往泉州开元寺，然后辗转逃到海外。据《泉州开元寺志》记载，当时泉州开元寺的住持念海和尚正是罗汉寺住持达玄和尚的弟子。建文帝来到泉州开元寺之后，便隐匿寺中，派人寻找出逃海外的机会。终于有一天，他们坐上了一个阿拉伯商人的货船，随行来到印度尼西亚的苏门答腊岛，开始在此隐居，据说，当地的华人，至今仍在每年农历五月十六建文帝登基那天，举行隆重的拜“皇爷”之礼。

关于建文帝的生死和下落自古至今一直众说纷纭，争论不休，对于此，每一种说法都只能说是一家之言，因为没有哪一种说法说自己有十分确凿的证据，说历史事实就是这样。也许建文帝的生死与下落真的如其他历史之谜一样，是一个永远也解不开的千古悬案。

英宗生母之谜

电视剧《女医明妃传》中，皇太后孙氏不是明英宗朱祁镇的生母。因为杀母之仇，明英宗对孙太后很不客气，孙太后对明英宗也心存不满，甚

至想废掉明英宗另立郕王朱祁钰。那么，在历史上，明英宗果真不是孙太后的亲生儿子吗？

首先可以肯定的是，宣宗皇帝朱瞻基当年非常宠爱孙贵妃，即后来的孙太后。

孙贵妃入宫较早，十几岁时就跟当时的皇太孙朱瞻基有了交往，二人青梅竹马，感情甚笃，历久弥新。后来，因为明成祖干涉，入宫较晚的胡善祥后来居上，成为朱瞻基的正妻。朱瞻基即位后，是为明宣宗，胡善祥升格为皇后，孙氏只能屈居第二，名号贵妃。即便如此，明宣宗心里装的还是孙贵妃。废掉胡皇后，另立孙贵妃，让最爱母仪天下，是明宣宗称帝后一直在考虑的事情。

宣宗皇帝的正宫皇后胡氏，举止得体，贤良温淑，是一位不可多得的好皇后，但身体病弱，未能生育，故受到冷落。宣宗皇帝朱瞻基一直不喜欢胡皇后，想更立孙贵妃为皇后，只是胡皇后贤明，没有什么过错，找不到合适的借口。

后来，孙贵妃“生”皇子朱祁镇，使宣宗皇帝朱瞻基更立皇后的想法更加强烈。在朱祁镇出生后不久，就有大臣上表请求立他为皇太子。胡皇后很贤惠通达，主动表示应早立皇太子。其实，按照当时的嫡长子继承制，皇后亲生的儿子才是最佳人选。此时虽然胡皇后没有二嗣，但毕竟年轻，或许日后会有皇子。因此立朱祁镇为皇太子，明显有些操之过急。然而宣宗皇帝朱瞻基却不愿意等。大明宣德三年（1428）二月，宣宗皇帝朱瞻基册立尚不满三个月的朱祁镇为皇太子，是明王朝册立皇太子时年龄最小的。三月，又发布敕书，废胡皇后，立孙贵妃为皇后。对于胡皇后无故被废，时人听说后都很不理解，议论纷纷，非常同情胡皇后。几年后，宣宗皇帝朱瞻基也颇生悔意，曾说过“此朕少年事”，算是自我解嘲吧。

基于以上背景，便有这样一种说法流出。说孙贵妃为达到自己的目

的，想出了一条偷梁换柱的计策，派人在宫中四处打探，看哪位宫女被皇帝临幸后怀有身孕，将找到的宫女藏在密室之中，与外界隔绝，派专人送饭、照看。然后买通御医，对外号称自己怀孕，并伪装了许多怀孕的迹象。由于当时孙贵妃深得宣宗皇帝朱瞻基宠爱，因此无人敢透露风声，就这样十月怀胎，宫女顺利产下一子，孙贵妃马上派人将孩子抱到自己身边，并秘密处死了宫女，然后派人立即通知宣宗皇帝朱瞻基，自己也装出一副产后非常虚弱的样子。这个小男婴就成了孙贵妃的亲生儿子，即后来的明英宗朱祁镇。

不同意见则认为，“英宗，母孝恭懿宪慈仁庄烈齐八配圣章皇后，以宣德二年丁未十一月十一日生”（《明实录·明英宗睿皇帝实录卷之一》），称明英宗的生母就是孝恭章皇后，也就是当初的孙贵妃。

为什么这样说呢？持此观点者表示，宣宗年近三十无子，这是一块心病，故而对后宫怀孕情况肯定也格外关注；再者，孙贵妃专宠，宣宗整天往她那里跑。如果孙贵妃假装怀孕，怀胎十月，这能瞒过精明过人、盼子心切的明宣宗吗？而英宗生母非孙妃之说，则是世人出于对胡皇后的同情和对孙贵妃的诋毁。胡皇后“无过被废，天下闻而怜之”，故意给孙贵妃脸上抹黑是很有可能的。

并列举史事，力证英宗与孙太后感情深厚：

“土木堡之变”后，孙太后当机立断，立明英宗的儿子朱见深为皇太子，命郕王朱祁钰监国；明英宗被俘期间，孙太后“尝寄御寒衣裘，手自缝织”；明英宗归国被囚禁期间，孙太后“时时遣使问候，遗珍馔，且数自入视”；明英宗复辟时，“石亨、曹吉祥等谋夺门，密白后，后许之”。英宗复辟后，为孙太后上徽号曰“圣烈慈寿皇太后”。这一连串的故事，似乎都能证明孙太后与明英宗“母子连心”。

那么，明英宗的生母到底是不是孙太后，若不是，又是谁？这是个连

大明朝极其八卦的野史都考证不出的谜题，恐怕只有亲历者才知道得一清二楚。对于今天的我们来说，只能是仁者见仁，智者见智了。

梃击案

明神宗长子朱常洛的生母王氏原本是一普通宫女，在慈宁宫侍奉慈圣太后（明神宗生母）。有一天，明神宗来到慈宁宫向母亲请安，刚好太后不在，神宗正要离开时，发现了清秀可人的王氏，于是私下临幸。按照宫中规矩，皇帝临幸宫女，应该赐一物件给对方，作为临幸的凭证。但明神宗认为王氏是母亲宫中的宫女，私下临幸是一件不光彩的事情，所以没有给王氏任何信物，自顾自地去了。谁知道这片刻风流后，王氏竟然怀上了龙种。慈圣太后本人也是宫女出生，知道此事后不但没有为难王氏，还十分高兴地招来明神宗询问究竟。但出人意料的是，明神宗竟然矢口否认曾经私幸过王氏。只是这否认没有什么效果，皇帝的日常起居包括性生活都有专人记录，明神宗临幸王氏的事早就被记录在《内起居注》中。实在无可抵赖了，明神宗才红着脸默认了。明神宗对王宫女的临幸只是一时兴起，并不当真，新鲜劲儿一过，便不想负责任，因此他对王氏都没有什么感情。慈圣太后却是一位贤后，让儿子立王氏为恭妃，并且告诉儿子说：“我已经年纪大了，但还没有尝过抱孙子的滋味，如果王恭妃生个男孩，这是宗社的福气，母以子贵，可不能计较原先的贵贱啊！”

十月怀胎后，王氏生下了明神宗的第一个儿子——朱常洛。王宫人虽然被立为恭妃，但皇长子朱常洛一直没有被立为太子。

万历十四年（1586）正月，宠冠后宫的郑妃生下一子，取名朱常洵。郑妃聪明机灵，明神宗与她情深意笃，一直保持终生。由于皇帝对郑妃言听计从，在很长的一段时间内，她一直是一个朝野注目的人物，并招致了几乎所有人的唾骂。

因为郑妃是皇帝的心尖，生了儿子后，明神宗立即晋封郑妃为贵妃。大学士申时行等，认为皇长子朱常洛年已五岁，生母恭妃一直未闻加封，但郑妃甫生皇子，即晋封册，显见得是郑妃专宠。大学士们担心将来定有废长立幼的事情，于是上疏请册立东宫，有“祖宗朝立皇太子，英宗以二岁，孝宗以六岁，武宗以一岁，成宪具在”之语。但明神宗在郑贵妃的怂恿下，总想借机立朱常洵为太子，于是就想出了种种办法拖延，但遭到大臣们的极力反对。当时太子又叫国本，因此，皇帝与大臣间的这次斗争又称为“国本之争”。大臣力争，要立朱常洛为太子，明神宗一拖再拖，大臣再争，争了十五年，使得宫廷斗争变得错综复杂。直到1601年，朱常洛才被封为太子，而朱常洵被封为福王。但是福王迟迟不离京就任藩王。

万历四十三年（1615），发生了一件怪事。一个中年汉子手拿一根木棍跌跌撞撞地打入太子朱常洛的慈庆宫，门卫也没有拦住他。这个汉子见人就打，一直往里闯，眼看就要进太子房间，幸亏门卫报警及时，大批卫士将这个中年汉子捆绑起来，押在牢里。闯太子宫还了得，而且手还拿凶器。万历皇帝十分重视，立刻命令刑部官员严刑拷问，定要问个水落石出。

一开始这个汉子只承认自己叫张差，别的也不说，审判官员可急了，用酷刑拷打，这个汉子坚持不住只得招供实情。

据张差讲，他本名叫张五儿，父亲已经去世，比较近的亲戚有马三

舅、李外父等人。他们让他跟着一个不知道姓名的老公公，只要按他的要求去做，完事后就能给他30亩土地。于是他就跟老公公到了京城，来到一个大宅子又来了一个老公公，请他吃饭，并嘱咐他说："你先冲进去，撞着一个，打一个，杀人也无妨，我们自会救你。"吃完饭，领着他经过厚载门，进了慈庆宫，看门的不让进，就把看门人打伤了。

后来他就被逮住了，再问老公公是谁，张差就不说话了。

万历皇帝一听，似乎还有隐情，命令员外郎陆梦龙再次提审张差，并引诱他：如画出入宫的路径，说出所遇到人的名字，不仅可以免除他的罪过，而且可以偿还他被烧掉的柴草。张差信以为真，于是说："马三舅名三道，李外父名叫守才，都住蓟州井儿峪。前面不知道姓名的老公公，实际上是修铁瓦殿的庞保。三舅和外父常到庞保住的地方送灰，庞保、刘成两个人在玉皇殿前商量，还有我三舅、外父，他们逼我拿着棍子打进宫中。如果能打到太子，吃也有了，穿也有了，一同密谋的还有姐夫孔道。"随后又画出入宫路径。

陆梦龙马上派人调查取证，逮捕了马三道等人，经核实，张差说的基本无误。但是庞保、刘成二人，仅是两名太监，地位低下，单凭他们不可能有如此胆量。可他们均是郑贵妃的内侍，莫非此事是郑贵妃背后指使？一时间朝野哗然，纷纷猜测，都怀疑郑贵妃想要谋杀太子，以便扶立福王。消息传开后，太子和郑贵妃先后赶来见万历皇帝。

万历皇帝看到双方如此对立，指着郑贵妃说："群情激怒，朕也不便解脱，你自去求太子吧！"

朱常洛看到父亲生气，又听出话中有音，只得将态度缓和说："这件事只要张差一人承担便可结案。请速令刑部办理，不能再株连其他人。"万历皇帝听后，顿时眉开眼笑，频频点头："还是太子说的对。"万历皇帝见牵扯到郑贵妃，不想再追查下去。最后，张差被处死，马三道等人被

发配边疆，庞保、刘成两人暂时没有追究。一场梃击案最后就这样不了了之。

张差梃击案背后主使真的是郑贵妃吗？也有人怀疑是太子自演自导的一出“苦肉计”，目的是借此陷害郑贵妃。不管怎样，梃击案真相究竟如何，恐怕无人知晓了。“梃击案”遂成为明朝三大迷案之一。

妖书案

万历十八年（1590），著名大儒吕坤担任山西按察使，在职期间，他采辑了历史上贤妇烈女的事迹，著成《闺范图说》一书。宦官陈矩（后来执掌东厂，参与审理第二次“妖书案”）出宫时看到了这本书，买了一本带回宫中。郑贵妃看到之后，想借此书来抬高自己的地位，于是命人增补了十二人，以汉明德皇后开篇，郑贵妃本人终篇，并亲自加作了一篇序文。之后，郑贵妃指使伯父郑承恩及兄弟郑国泰重新刊刻了新版的《闺范图说》。

实际上，尽管第二版的《闺范图说》与第一版有许多相同之处，但出书人的初衷却有本质的区别，但逐渐有人开始将两版书混为一谈。

万历二十六年（1598）五月，担任刑部侍郎的吕坤上《天下安危疏》（《忧危疏》），请明神宗节省费用，停止横征暴敛，以安定天下。吏科给事中戴士衡借此事大做文章，上疏弹劾吕坤，说他先写了一本《闺范图说》，

然后又上《安危疏》，是"机深志险，包藏祸心"，"潜进《闺范图说》，结纳宫闱"，逢迎郑贵妃。吕坤平白无故地蒙受了不白之冤，立即上疏为自己辩护，说："先是，万历十八年臣为按察使时，刻《闺范》四册，明女教也。后来翻刻渐多，流布渐广，臣安敢逆知其传之所必至哉……伏乞皇上洞察缘因《闺范图说》之刻果否由臣假托，仍乞敕下九卿科道将臣所刻《闺范》与（郑）承恩所刻《闺范图说》一一检查，有无包藏祸心？"

吕坤确实比较冤枉，他原来的书被人改头换面，本来就与他无关，而还说他自己偷偷送进宫里，企图"结纳宫闱"，更是莫名其妙的罪名。因为整个事情牵涉到郑贵妃，明神宗装聋作哑，没有理睬。

不料平地再起风云，一个自称"燕山朱东吉"的人专门为《闺范图说》写了一篇跋文，名字叫《忧危竑议》，以传单的形式在京师广为流传。"朱东吉"的意思是朱家天子的东宫太子一定太吉。"忧危竑议"四字的意思是：在吕坤所上的《忧危疏》的基础上竑大其说，因为《忧危疏》中没有提到立太子的问题。文中采用问答体形式，专门议论历代嫡庶废立事件，影射"国本"问题，大概意思是说，《闺范图说》中首载汉明德马后，马后由贵人进中宫，吕坤此意其实是想讨好郑贵妃，而郑贵妃重刊此书，实质上是为自己的儿子夺取太子位埋下的伏笔。又说：吕坤疏言天下忧危，无事不言，唯独不及立皇太子事，用意不言自明。又称吕坤与外戚郑承恩、户部侍郎张养蒙，山西巡抚魏允贞等九人结党，依附郑贵妃。

此文（即所谓的"妖书"）一出，立即引起了轩然大波。人们不明所以，纷纷责怪书的原作者吕坤。吕坤忧惧不堪，借病致仕回家。

明神宗看到《忧危竑议》后，大为恼怒，可又不好大张旗鼓地追查作者。郑贵妃伯父郑承恩因为在《忧危竑议》中被指名道姓，也大为紧张，便怀疑《忧危竑议》为戴士衡和全椒知县樊玉衡所写。在戴士衡上疏之前，全椒知县樊玉衡曾上疏请立皇长子为皇太子，并指斥郑贵妃。

明神宗也不想把事情闹大，便亲下谕旨，说明《闺范》一书是他赐给郑贵妃的，因为书中大略与《女鉴》一书主旨相仿佛，以备朝夕阅览。又下令逮捕樊玉衡和戴士衡，经过严刑拷掠后，以“结党造书，妄指宫禁，干扰大典，惑世诬人”的罪名分别谪戍广东雷州和廉州。而吕坤因为已经患病致仕，置之不问。

吕坤之后再也没有步入仕途，闭门著述讲学，二十年后谢世。著名的《呻吟语》便是其作品。

戴士衡于万历四十五年（1617）死于廉州。

明光宗即位后，起用樊玉衡为南京刑部主事，不过为樊玉衡推辞。

第一次“妖书案”，由于明神宗故意轻描淡写地处理，所以并未引起政坛的震动。至于谁是《忧危竑议》的真正作者，始终没有人知道。而六年后的第二次“妖书案”就非同一般了，其曲折离奇之处，令人匪夷所思。

万历三十一年（1603）十一月十一日清早，内阁大学士朱赓在家门口发现了一份题为《续忧危竑议》的揭帖，指责郑贵妃意图废太子，册立自己的儿子为太子。不仅朱赓收到了这份传单似的东西，之前一夜，已经在京师广为散布，上至宫门，下至街巷，到处都有。《续忧危竑议》假托“郑福成”为问答。所谓“郑福成”，意即郑贵妃之子福王朱常洵当成。书中说：皇上立皇长子为皇太子实出于不得已，他日必当更易；用朱赓为内阁大臣，是因“赓”与“更”同音，寓更易之意。此书大概只有三百来字，但内容却如同重磅炸弹，在京城中掀起了轩然大波。时人以此书“词极诡妄”，故皆称其为“妖书”。

明神宗得知后，大为震怒，下令东厂、锦衣卫以及五城巡捕衙门立即搜捕，“务得造书主名”，第二次“妖书案”由此而起。

《续忧危竑议》中，指名道姓地攻击了内阁大学士朱赓和首辅沈一贯，

说二人是郑贵妃的帮凶。这二人大惊失色，除了立即上疏为自己辩护外，为了避嫌，不得不戴罪在家。沈一贯老谋深算，为了化被动为主动，便指使给事中钱梦皋上疏，诬陷礼部右侍郎郭正域和另外一名内阁大学士沈鲤与“妖书案”有关。

之所以要诬陷沈鲤，除了因为沈鲤与沈一贯一直不和外，还因为当时内阁只有三人——首辅沈一贯、次辅朱赓，以及沈鲤，沈一贯和朱赓均被“妖书”点名，只有沈鲤一个人榜上无名，独自主持内阁工作，自然，人们会理所当然地怀疑他。

而诬陷郭正域，一是因为郭正域之前与沈一贯因为楚王一事闹得很不愉快，二是同知胡化告发妖书出教官阮明卿之手，而阮明卿就是给事中钱梦皋的女婿。钱梦皋为了替女婿脱罪，需要找个替罪羊。郭正域不但是沈鲤的门生，而且是胡化的同乡，加上当时已经被罢官，即将离开京师，很有“发泄私愤”的“嫌疑”。

总而言之，沈一贯和钱梦皋联合起来诬陷沈鲤和郭正域，不过是挟嫌报复，但却由此引发一场大狱。

郭正域正要离开京师时被捕。巡城御史康丕扬在搜查沈鲤住宅时，又牵扯出名僧达观（即著名的紫柏大师）和医生沈令誉。达观和沈令誉都受到了严刑拷打，达观更是被拷打致死，但二人都未能如沈一贯所愿，牵扯出郭正域等人。

这里重点讲一下东厂、锦衣卫和三法司（刑部、都察院、大理寺）的会审。为了让沈令誉服罪，事先做了不少布置。沈令誉奶妈的女儿只有十岁，也被叫到大堂作证。东厂提督陈矩（之前带吕坤《闺范图说》入宫的那位）问那小女孩，看到印刷妖书的印版有几块。那小女孩说，满满一屋子。陈矩听了忍不住大笑。《续忧危竑议》只有短短三百来字，顶多也就两张纸，哪来的一屋子印版。沈令誉的冤屈显而易见，由此对郭正域和沈

鲤的诬陷自然也不能成立。

这个时候，有些人纷纷出来检举揭发，锦衣卫都督王之祯等四人揭发同僚周嘉庆与妖书有关，但不久就查明纯属诬告。案情越来越复杂。参与审讯的官员得到沈一贯暗示，想逼迫之前诬陷钱梦皋女婿阮明卿的胡化承认郭正域是妖书的主谋。胡化却不肯附和，说："（阮）明卿，我仇也，故讦之。（郭）正域举进士二十年不通问，何由同作妖书？"

因为郭正域曾经当过太子朱常洛的讲官（老师），朱常洛听说此事后，对近侍说："何为欲杀我好讲官？"这话相当有深意，诸人闻之皆惧。为了营救老师，朱常洛还特意派人带话给东厂提督陈矩，让他手下留情。陈矩为人精明，尽管太子地位不稳，但也绝不会轻易开罪太子。加上没有任何证据证明郭正域跟"妖书案"有关，这显而易见地是场大冤狱。后来正是由于陈矩的鼎力相助，郭正域才免遭陷害。

针对郭正域的审讯一连进行了五天，始终不能定案。明神宗震怒，下诏责问会审众官，众官惶惶不安。东厂、锦衣卫，包括京营巡捕，压力都相当大，京师人人自危，如此一来，必须要尽快找到一个替罪羊。

万历三十一年（1603）十一月二十一日，妖书发现后整整十日，东厂捕获了一名形迹可疑的男子皦生彩，皦生彩揭发兄长皦生光与"妖书案"有关。

皦生光本是顺天府生员（明朝的生员不仅是官学生，还是一种"科名"），生性狡诈，专门以"刊刻打诈"为生。明人冯梦龙在《智囊全集》中记载了一则他的故事：有一乡绅为巴结朝中权贵，到处访求玉杯，想送给权贵作为寿礼，也曾托过皦生光。三天后，皦生光拿着一对玉杯求售，说这对玉杯来自官府，价值百金，现在只要五十金就行。缙绅很高兴地买下。没过几天，忽然卒吏匆忙地押着两个吵闹不休的人前来，再仔细瞧，原来是皦生光和一名宦官，皦生光皱着眉头说，前次卖给缙绅的玉杯

本是皇宫中宝物，被宦官偷出变卖，现在事机败露，只有物归原处，双方才能平安无事。缙绅大为窘困，玉杯已送权贵无法索回，只好请皦生光想办法，皦生光面带为难色，过了许久才答应帮忙，他建议缙绅出钱贿赂宦官、衙门官员，或者能得以幸免。缙绅不得已，只有答应，于是拿出近千两银子。日后虽明知皦生光借机诈财，但也无可奈何。

不仅如此，皦生光还胆大包天地借“国本之争”讹诈过郑贵妃的兄弟郑国泰。当时有个叫包继志的富商为了附庸风雅，曾经委托皦生光代纂诗集。皦生光故意在诗集中放了一首五律，其中有“郑主乘黄屋”一句，暗示郑贵妃为自己的儿子夺取皇位。包继志根本不懂，便刊刻了诗集。皦生光立即托人讹诈包继志，说他诗集中有悖逆语。包继志情知上当，却也无可奈何，只好出钱了事。皦生光又拿着诗集去讹诈郑国泰，郑国泰胆小，加上朝野上下舆论都对郑贵妃不利，只好出钱了事。

皦生彩揭发声名不佳的兄长后，皦生光之前的事迹全部曝光，锦衣卫如获至宝，立即逮捕了皦生光，将其屈打成招。

事情到了这个地步，本来就可以结案了，主审的刑部尚书萧大亨为了讨好沈一贯，想把“妖书案”往郭正域身上引。但皦生光却表现出最后的骨气，在酷刑下始终没有牵连他人。他的妻妾和年仅十岁的儿子都受到了拷打，却都没有按萧大亨的意思招供。

尽管所有人都明白“妖书案”其实与皦生光无关，就连急于结案的沈一贯、朱赓都不相信，他们认为《续忧危竑议》一文论述深刻，非熟悉朝廷之大臣不能为，皦生光这样的落魄秀才绝对没有这样的能耐。但急于平息事端的明神宗还是匆匆结案，皦生光被凌迟处死，家属发配边疆充军。

皦生光死后，离奇的第二次“妖书案”就此而平，“妖书”的真正作者始终没有人知道。过了一段时间后，朝野开始流传“妖书”其实出于武英殿中书舍人赵士桢之手。

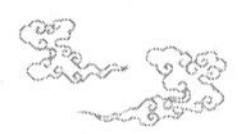

赵士桢是明朝历史上杰出的火器专家，一生研制改进了多种火器。因其在政治上不得志，名字未能如宋应星、徐光启那样彪炳史册。

赵士桢的一生，颇富传奇色彩。他早年是太学生，在京师游学。他能写一手好字，书法号称“骨腾肉飞，声施当世”，时人争相买他所题的诗扇。有个宦官也十分喜欢赵士桢的书法，买了一把诗扇带入宫中，结果被明神宗看见，大为赏识，赵士桢平步青云，以布衣身份被召入朝，任鸿胪寺主簿。鸿胪寺有点类似于国宾馆，日常职责是凡外国或少数民族的皇帝、使者，到京师朝见皇帝或进贡，按等级供给饮食及招待。

赵士桢为人慷慨有胆略，交游颇广。万历五年（1577），张居正丧父，因贪恋权位不肯回家奔丧（关于这点有不同的说法，有人认为张居正是因为贪恋权威，但也有相当一部分史学家认为张居正是为了稳定当时的政局才不得不违背丁忧制度）发生了震惊朝野的“夺情”事件，五名大臣因此被廷杖。赵士桢不畏干连，予以调护，词翰声誉甚盛，号称“他途入仕”名士。不过，他因“生平甚好口讦，与公卿亦抗不为礼”，加上又因为制造火器得罪了不少人，一生并不得志，当了十八年鸿胪寺主簿才升为武英殿中书舍人，还经常受到怀疑、诽谤。皦生光被杀后，京中盛传妖书“是东嘉赵士桢所作也”。赵士桢为此而身心劳瘁，据说他已经精神错乱，甚至多次梦见皦生光索命，终于一病不起，抑郁病亡。

但赵士桢是妖书作者始终只是传说，并没有证据，真正的作者到底是谁，始终没有人知道。“妖书案”虽平，但其影响所及，却已远逾宫廷，遍及朝野，险恶的宫廷斗争也并没有就此平息。

红丸案

万历四十八年（1620）七月二十一日，万历帝病死。太子朱常洛即位，改年号为泰昌，史称泰昌帝。八月初一日，泰昌帝在登基大典上，“玉履安和”，“冲粹无病容”，就是行走、仪态正常，没有疾病的症象。泰昌帝在万历四十八年七月二十二日和二十四日，各发银100万两犒劳辽东等处边防将士，罢免矿税、榷税，撤回矿税使，增补阁臣，运转中枢，“朝野感动”。不想，登基大典后仅十天，也就是八月初十日，泰昌帝就一病不起。第二天的万寿节，也取消了庆典。

泰昌帝有病乱投医，竟擅自斥退太医院医官，而请内侍崔文升给他看病。崔文升开了一个方子，皇帝吃后大泻不止，一夜之间如厕三四十次，昏迷不醒。当内阁首辅方从哲带着阁臣们赶到太和门时，内廷已经乱成了一团，皇帝昏迷不醒，太医们束手无策。

天近中午了，几位御医才从宫中出来。领班的御医已经七十多岁了，平日与方从哲交往很深，一见面就压低了声音说：“上头的病不妙。”方从哲有些疑惑：“刚刚四十出头，怎会病成这个样子。”老太医摇了摇头：“冰冻三尺，非一日之寒。皇上精损过重，所以太医们一向使用固精建中之类的药物。这类药物本是慢工，岂能神仙一把抓？皇上埋怨服之无效，而滥用泻药，以致我们数月调治之功毁于一旦。”方从哲脱口问

道："莫非不好办了？"老太医叹了口气说："如果不再乱用庸医，只以充血生精之药调理，还是有望的，只怕……"方从哲赶紧说："我当进宫劝谏，请皇上按太医院的医案调养。"

送走老太医，已经过了午时，方从哲匆匆用了一点午餐，正准备写劝谏皇帝相信太医院的札子，却听到太和门里一迭声的传呼："皇上急召首辅入宫。"

方从哲又火速进了乾清宫。泰昌帝伸出有些颤抖的手握住方从哲，说："朕这几日头目眩晕，身体软弱，不能临朝，一切大事都烦先生操劳了。"方从哲赶紧道："万岁天恩浩荡，从哲敢不竭尽全力报效国家？"泰昌帝说："朝中政事先生可代朕朱批，太子生性懦弱，也望先生扶持，后宫妻妾尚未来得及册封，先生可依旧例拟定名分。"这几句话无疑是交代后事了，方从哲忙安慰说："万岁春秋正富，偶染小疾，原无大碍，望安心调养，千万不要误信流言，作践龙体。"泰昌帝摇了摇头突然问道："寿宫可曾齐备？"方从哲感到十分为难，思索了一阵才说："万岁放心，大行皇帝已安葬完毕，天寿山地宫于前天开始复土……"没等他说完，泰昌帝打断说："朕问的是朕之寿宫。"方从哲慌忙颤声劝道："太医院御医已禀报，万岁目前不过是体质虚弱而已，哪里会有天崩地裂的事？"泰昌帝厌烦地说："太医院一帮庸医，朕信不过。"方从哲说道："万岁若信不过太医院，臣当传檄天下，广召名医。"

听到广召名医几个字，泰昌帝就问："听说鸿胪寺有官员来进药，如今为何还不送来？"方从哲说："鸿胪寺丞李可灼曾上本说他有仙方可治万岁病症，但臣与内阁诸臣计议，以为不可轻信，所以已将李可灼斥退了。"泰昌帝面露嗔色道："太医无用，仙方又不可信，难道叫朕束手待毙？"方从哲吓得连连叩头说："微臣怎敢？只是李可灼之言实不可信，皇上三思。"泰昌帝挥了一下手说："你传旨下去，朕要试试这个仙方。"

方从哲知道，从万历帝的爷爷嘉靖帝起，就信奉道教，求炼长生不老的仙丹，这股风气由来已久。看来泰昌帝也迷信“仙方”，只好推托道：“待臣与六部九卿商议后，再来禀明皇上。”泰昌帝挥了挥手，示意方从哲不要再说。方从哲匆匆退了出去。

接连三天，后宫里不断来人催问：“李可灼的仙丹是否送来了。”方从哲只是推托，到了第三天下午，皇帝的亲随太监来到体仁阁，说皇上降旨，着李可灼速带仙丹进宫。方从哲无奈，只得与阁臣韩爌议定，由他二人陪同鸿胪寺丞李可灼带所进之药进宫见机行事。

鸿胪寺丞李可灼是个五十开外的老人，他举止飘逸，确有点道骨仙风。所进的“仙丹”盛在一个十分古朴的锦匣内。据李可灼讲，此仙丹乃是他年轻时在峨眉山采药时得遇一位仙长所赠，所用药料均采自神府仙境，能治百病。

泰昌帝显得比前几天更消瘦了，体质虚弱。但他的神志十分清醒，见方从哲进来就问：“仙丹可曾带来？”方从哲跪着奏道：“李可灼已携仙药进宫，究竟能否治病，臣尚不敢妄言，请皇上明断。”这时，李可灼也捧着“仙丹”跪在后面。泰昌帝示意把药呈上来。李可灼见周围大臣有疑虑神色，先自服一丸，大臣们方才放心。而泰昌帝一见仙药，于是命人取水来，急匆匆地把药吞下去了。

过了一会儿，泰昌帝睁开双眼，坐了起来，好像一下子健康了许多，脸上露出了笑容，连夸：“果然是仙药，仙药！”又称赞道：“李可灼是个大忠臣。”说罢探出身来叫道：“李可灼！”李可灼伏地轻应：“微臣在。”泰昌帝说：“朕服仙丹果然奏效，请你明天再进一丸来，大概就可痊愈了。”李可灼答道：“臣家中尚有一丸仙丹，但仙长曾指点过，需在第一丸后三天再进第二丸，臣当于三天后再献灵药。”泰昌帝说：“朕病好后，一定给你加官晋爵。”

自吃了李可灼的“仙丹”后，泰昌帝的病好似一下子被驱走了一半。两天来，他除了时常坐在龙案前养神外，居然还有两次走出了殿门。

三天前在皇上的催逼下，方从哲引李可灼进宫献药，虽然当时就收到了效果，但凭他多年的阅历，总觉得这似乎是心理作用所致，并不一定是药的神效。回到府中后，就有几位心腹幕僚前来打听情况，他们都劝方从哲不要再引李可灼进宫。尤其是太医院的几位太医异口同声否定“仙丹”的作用，他们表示，如果首辅再引人送什么“仙丹”，他们就集体辞职了。

第三天一早，泰昌帝就派人催仙药，并发下圣谕，如果内阁阻拦进药，就以抗旨欺君论处。他才无可奈何地将李可灼召到内阁，再三叮问，李可灼力保仙丹有神效，方从哲这才陪李可灼进宫。

李可灼看泰昌帝服罢药，跪请他上床休息，泰昌帝却不在乎地摆了摆手说：“用不着，朕今天精神很好，李爱卿献药有功，来日定当封赏。”

本来已经康复了的泰昌帝，服了一粒并非御医进呈的红丸，在夜里猝然死去。方从哲已预料到明早就会有无数指劾他的奏本飞进来，弄不好很可能被扣上一顶“弑君”的帽子。按明朝旧例，皇帝驾崩，遗诏需由内阁首辅代拟。方从哲想来想去，觉得只有利用拟遗诏的机会，申明服用红丸是皇帝自己的意见，把责任一股脑儿推到大行皇帝身上才算上策。

果不出方从哲所料，泰昌帝的暴卒引起了整个朝廷的注意，要追查皇帝死因的奏折两天之内就达数百件。其中有的奏本已经公开指出，给泰昌帝服泻药的内侍崔文升，最初曾在郑贵妃属下任职，后来才由郑贵妃转荐给泰昌帝。崔文升竟敢用泻药摧残先皇，其背后必有人指使。

于是方从哲迫不及待地征得了阁臣同意，颁布了由他亲笔起草的遗诏。遗诏中以大行皇帝的口吻夸奖李可灼，并诏赐银币。遗诏一下，群情鼎沸，朝臣们都知道遗诏出自首辅之手，无形中更把方从哲与“红丸案”紧密联系在一起了。

十月中旬，追查“红丸案”的呼声达到最高潮，礼部尚书孙慎行和左都御史邹元标上了两道令人瞩目的奏疏，孙慎行指出：“从哲纵无弑君之心，却有弑君之罪。欲辞弑之名，难免弑之实。”这给追查“红丸案”元凶定了基调。

方从哲思来想去，他写了一道很长的奏本，一面仔细为自己辩解，一面十分诚恳地提出了退隐的要求。方从哲奏本递上去不到十天，天启皇帝的批准谕旨就下来了。十一月初，这位执政八年的老臣，离开了京城。

方从哲离京后，还是无法脱净干系，要求严查红丸案的奏折不断。一天，天启帝收到了方从哲从老家寄来的奏疏，疏中说：自己年老愚昧，未能阻止庸官进药，罪不容诛。为表示谢罪，愿乞削去官阶，以耄耋之身远流边疆，以平朝臣之怨。果然，许多大臣为他开脱，天启帝亦被方从哲的诚恳打动，但苦于真相未明，一时难以决断。

这时，一直缄默无言的阁臣韩爌终于站出来说话了。他把当时目睹的一切事实都详细地说清楚了。特别是方从哲当时左右为难的情景，被描绘得十分具体。最后，韩爌提出，“红丸”一案纠缠了一年多，但真正置先皇于死地的崔文升和李可灼到现在也没有处置，这两人虽然乱用药物，但也确实是奉旨进药，可以适当惩处，红丸一案则不宜继续深究。

韩爌在万历年间就是个有名的老成之臣，居官十余年处事公正，很受群臣景仰，入阁后又一直陪伴方从哲料理进红丸之事，说出的话是可信的。所以他的奏折报上后，很快使一场风波平息了下来。不久，天启帝下旨问崔、李二人罪。1622年（天启二年），明廷将崔文升发遣南京，李可灼遣戍边疆。“红丸”一案由于各派的争斗总算草草了解，但其中的疑点并没有弄清楚。后人为此曾进行过一系列的考证和争论，但最后也都没有结果。泰昌帝的死是否与红丸有关依然是一个千古之谜。

移宫案

宫廷的斗争并没有因为明光宗的病逝而结束，红丸案的余波尚未荡平，宫中接着又发生了另一桩离奇的大案——移宫案。要弄明白移宫案的前前后后，还要从光宗的宠妃李选侍说起。李选侍本来是郑贵妃宫里的一名侍女，后来在郑贵妃的训练之下，成为一名出色的美女。

郑贵妃为了讨好光宗，便将李选侍连同其他七位美女一同送给了光宗朱常洛。希望有朝一日这些美女获得光宗得宠爱，自己也好利用这些女人从中牟利。李选侍入宫之后，很快讨得了朱常洛的欢心。在宫里的地位迅速上升，很快爬到了仅次于皇后的位子，并且替光宗抚养日后的皇太子朱由校，地位由此更加特殊，几乎掌握了后宫的实权。而且她还同郑贵妃保持着密切的联系，李选侍极力地想通过的郑贵妃的力量将自己扶上皇后宝座，郑贵妃则想利用李选侍在皇帝面前说话方便的机会，帮她实现做皇太后的梦想。

后来光宗病重，这两件事就拖了下来。但他打算封李选侍为皇贵妃，并当着大臣的面，告诉皇长子熹宗朱由校要视李选侍如亲生母亲，视为太皇后。可是，还没等皇帝的话说完，李选侍便掀开帷幄，叫皇长子朱由校进去。朱由校进去后，对父皇朱常洛说了一句："要封皇后！"众大臣听后全都变得瞠目结舌。朱常洛也面色一变，一言不发。

熹宗由于其父光宗皇帝不得万历皇帝的宠爱，他自幼也备受冷落，直到万历帝临死前才留下遗嘱，册立其为皇太孙。朱由校的生母王才人虽位尊于李选侍之上，但因李选侍受宠，她备受李选侍凌辱而致死，临终前遗言："我与西李（即李选侍）有仇，负恨难伸。"而朱由校从小亦受李选侍的"侮慢凌虐"，终日涕泣，形成了惧怕李选侍的软弱性格。

光宗驾崩以后，李选侍控制了乾清宫，与太监李进忠（魏忠贤）密谋挟持朱由校，欲争当皇太后以把持朝政，此举引起朝臣的极力反对。

光宗驾崩当日，杨涟、刘一燝等朝臣即直奔乾清宫，要求哭临光宗请见皇长子朱由校，商谈即位之事，但受到李选侍的阻拦。在大臣们的力争下，李选侍方准朱由校与大臣们见面。杨涟、刘一燝等见到朱由校即叩首山呼万岁，并保护朱由校离开乾清宫，到文华殿接受群臣的礼拜，决定以本月六日（1620 年九月初六）举行登基大典。为了朱由校的安全，诸大臣暂将他安排在太子宫居住，由太监王安负责保护。 李选侍挟持朱由校的目的落空，又提出凡大臣章奏，先交由她过目，然后再交朱由校，朝臣们强烈反对。朝臣们要求李选侍移出乾清宫，迁居哕鸾宫，遭李选侍拒绝。李选侍又要求先封自己为皇太后，然后令朱由校即位，亦遭大臣们的拒绝，矛盾日渐激化。

朱由校御乾清宫登基大典日期迫近。至初五日，李选侍尚未有移宫之意，并传闻还要继续延期移出乾清宫。内阁诸大臣站在乾清宫门外，迫促李选侍移出。朱由校的东宫伴读太监王安在乾清宫内力驱，李选侍万般无奈，怀抱所生八公主，仓促离开乾清宫，移居仁寿宫内的哕鸾宫。 九月六日，朱由校御奉天门，即皇帝位，改明年（1621）为天启元年，史称天启帝。至此，李选侍争当皇太后、把持朝政的企图终成画饼。

李选侍虽已"移宫"，但斗争并未结束。"移宫"数日，哕鸾宫失火，经奋力抢救，才将李选侍母女救出。反对移宫的官员散发谣言：选侍投缳，

其女投井，并说“八妹入井谁怜，未亡人雉经莫诉”，指责朱由校违背孝悌之道。朱由校在杨涟等人的支持下批驳了这些谣传，指出“朕令停选侍封号，以慰圣母在天之灵。厚养选侍及皇八妹，以遵皇考之意。尔诸臣可以仰体朕心矣”。至此，“移宫”风波才算暂告结束。

此后，魏忠贤执政。因为西李与客魏集团关系尚可，天启四年，魏忠贤授意天启帝尊封李选侍为康妃。然后天启帝公开宣布西李无辜，自己是被王安等人挑唆。且声称贾继春忠谏有功，召回任用。思宗时，晋为太妃。但始终没有被给予政治权力。

李选侍封后的要求没有实现，做皇太后控制朝政的愿望也落了空。她是不是无辜，恐怕只有当事人知道，她赖在乾清宫不走是否是受到了郑贵妃的幕后主使，这个后人亦无从得知。但是其意图很明显，就是要通过控制皇太子朱由校来操纵整个朝政，据许熙重《宪章外史续编》记载，朱由校即位后说，李选侍命太监李进忠传话：“每日章奏，必先奏看过，方与朕览，即要垂帘听政处分。”可见，她是有垂帘听政的野心的，后人还推测，她之所以赖在乾清宫不走，就是要同郑贵妃“邀封太后及太皇太后，同处分政事”。如果她的目的实现了，也许明朝就要先出一个“慈禧太后”了。

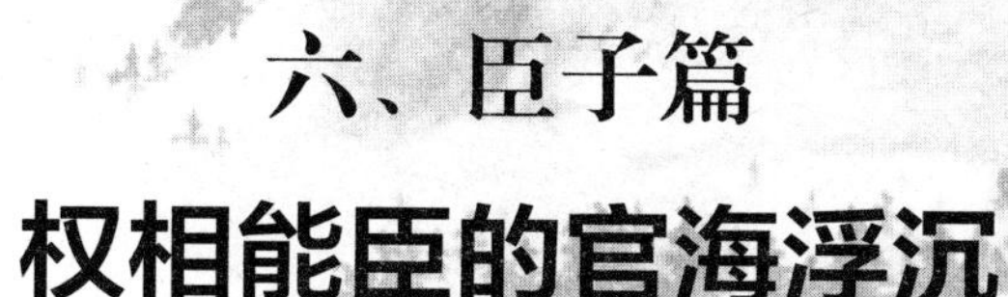

六、臣子篇

权相能臣的官海浮沉

在明王朝276年的历史中，一大批皇权体制下的名臣们如八仙过海一样，各显神通，演绎了一幕幕人生活剧。可以说，在某种程度上，是他们推动或阻碍着封建社会的向前发展。他们的命运同封建王朝血肉相连，他们的人生悲剧其实也注定了封建王朝的悲剧结局。

一统江山刘伯温

刘基（1311—1375），字伯温，青田县南田乡（今属浙江省文成县）人，故称刘青田。

刘伯温天资聪明却好学习，聪慧过人，由父亲启蒙识字，十分好学，阅读速度极快，据说七行俱下。12岁考中秀才，乡间父老皆称其为“神童”。

泰定元年（1324），十四岁的刘伯温入郡庠（即府学）读书。他从师习春秋经。这是一部隐晦奥涩、言简义深的儒家经典，很难读懂，尤其初学童生一般只是捧书诵读，不解其意。刘伯温却不同，他不仅默读两遍便能背诵如流，而且还能根据文义，发微阐幽，言前人所未言。老师见此大为惊讶，以为他曾经读过，便又试了其他几段文字，刘伯温都能过目而识其要。老师十分佩服，暗中称道“真是奇才，将来一定不是个平常之辈！”一部春秋经，刘伯温没花多少工夫就学完了。

泰定四年（1327），刘伯温十七岁，他离开府学，师从处州名士郑复初学程朱理学，接受儒家通经致用的教育。郑复初在一次拜访中对刘伯温的父亲赞扬说：“您的祖先积德深厚，庇荫了后代子孙；这个孩子如此出众，将来一定能光大你家的门楣。”刘伯温博览群书，诸子百家无一不窥，尤其对天文地理、兵法数学，更有特殊爱好，潜心钻研揣摩，十分精通。有一次，探访程朱理学故里——徽州，得知歙县南乡的六甲覆船山有一本《六甲天书》，便探秘覆船山（主峰搁船尖），原来这里隐藏了一个完整的明教社会，不仅找到了《奇门遁甲》而且还结识了一大批明教圣者，刘伯温的虚心好学和出众才智，使他在这里学就和掌握了丰富的奇门斗数知识，回家后就在家乡出了名，大家都说他有魏征、诸葛孔明之才。

元统元年（1333），二十三岁的刘伯温赴元朝京城大都（今北京）参加会试，一举考中进士，元末，兵荒马乱，战火连连，在家闲居三年。至元二年（1336），才被元朝政府授为江西高安县丞。他勤于职守，执法严明，很快就做出了政绩。他深入乡间，体察民情，发现高安县一些豪绅地主勾结贪官污吏，无法无天，骗人钱财，夺人妻女，杀人害命无恶不作。刘伯温倾听百姓的哭诉后，义愤填膺，决心为民除害。经过明察暗访，掌握了真凭实据后，对几个劣迹昭著的豪强恶霸，坚决予以严惩，并对县衙内贪赃枉法的官吏也进行了整治，高安县的社会风气很快就有了好转。刘伯温刚正不阿，一身正气赢得了百姓的赞誉。在任官的五年内，处理地方事务的原则是“严而有惠爱”，能体恤民情，但不宽宥违法的行为；对于发奸摘伏，更是不避强权。因此受到当地百姓的爱戴，但因为他的正直，地方豪绅对他恨之入骨，总想找事端陷害他，幸得长官及部属信任他的为人，才免于祸患。

然而，昏庸腐败的朝廷、贪赃的官府衙门，普遍受贿成风。而年少气盛、清正廉洁的刘伯温，自然受到同僚们的嫉恨和排挤。尤其是被他得罪的那些高高在上的蒙古族官员，更是对他恨之入骨，群起攻击，造谣毁谤。虽如此，刚正不阿的他，仍不肯随波逐流。看到在这种环境中很难有作为，刘伯温只好毅然投劾辞职，回归青田老家，闭门读书。

刘伯温第一次入仕，便名声大振。他辞官回家不到三年，江浙行省就

以儒学副提举起用他，授行省考试官。但这次当官与前次一样，并未长久。到任后不久，他每见不平事就激愤直言，上书揭发了监察御史失职的事。上司斥责他多管闲事，所言不实。他受不了腐朽没落势力的排斥、诬陷和打击，看到仕途坎坷，壮志难酬，一气之下，又愤然辞职而去，在心灰意懒中移居杭州，寄情山水；在西子湖畔、武林山麓饮酒赋诗，遣兴自娱。

1360年，50岁的刘伯温在家埋头著述时，因元末浙东局势的突变，彻底改变了他隐居乡间的生活，使他终于有机会在政治舞台上施展抱负、发挥才智，成为功冠一代、名传千古的明代开国文臣。

朱元璋的出现，正是这一契机的开始。

当时，率领红巾军鏖战并占据处州的朱元璋，听闻浙东名士刘伯温为不凡之人的事后，便几次三番委派江南名士或刘的好友，携带亲笔信和重金，来青田上门拜聘刘伯温出山相助。看到元朝暴政，民心尽失，百姓怨声载道，已无可救药，又体会到朱元璋有“三顾茅庐”之诚意，是群雄中唯一有成就未来伟业大势的帝王之资，刘伯温便被说服，最终决定应聘出山，辅佐明主建立大业。

刘伯温一到金陵，朱元璋赶紧上前迎见，接着以谦恭态度向其请教灭元兴邦、统一宇内策略。于是，刘伯温当即呈上早已构思拟就的“隆中对策”，即时务十八策，详细分析形势，列叙各项谋略方策，并提出“先灭陈后灭张”的攻取战略。朱元璋听毕，大喜过望，直恨相见太晚，立即命令有司建造礼贤馆，以上宾之礼奉待刘伯温，并将他安排在身边，参与机密要事的谋议。朱元璋的如此知遇之恩，使刘伯温深为感动。他庆幸遇到明主，也大大触发了他为国为民效力的夙愿。于是他殚精竭虑，屡出奇谋，开始了帮助朱元璋东征西讨，平陈剿张，逐鹿中原，干出一番轰轰烈烈事业的征程。

在辅佐朱元璋推翻元朝黑暗统治、创立大明王朝的过程中，刘伯温一连办了两件大事。

第一件，协助朱元璋，运筹帷幄，打破了军事上张士诚陈友谅的夹击、政治上受制于人的局面。经过朱元璋采纳刘伯温计策，巧出奇兵，首战龙江，再战鄱阳，打垮了陈友谅，接着挥师东下，平定张士诚。由此东南安定，继而扫平群雄，北定中原，最后推翻元朝政权，为大明王朝的诞生奠定了全胜的基础。

第二件，协助朱元璋，亲力亲为，营建新都、制定律历、复兴科举、整肃纪纲，为大明王朝的开国及其巩固，发挥了无可替代的重要作用。

由此，“三分天下诸葛亮，一统江山刘伯温”，便成后人对刘伯温历史地位的形象概括。当时民间就有“上有诸葛孔明，下有刘基伯温”的称道。

刘伯温辅佐朱元璋完成帝业、开创明朝并尽力保持国家的安定，因而驰名天下，被后人比作诸葛武侯。朱元璋多次称刘伯温为：“吾之子房也。”感恩刘伯温开国之功。

然功高震主，朱元璋既怕他有二心，又怕他为他人所用，自己也因依赖他而离不开他，故始终未准他像张良那样完全退出自己的视野。碰到朱元璋，刘伯温安享晚年之事，便成了一种奢望。

洪武八年（1375）正月下旬，刘伯温感染了风寒，朱元璋知道了之后，派胡惟庸带了御医去探望。御医开了药方，他照单抓药回来煎服用，觉得肚子里好像有一些不平整的石块挤压在一起，让他十分痛苦。

二月中，刘伯温抱病觐见朱元璋，婉转地向他禀告胡惟庸带着御医来探病，以及服食御医所开的药之后更加不适的情形。朱元璋听了之后，只是轻描淡写地说了一些要他宽心养病的安慰话，这使刘伯温相当心寒。三月下旬，已经无法自由活动的刘伯温，由刘琏陪伴，在朱元璋的特遣人员

的护送下，自京师动身返乡。回家后，拒绝亲人和乡里为他找来的一切药石，只是尽可能地维持正常的饮食。

几天之后，刘伯温自知来日无多，找来两个儿子交代后事。交代完后事时，又让刘琏从书房拿来一本天文书，对他说："我死后你要立刻将这本书呈给皇上，一点都不能耽误；从此以后不要让我们刘家的子孙学习这门学问。"又对次子刘璟说："为政的要领在宽柔与刚猛循环相济。如今朝廷最必须做的，是在位者尽量修养道德，法律则应该尽量简要。平日在位者若能以身做则，以道德感化群众，效果一定比刑罚要好，影响也比较深远，一旦部属或百姓犯错，也较能以仁厚的胸怀为对方设身处地的着想，所裁定的刑罚也必定能够达到公平服人，和警惕人改过自新的目的；而法律若能尽量简要，让人民容易懂也容易遵守，便可以避免人民动辄得咎无所适从，又可以建立政府的公信力和仁德的优良形象，如此一来，上天便会更加佑我朝永命万年。"又继续说道："本来我想写一篇详细的遗表，向皇上贡献我最后的心意与所学，但胡惟庸还在，写了也是枉然。不过，等胡惟庸败了，皇上必定会想起我，会向你们询问我临终的遗言，那时你们再将我这番话向皇上密奏吧！"最后于农历四月十六卒于故里，享年六十五岁。

刘伯温从23岁中进士，到遭受排挤迫害65岁在家乡忧郁去世，这40多年间，他不仅留下了大量脍炙人口的诗歌、散文和具有深邃内涵的政治、军事著作，还谱写了众多在整个中国古代历史上不输于其他谋略家的治国、统兵、管理方面的卓越功绩，不愧是中国历史上一位伟大的政治家、思想家、军事家、文学家。

不得善终李善长

李善长（1314—1390）明朝开国功臣，字百室，濠州定远（今属安徽）人。少时爱读书有智谋，通晓法家学说，预计事情，大多被他说中。朱元璋平定滁州的时候，李善长前往迎接拜见。朱元璋知道他是当地年高有德之人，并对他以礼相待，并将他留下掌管文史书籍。朱元璋曾经神情从容地问李善长："天下之乱什么时候才能平定呢？"他回答说："秦末战乱之时，汉高祖从普通百姓中崛起。他生性豁达大度，知人善任，不胡乱杀人，五年成就了帝王的基业。现在元朝纲常已经混乱，国家四分五裂。倘若效法汉高祖，天下便可轻易平定！"朱元璋称赞他言之有理。

李善长跟随朱元璋攻占滁州，给朱元璋出谋划策，并参与重大事务的决策，主管军队的物资供应，很受朱元璋的信任。朱元璋威名日益显著，诸将前来投靠的，李善长考察他们的才能，禀告给朱元璋。又替朱元璋对投诚者表达诚挚情意，使他们能够安心。有人因为某些事情相互意见不合，产生矛盾，李善长便想方设法从中调解。郭子兴因听信流言而怀疑朱元璋，逐渐剥夺他的兵权。又想从朱元璋身边把李善长夺过来辅佐自己，李善长坚决谢绝。朱元璋对他十分倚重。朱元璋在和阳驻军时，亲自率军前去进攻鸡笼山寨，只留少量兵力帮助李善长留守。元军将领得知消息后前来偷袭和阳，李善长便设下埋伏打败了元军，太祖认为他很有本事。

朱元璋获得巢湖水师后，李善长极力赞成渡江。攻克采石后，朱元璋率军直趋太平，李善长事先写下榜文，严禁士兵违反军纪。太平城被攻下，李善长马上将榜文贴在四通八达的道路上，军中秩序井然，秋毫无犯。朱元璋为太平兴国翼大元帅时，以李善长为帅府都事。不久随军攻克集庆。在将要攻取镇江时，朱元璋担心诸将约束不了部下，便佯装发怒，要惩罚他们，经李善长力救，此事才得以解决。镇江攻下之后，百姓都不知道有兵到来。朱元璋为江南行中书省平章，以李善长为参议。当时宋思颜、李梦庚、郭景祥等都为幕僚，而军机进退，赏罚章程，多由李善长决定。朱元璋改枢密院为大都督府，命李善长兼领府司马，晋升为行省参知政事。

朱元璋称吴王时，任命李善长为右相国。李善长通晓典故，裁决事务非常迅速，又善于辞令。朱元璋招贤纳士时，总是让李善长起草文告。朱元璋前后率军征讨，都命李善长留守，将吏顺从，居民安然，为前线将士运输兵饷、粮饷，从不缺乏。李善长曾请求专卖两淮之盐，设立茶法，都是在再三斟酌元制、去其弊端之后提出来的。恢复制钱法，开矿冶铁，制定鱼税，国家财富日益增长，百姓也不再贫困。洪武元年（1367）九月，朱元璋论平吴之功，封李善长为宣国公，改官制，以左为大，以李善长为左相国。朱元璋当初渡江时，经常使用重典。有一天，他对李善长说："法有连坐三条，不是太过分了吗？"李善长因此请求除大逆之罪外，全部免去连坐之罪。朱元璋于是命令他与中丞刘基等裁定律令，颁示朝中内外。

朱元璋即帝位，追封自己祖先及册立后妃、太子、诸王，都由李善长担任大礼使。朱元璋设置东宫官属，以李善长兼太子少师，授为银青荣禄大夫、上柱国，参与决定军国大事，其他仍然如故。不久，率礼官制定郊社宗庙之礼。皇帝巡幸汴梁，李善长留守，一切事情李善长都可以不经请示灵活处理。不久，李善长上奏确定六部官制，商议官民丧服及朝贺东宫礼议，奉命监修《元史》，编写《祖训录》《大明集礼》等书。确定天下山川神癨封号，封立诸王，爵赏功臣，事无巨细，朱元璋都委托李善长与诸儒臣商议执行。

洪武三年（1370），大封功臣，李善长被封为韩国公，年俸四千石，还得到皇帝赏赐的“免死铁券”。铁牌上这样写着：“除逆谋不宥，其余若犯死罪，尔免二死，子免一死，以报尔勋。”

洪武四年（1371），李善长托病辞官归居，朱元璋赐临濠地若干顷，设置守坟户一百五十家，赐给佃户一千五百家，仪仗士二十家。一年后，李善长病愈，朱元璋便命他负责修建临濠宫殿，将江南富民十四万迁徙濠州耕种，让李善长管理他们，留在濠州数年。

最初几年，朱元璋对李善长不可谓不关照。洪武七年（1374），朱元璋将李善长的弟弟李存义提升为太仆寺丞，洪武九年（1376）更是将女儿临安嫁给李善长的儿子李祺，李祺成为驸马都尉。洪武十三年（1380），朱元璋以“擅权植党”的罪名将左丞相胡惟庸处死。胡惟庸是李善长一手提拔的，又是他向皇帝推荐其任左丞相的，当时不少大臣向朱元璋建议处死李善长，朱元璋没有同意，只是削禄一千四百石，以示警告。

然而，充满了权势者个人盘算的承诺终究是脆弱的。洪武二十三（1390）年，胡惟庸一案重新被翻了出来，罪名也由“擅权植党”升级为“通倭通虏”。“通倭通虏”就是勾结日本、蒙古谋反。既然是谋反，自然有组织，有组织必然有头领，举荐过胡惟庸、已经退休的李善长被认定为幕后主使人。

朱元璋给李善长钦定的“犯罪情节”是：李善长之弟太仆寺丞李存义是胡惟庸的亲家，因为姻亲关系，两人时相过从。胡惟庸要李存义暗中游说李善长一同起事。李善长听后惊悸地说：“你怎么能说这样的话？这是

要灭九族的。”李存义将李善长的话告诉了胡惟庸。胡惟庸知道李善长一向贪婪，经不起诱惑，十多天后，又派李存义游说道，一旦事变成功，就将淮西这块地盘分封给你，让你称王。李善长动了心，但此人工于心计，叹息道：“我老了，我死了，你们自己去搞吧！”接到李存义的报告，胡惟庸大喜，立即拜访李善长。李善长将其引入密室，屏退左右，密谈良久。胡惟庸欣然而别，立即指使“胡党”中人林贤，邀请日本军队参与；又派遣元朝旧臣封绩带信给蒙古，请他们出兵接应。

既然李善长“逆谋不宥”，朱元璋自然可以收回自己的承诺。对此案，朱元璋如此处理：77 岁的李善长及其家属七十余人，一律处死。其儿子李祺一家，因为妻子是皇帝的女儿的缘故免于一死，逃过一劫。

开国丞相死在了一起“谋反案”上，看似有极大的随机性，其实不然。读史者不应忽略一个重要的情节：李善长虽然位极人臣，但他是早在洪武四年就主动以身体不好为由申请退休了。那时候，李善长只有 58 岁，本是政坛角逐的黄金年龄，而且，所谓身体不好云云显然是托词，他已经活到了 77 岁，若非有人不想让他再活下去，看样子也还能享一段荣华富贵呢。

李善长主动退出权力场的原因何在？应该只有一个，精明过人的他早已看到了危险，他在最风光的时候就已经想到了以韬光养晦来避祸。然而，李善长固然精明，但他不知道，对他而言，这一场灭顶之灾，却注定不是他主观上想躲就躲得过去的。

那么，朱元璋为什么非要置李善长于死地呢？这就要说到权力学的一条原理。根据权力学原则，最高统治者与属下之间需要一个权力空白区，这时最高统治者在心理上才会感到安全，宋太祖赵匡胤的一句名言——“卧榻之侧，岂容他人酣睡”——堪称这条原理最形象的阐释。

不脱僧衣姚广孝

姚广孝（1335—1418），长洲人，即今江苏吴县人。俗姓姚，初名天僖。十七岁时，度发为僧，改名道衍，字斯道，号独庵，亦自号逃虚子。三十岁时，姚广孝前往径山随师习禅。其间，他游历四方，与当时许多吴中文人往来频繁，交游酬唱，评书品画，所以有人把他列为“北郭十友”之一。

姚广孝虽身入空门，但凡心不老，在朱棣登上皇位的过程中扮演了极为重要的角色。香港电视广播有限公司历史大剧《洪武三十二》中那个一出场便神秘莫测的老和尚，就是他。

姚广孝是朱棣的重要谋臣，四十八岁时，姚广孝经人举荐，入燕府辅佐燕王朱棣，他甫一跟随朱棣，便力劝朱棣以谋取帝位为己任。尤其是在朱元璋驾崩、朱允炆即位之后，姚广孝更是以各种方法和途径，甚至用巫术占卜来“激励”朱棣去夺取帝位。

建文四年（1402）六月，燕王朱棣的“靖难”大军集结于南京城下，建文帝政权大势已去，不久，大将李景隆等开门献城迎接燕王，京城遂陷落。宫中火起，建文帝不知所终。

至此，靖难之役降下了帷幕。燕王朱棣登基称帝，改元“永乐”，是为明成祖。

朱棣当了皇帝，来不及掸去身上的征尘，便开始了双管齐下的行动：一边血腥镇压反对派，一边慷慨地大封功臣。

姚广孝虽未亲临战阵攻城略地，但运筹帷幄之中，取胜于千里之外，功绩堪比汉代的萧何与张良，所以成祖毫不犹豫地把他列为第一功臣。那些浴血奋战的武将，也对姚广孝极为佩服，甘居其后。

既然是第一功臣，自然要大加封赏。但姚广孝坚辞不受，只接受了一个僧录司左善司的僧官。他对成祖说，当年若没有僧录司左善司宗泐的推荐，就没有今天；自己接受这个僧官，权作纪念吧！至于其他正式的官号，也就不必了；自己住惯了禅寺，不愿住在官府里。

成祖觉得过意不去，要他蓄发还俗，他坚执不肯。成祖所赐予的豪华宅第，他也推辞不要。成祖没有办法，就以他上了年纪需要人照顾为由，送给他两个漂亮的宫女。姚广孝推托不过，便采用“冷冻搁置”的办法，既不赶宫女走，也从不接近她们。日子久了，那两个宫女自感无趣，便又返回了宫中。

姚广孝知道，自己虽助成祖做了件大事，但在正统的士大夫眼里，这是篡逆行为，搞的是阴谋诡计。有一次，他去拜访旧友王宾，王宾竟闭门不见；他去看望自己的同母姐姐，姐姐也不让他进门。这使他很伤心，也受到很大感触。

成祖初入南京时，对建文帝的旧臣大开杀戒，杀了齐泰、黄子澄、铁铉和户部侍郎卓敬、礼部尚书陈迪等多人，其中对文学博士方孝孺的杀戮最为惨毒，诛灭十族。

方孝孺是一代名儒，姚广孝对他很敬慕。早在燕王大举南下时，姚广孝就跪在燕王面前密启道：“臣有一事相求。南京有文学博士方孝孺，素有学行。倘若殿下武成入京，请千万不要杀他。若杀了他，天下读书的种子就断绝了。”燕王入京，本欲让方孝孺草拟登基诏书，但方孝孺誓死不从，并当众大骂燕王。燕王恼羞成怒，下令灭其十族。古来最厉害的刑罚就是“诛九族”，是指父族四辈、母族三辈、妻族两辈以内的亲属。燕王连方孝孺的朋友、门生也一并捕来，充为十族，遭牵连诛杀的共有八百七十三人。

成祖的暴行，引起御史大夫景清的强烈仇恨。一天，他怀刀入朝，想行刺成祖，结果刀被搜出。成祖大怒，将他剥皮杀死，同时连景氏九族及乡里亲朋故旧也株连被害，村里为墟。这种杀戮辗转牵连，如瓜蔓之蔓延，被人称为“瓜蔓抄”。

姚广孝感到，再听任成祖这样杀戮下去，势必会出大问题。他进朝议事，密劝成祖道：建文帝的铁杆大臣已经诛杀殆尽了，对其他旧臣，要安抚、说服，都可继续任用；再说，建文帝在位只四年，其臣僚绝大多数是明太祖选拔的，成祖继承的是太祖的基业，完全可以顺理成章地任用他们。夺天下容易治天下难，杀人太多，就会失掉民心，甚至会引起动荡，留下隐患。

成祖闻言醒悟，停止了对建文旧臣的清算和诛杀。为了表示诚意，还有意重用建文旧臣，成立内阁时，让解缙等七人当了内阁大学士。

但姚广孝毕竟是高人一筹的智臣。在功成名就之后，并且皇帝也对他言听计从之时，仍保持着清醒的头脑。他不再以刘秉忠自命，并一再称自己“不是高阳酒徒（郦食其）”，“不入非熊（姜子牙）梦”。他将自己比作“既倦终宵巡瓮下”的老病之猫，并为“谁念前功能保爱”而深感不安。洪武功臣的悲惨下场给他留下印象太深刻了。

姚广孝在成为达官贵人之后，除了继续当和尚，还有一点高明之处，即不蓄私产。他曾因公干至家乡长洲，乃将朝廷所赐金帛财物散予宗族乡人，自己不留积蓄。这与历来巧取豪夺、营殖家产的封建官僚不啻有天壤之别。

暮年的姚广孝虽未任七卿要职，然所任太子少师却是实职，与后来此职不同。“时上狩北京，广孝留辅太子。自是以后，东宫师、傅终明世皆虚衔，于太子辅导之职无与也。”

永乐二年（1404）六月，在受官太子少师后两个月，姚广孝又以钦差身份前往苏湖赈济。这是一种特殊荣誉。离别故乡二十余年后，他终于衣锦还乡了。这次还乡的兴奋中，也伴随着怅然之感。他的父母均已去世，“垅墓既无，祖业何在？岁时祭扫，曾不可得。”他只好将父母灵位放进了少时出家的妙智庵。

他回京后畜养一只雄鸡，每晨闻鸡而起，壮心未已地度过了一生最后十数个年头。他辅导太子居守京师，并为太孙讲读华盖殿。而他晚年最有成效的工作，则是先后主持了《永乐大典》和《明太祖实录》两部大书的编修。

原主持编修《永乐大典》的解缙并未理解皇帝指令编修这部巨帙的宗旨。永乐二年（1404）二月书成上呈，定名《文献大成》。“既而上览其书，更多未备，复命姚广孝等重修。”永乐五年，这部包罗经、史、子、集、百家、天文、地志、阴阳、医、卜、僧、道、技艺之言，多达二万多卷巨帙的类书，在姚广孝主持下完成，定名为《永乐大典》。《永乐大典》共有22937卷，分装成11095册，字数达三亿七千万。大部遗失，现存仅714卷。姚广孝参加纂修《永乐大典》，对我国古代文化事业，做出了不朽的贡献。

永乐九年（1411），77岁的姚广孝再次受任监修官，主持《明太祖实录》的重新编修。从此直至他去世，大约六年多时间，他兢兢业业地完成了此项工作。这次修成的《明太祖实录》就是今天所见三修本。这是一次真正重修，所用时间和全书内容都大大超过了前两次修纂。但是当永乐十六年（1418）五月书成，朱棣设宴赏赐有关人员时，为此耗尽余生的姚广孝却已在两月前与世长辞了。

姚广孝大化归天之后，成祖极为哀痛，命礼部和僧录司为他隆重治丧，以僧礼安葬，并停止视朝两天。赐葬于房山县之北，谥为“恭靖”。

姚广孝助燕王登基可谓用尽心思，竟在和平稳定的年代里辅佐自己的主子朱棣，从正统的皇帝朱允文手中夺得本跟他无缘的皇位。而在大功告成以后，又展露出高人一等的政治头脑，帮助朱棣在名不正言不顺的永乐元年开创后世的永乐中兴，亦没有重蹈文种、韩信一样“狡兔死、走狗烹”的覆辙，平平安安地度过了后半生，安安然然地坐化归西了。不能不说是高人一筹啊。

醉心功名徐有贞

徐有贞（1407—1472），宣德八年（1433）登进士第，选庶吉士，授编修。他身材短小精悍，多智数，喜功名，凡天文、地理、兵法、水利、阴阳、方术之书，无不研究。英宗正统二年（1437）进为侍讲。正统七年（1442）疏陈兵政五事（便是其著名的《武功集》），帝善之而不能用。

正统十四年（1449），历史上发生了著名的“土木之役”事件，郕王（即后来的代宗）面对也先的威胁召集大臣商议对策，徐珵根据星象变化，别出心裁地建议将都城南迁，这一荒诞不稽的建议，遭到群臣的讥笑和反对。徐珵的名声大坏，致使多年未得晋升。懊丧之余，他转而大肆奉承阁臣陈循，又通过收买于谦的门生，求于谦为他在代宗面前美言和推荐，意

欲担任国子监祭酒，代宗听说是徐埕，便鄙夷地说："就是那个建议南迁的徐珵吗？此人心术不正，任国字监祭酒之职岂不败坏了诸生的心术！"后来，徐珵在陈循的劝说下，将名字改为徐有贞。

景泰三年（1452），徐有贞升为右谕德。当时，黄河在沙湾一段决口已有七年，一直治理不好。群臣一致推荐徐有贞治河。于是，他被擢为左佥都御史，负责治河大计。经过对实地详细的勘察，他提出了置水闸、开支流、疏通运河三条措施，并积极组织大量民工，亲自督率工程建设，终于消除了水患。徐有贞因治河有功，被进为左副都御史。

天顺元年（1457）正月，代宗病重，将军石亨和张軏密谋迎英宗复辟，徐有贞好功名，参与石亨和张軏的活动，辅助英宗复辟。天顺元年正月，授兵部尚书，三月，封武功伯兼华盖殿大学士（宰相），掌文渊阁事。赐号奉天翊卫推诚宣力守正文臣，锦衣卫指挥使。 在英宗复位前，徐有贞一直感觉自已屈居于谦之下，政治抱负不得而展，因此与于谦结怨。英宗复辟后，徐有贞等就立即把于谦，王文等下狱。当时政局左右于皇权的归属。徐有贞诬陷于谦意欲迎立襄王世子，唆使百官上奏。英宗本来还无意杀掉于谦，回复说"谦实有功"，确实，于谦在土木堡之变中挽救了大明王朝，是个大大的功臣。徐有贞又说"不杀于谦，此举无名"，指复辟师出无名。英宗无奈，只好下令收押。狱中，有人说于谦谋反，查无实据。徐有贞答复说"虽无显迹，意有之"正是这句话，杀了一代忠臣，也成就了徐有贞的千古骂名。徐有贞的这句名言被后人提炼成了更加精练的两个字"意欲"成为足于秦桧杀岳飞的"莫须有"相提并论的冤案。

徐有贞独掌大权后，与石亨、曹吉祥展开了统治阶级内部的明争暗斗，相互倾轧。最后，徐有贞在石、曹等人的一再诬告下，被英宗流放到金齿（今云南保山），削职为民。 天顺四年（1460），石亨罪发被杀，徐有贞才被允许回到家乡闲居。他一心盼望再得英宗重用，天天观察天象，自称将星位于吴，常挥动铁鞭起舞，等待佳音的到来。不久，闻得吴地将军韩雍因出征两广而立功，徐有贞才颓丧地扔掉铁鞭叹道："想不到天象应在这小子身上。"从此，他浪迹于山水之间，十余年后病逝。

有才无德严介溪

严嵩（1480—1567）字惟中，号勉庵、介溪、分宜等，汉族江右民系，江西新余市分宜县人。

严嵩出生于寒士家庭。自小学习声律，少年聪慧，善于作对。如地方父母官口占一联："关山千里，乡心一夜，雨丝丝。"他随口应对："帝阙九重，圣寿万年，天荡荡。"对得很是工整。弘治十一年（1498），严嵩中乡试；十八年（1505），中进士，列二甲第二名，选为庶吉士，入翰林院就读，初露才华，阁臣李东阳在内的不少士大夫"咸伟其才"。正德二年（1507），严嵩被授翰林院编修。不久，以病请归，在分宜县境内的钤山隐居读书，有十年左右。刘瑾执政期间，在焦芳的挑唆下，对南方士大夫采取排斥的方针，特别提出"毋得滥用江西人"。严嵩辞官与此不一定有直接的联系，但他长期养病，可能是受到朝中斥退江西籍官僚的影响。

正德十一年（1516），严嵩还朝复官。复官之初，严嵩对朝政多持批评之论，他多次提到，"正德间，天下所疾苦莫如逆竖妖僧"。对于武宗的其他许多做法，他也持批评态度。关于运楠木北上，他写道："今湖南运殿材

巨楠数千株，联筏曳旗，蔽流而上。楠最硬者围丈余，长可五十尺，诚天地间奇声。然此木一株，山伐陆挽水运至此，费数百金矣。”正德十六年（1521），世宗即位几个月之后，严嵩升南京翰林院侍读，署掌院事。

嘉靖十七年（1538），有人上疏请献皇帝庙号称宗，以入太庙。朝中大臣，包括严嵩在内，欲加阻止。世宗怒，著《明堂或问》，严厉质问群臣。严嵩尽改前说，并且“条划礼仪甚备”。献皇帝入庙称宗之争，是大礼议的尾声。严嵩在这件事上碰到了小小挫折，也学会了如何应付性情乖僻多变的世宗。

勤勉加上温顺，严嵩博得了世宗的好感。当时在西苑值宿并不时得到召见的官僚有：武定侯郭勋、成国公朱希忠、驸马都尉崔元、阁臣夏言和顾鼎臣，以及礼部尚书严嵩，严嵩作为世宗亲信的地位被确定下来。

扳倒夏言，这是严嵩平生中经历的最重要一次争斗。

早期，严嵩在翰林院任低级职务，与当时担任北部尚书的夏言是江西同乡。严嵩打听到夏言是江西同乡，就想利用这层关系设法去接近夏言，但几次前往夏府求见都被轰了出来。

严嵩不死心，准备了酒宴，亲自到夏言府上去邀请夏言。夏言根本没有把这个同乡放在眼里，便随便找了个借口不见他。严嵩就在堂前铺上垫子，跪下来一遍一遍地高声朗读自己带来的请柬。

夏言在屋里终于被感动了，以为严嵩真是对自己恭敬到这种境地，便开门将严嵩扶起，慨然赴宴。宴席上，严嵩特别珍惜这次来之不易的机会，使出浑身解数取悦夏言，给夏言留下了极好的印象。

从此夏言很器重严嵩，一再提拔他，使他官至礼部左侍郎，从此他便获得了可以直接为皇帝办事的机会。几年后，已任内阁首辅的夏言又推荐严嵩接任了礼部尚书，位达六卿之列。夏言甚至还向皇帝推荐他接替自己的首辅位置。

严嵩是极有心计的人，不露一点锋芒，耐心地等待时机，对夏言仍是俯首帖耳，只是暗中在寻找、制造机会，以便将夏言一下子打倒。

嘉靖皇帝迷信道教。有一次他下令制作了5顶香叶冠，分赐给几位宠臣。夏言一向反对嘉靖帝的迷信活动，不肯接受。而严嵩却趁皇帝召见时把香叶冠戴上，外边还郑重地罩上轻纱。皇帝对严嵩的忠心大加赞赏，对夏言则很不满。而且夏言撰写的青词也让皇帝不满意，而严嵩却恰恰写得一手好青词。严嵩也利用这个机会，在写青词方面大加研究，同时还迎合皇上的心意，给他引荐了好几个得道的“高人”。皇帝越来越满意严嵩而疏远夏言。

又有一次，夏言随皇帝出巡，没有按时值班，惹得皇帝大怒。皇帝曾命令到西苑值班的大臣都必须乘马车，而夏言却乘坐小车。

几件事情都引得皇帝不高兴，因此，皇帝对夏言越来越不满。严嵩眼看时机已到，便马上一改他往日的谦卑，勾结皇帝所宠信的道士陶仲文，一起在皇帝面前添油加醋地说了夏言许多坏话。

直接导致夏言失败的因素是“复套”事件。嘉靖二十五年（1546），陕西三边总督曾铣议复河套，夏言极力支持。世宗本来也赞同此议，对持反对意见的官僚严加训饬。但在朝廷一片“复套”的呼声和积极筹办之中，他又改变立场，提出一系列疑问：“不知出师果有名否？及兵果有余力，食果有余积，预见成功可必否？”世宗思想的变化未必由严嵩引起，而严嵩的机会却由此而得。他立刻声称，“复套”之议不当，且借机攻击夏言的专擅：“臣与夏言同典机务，事无巨细，理须商榷，而言骄横自恣，凡事专制。一切机务忌臣干预，每于夜分票本，间以一二送臣看而已。”嘉靖二十七年（1548），世宗命夏言致仕。严嵩又利用掌管锦衣卫的都督陆炳与夏言的矛盾，总兵官仇鸾与曾铣的矛盾，联合陆、仇二人，确立夏言与曾铣交结为奸的罪名，置他们于死地。

严嵩除去夏言，朝中一时无与匹敌，但他深知世宗对大臣的猜忌心理，为了保住他的权位，他对所有弹劾他的官僚都施以残酷的打击，轻者去之，重者致死。

御史桑乔最早弹劾严嵩贪污，严嵩便将其谪戍九江，最后死在那里。御史叶经上疏揭发严嵩结交朋党，收受贿赂，滥封官爵。严嵩怀恨在心，后来乘叶经主持山东乡试之机，摘录考卷中的言语，断章取义，说他讽刺皇帝，使嘉靖帝大怒，将他逮至京师，廷杖而死；锦衣卫经历沈练在俺答兵逼京城之际，历数严嵩十罪。结果被严嵩反噬，以诋毁大臣之罪，将其廷杖之后，谪贬于保安，后来以私通白莲教叛逆的罪名将其处死；兵部员外郎杨继盛上疏论严嵩十罪五奸，严嵩将杨继盛廷杖之后下于狱中，并最终将他害死。

另一方面，严嵩在他儿子严世藩的帮助下，大肆收受贿赂，卖官鬻爵，结党营私。赵文华因为贪名昭著被贬官，后来通过重贿严嵩重新做官，被人称做“权门犬”，此后又进一步与严世蕃结交，认严嵩为义父，后来被提拔为工部侍郎。他帮助严嵩打击残害其反对派，深得严嵩青睐，官至工部尚书；鄢懋卿贪污受贿，生活奢侈，无恶不作，也被严嵩提拔为左都御史，后来严嵩让他执掌盐政大权，他更是变本加厉，大肆贪污受贿，对于严嵩则是日日行贿，后来官至刑部右侍郎。

仇鸾原是因罪被罢官之人，但是巴结上严嵩之后，便立即官运亨通起来，成为大总兵。当俺答入侵的时候，仇鸾和俺答的义子脱脱相约，请毋犯大同，且许与之通市。后来俺答汗进犯京师，他奉命率军救援，结果一战即溃，但是因为是严嵩的党羽，所以未受任何处分，反加官太子太保，总督京师地区军事。后来，仇鸾以误国败政被罢官戮尸。

严嵩执政后期，由于他大量侵吞军饷，导致前线武器陈旧不能更新，将士常年戍边军饷难以发放而怨声载道，消极懈怠，战备松弛。东南倭寇和北方蒙古骑兵更加猖狂地进攻明朝，边疆呈现严重危机，而身为首辅的严嵩却束手无策。由于政治黑暗，上下官员竞相贪污搜刮，导致赋役日增。再加上自然灾害频繁发生，民不聊生，民怨四起，阶级矛盾日益激化，明朝的统治面临着严峻的危机。这样的国家状况，使世宗在嘉靖三十七年（1558）后，对严嵩开始逐渐不满，转而信任大学士徐阶。

嘉靖四十年（1561），严嵩的妻子欧阳氏去世，严世蕃按旧时礼制应回乡守制三年，虽然皇帝应严嵩的奏请，准许严世蕃留京，但他在居丧期间已不能代父入值票拟。严嵩此时已有八十余岁，老朽昏聩，他所做的票拟往往言语不清，前后矛盾，他所进献的青词也都是别人代写，这些多不称世宗的心意，遂对严嵩渐渐心生不满，后来又听说严世蕃贪虐淫纵，对其父子更感厌恶。这时，严嵩可谓是祸不单行，自己不得皇帝的欢心不说，还与时任次辅的徐阶发生了渐趋白热化的斗争。徐阶是一个聪明而又有权略的人，他感觉到世宗对严嵩态度的微妙转变，就买通了世宗很信任的一个名叫蓝道行的道士。蓝道行在扶乩的时候，显现出“分宜父子，奸险弄权”的字样，世宗问：“上天为何不诛杀他呢？”蓝道行诡称：“留待皇帝正法。”一生信奉道教、礼拜神仙的世宗对严嵩究竟是忠是奸发生了疑问。就在这一年，皇帝居住的万寿宫发生一场大火，皇帝不知以后怎么办，向大臣询问，严嵩竟建议皇帝搬到南宫去住。南宫是旧时英宗被幽锢之所，这对喜欢祥瑞的世宗来讲，真是犯了大忌讳。徐阶迎合皇帝心意，主张重建万寿宫，新宫建成后比先前更巍峨漂亮。这样，徐阶在世宗心目中的地位渐有取代严嵩之势。严嵩失宠后，御史邹应龙闻风而动，上疏弹劾严嵩。嘉靖四十一年（1562），在徐阶的怂恿下，皇帝夺去严嵩一切官职，勒令回乡，严世蕃谪戍雷州卫，严世蕃在谪戍雷州中途跑回江西老家。嘉靖四十三年（1564），严世蕃又被御史弹劾。世宗大怒，将严世蕃逮捕下狱，后以“通倭犯上”罪被杀。严嵩被削籍为民，家产尽抄，世宗令将籍没的财

产一半充边饷，一半入内库，仅 10 万两入库。后来严嵩只得在祖坟旁搭一茅屋，寄食其中，晚景非常凄凉。嘉靖四十五年（1566）四月，严嵩在孤独和贫病交加中去世。他死时穷得买不起棺木，也没有吊唁者。临死前，严嵩艰难地写下“平生报国惟忠赤，身死从人说是非”，掷笔而死。

严嵩的倒台，所依罪名为“通倭犯上”，得出结论是“谋反”，但真的是如此么？首先，严嵩已经是位极人臣，万人之上。从许多表现上来看，严嵩除了权欲熏心，排除异己以外，并没有勾结倭寇的意图。严嵩经常为皇帝写青词，据说严嵩还经常为喜爱炼丹的嘉靖皇帝试服丹药，并每次都要写实验报告，或导致重金属中毒。以此来看，严嵩并没有作乱犯上的意图，反倒是十分忠于皇帝。可见，严嵩从很大程度上来说是“冤枉”的，至少是被不正当手段解决的。后来的张居正认为，严嵩的罪名不是“谋反”，而是“奸党”，也明显的有些许回护的意思。其实严嵩充其量就是个“奸臣贪官”而已。我们可以说，严嵩是被“冤枉”的，但这又如何呢？被严嵩冤杀的人还少吗？

谋定后动徐子升

徐阶（1503–1584），字子升，明松江华亭（今上海松江华亭）人。

据《明史》记载，徐阶刚周岁的时候，不慎掉进一口枯井中，当时昏迷过去，家人都以为他活不成了，但是三天后他竟然神奇地苏醒过来；五岁的时候，有一次他从悬崖峭壁上摔了下来，大家认为他肯定没命了，但是他的衣服居然挂住一棵大树使他保住了性命。这使人们感到十分惊奇，都说他大难不死，必有后福。徐阶个子不高，皮肤白皙。生性聪颖机敏，善于谋略，喜怒不形于色。年轻的时候曾经跟王守仁的门人交朋友，所以他在士大夫中间有很高的知名度。

嘉靖二年（1523），徐阶考中进士。被授以翰林院编修的职务。他在翰林院时，内阁大学士张孚敬大权在握，嘉靖帝听从张孚敬的建议，想去掉孔子的王号，同时想降低祭祀孔子的标准。嘉靖帝让大臣商议这件事情，其他大臣由于惧怕张孚敬而不敢多说什么，只有徐阶坚决反对这样做。张孚敬很生气地训斥他，徐阶据理抗争。张孚敬大怒，说："你想背叛我。"而徐阶从容地说："背叛生于依附，我没有依附你，怎么能说我背叛你？"结果他被贬为延平府推官。在担任延平府推官期间，徐阶审理冤狱，把三百名无辜受害者放出大牢，创乡社学，捣毁淫祠，捕获为害乡间的盗贼一百二十人。后来，升迁为黄州府同知，之后依次担任浙江按察佥事、江西按察副使、国子祭酒、礼部右侍郎、吏部侍郎。在担任吏部侍郎时，他一反过去吏部官员接见庶官不多说话的常规，见到下面来的官吏总是仔细询问边腹要害、吏治民情，所以各级官吏都很愿意和他打交道。他还知人善任，经过他推荐的官员大多是谨厚长者，深得朝臣赞誉，不久他又升为礼部尚书。

当时严嵩专权，徐阶起初不肯依附严嵩。于是严嵩经常在皇帝面前说他的坏话。徐阶的处境一度十分危险，这使他认识到不能以卵击石，于是他改变策略，事事顺着严嵩，从不与他争执。为了得到他的信任，还把自己的孙女嫁给严嵩的孙子，表面上十分恭顺。

徐阶的家人忍耐不住，对徐阶说："你也是朝中重臣，严嵩三番五次害你，你只知退让，这未免太胆小了。这样下去，终有一天他会害死你

的。你应当揭发他的罪行，向皇上申诉啊。”

徐阶说：“现在皇上正宠信严嵩，对他言听计从，又怎么会听信我的话呢？如果我现在控告严嵩，不仅扳不倒他，反而会害了自己，连累家人，此事绝不可鲁莽！”

严嵩为了整治徐阶，就指使儿子严世藩对徐阶无礼，想激怒他，自己好趁机寻事。一次，严世藩当着文武百官的面羞辱徐阶，徐阶竟是没有一点怒色，还不断给严世藩赔礼道歉。有人为徐阶打抱不平，要弹劾严嵩，徐阶连忙阻止，他说：“都是我的错，我惭愧还来不及，与他人何干呢？严世藩能指出我的过失，这是为我好，你是误会他了。”

同时，徐阶向嘉靖帝靠拢，专门挑皇帝喜欢的话说，终于讨得嘉靖帝的喜欢，不久，加徐阶少保头衔，接着兼任文渊阁大学士，进入内阁，参与机务。后来他密奏咸宁侯仇鸾罪状，使嘉靖帝杀掉仇鸾，得到皇上的信任，加太子太师头衔，地位进一步提高，仅次于严嵩。

嘉靖四十一年（1562），邹应龙告发严嵩父子，皇帝下令逮捕严世蕃，勒令严嵩退休，徐阶则取代严嵩为首辅。严嵩被勒令退休后，徐阶亲自到严嵩家去安慰。他的行为使严嵩十分感动，甚至叩头致谢。严世蕃也乞求徐阶替他们在皇上面前说情，徐阶满口答应。徐阶回到家里后，他的儿子徐番迷惑不解地问：“你受了严家父子那么多年的气，现在总算到了出气的时候了，你怎么这样对待他们？”徐佯装生气骂徐番说：“没有严家就没有我的今天，现在严家有难，我恩将仇报，会被人耻笑的！”严嵩派人探听到这一情况，信以为真，严世蕃也说：“徐老对我们没有坏心。”其实，徐阶这样做是因为他看出皇上对严嵩还存有眷恋，而皇上又是个反复无常的人，严嵩的爪牙还在四处活动，时机还不成熟。后来，嘉靖帝果然后悔，想重新召回严嵩，在徐阶的力劝下，才打消了这个念头。

徐阶继任首辅之后，大力革除严嵩弊政，十分注重选拔，他先后举荐

高拱、张居正等人进入内阁。他十分爱惜人才，大力营救因上疏指责皇帝过失而被定死罪的户部主事海瑞。他还十分勤政，凡是皇上交给的任务，即使一夜不睡，也要准时完成，因此他更得嘉靖的赏识。同时，他还经常劝说皇帝停止动辄捕杀边镇大臣的做法，缇骑因此省减，诏狱渐少。后来因为指挥明军抵挡蒙古骑兵南下有功，升为建极殿大学士。

嘉靖帝朱厚熜死后，徐阶起草遗诏，将大礼议中因反对嘉靖帝而获罪的大臣全部平反，存者招用，死者优恤。诏书颁布的那天，许多大臣感激涕零。徐阶执政期间，还减轻百姓负担，清理盐税。景王死后，他上奏将景王霸占的数万顷田土给了百姓，使老百姓欢欣鼓舞，奔走相告。他还废除朝中的许多浪费项目，尤其是皇帝信奉道教的开支。他的做法，得到朝中上下的拥护，人们称他为“名相”。

万历十年（1583），徐阶 80 岁高龄，皇帝专程派人前去慰问，并赐玺书、金币。第二年，徐阶病死。赠太师，谥文贞。

徐阶二十成名，其一生几乎都在政治漩涡中盘旋。他曾经因为得罪当朝权贵张璁而被害得家破人亡，戚戚惨惨地被发配边疆。

后来，他回来了，又亲眼看着自己的恩师夏言惨遭严嵩迫害，却只能保持缄默。

他苦心经营十几年，忍一切难忍之事，容一切难容之人。最终搬倒了不可一世的严嵩。

接下来，他一改往日假意依附严嵩时的懦弱风格，拒绝了皇帝一切奢华要求，提拔了一大批正直能干的青年才俊，这其中就包括有万历第一首辅——张居正。

纵观徐阶一生，曾被人整过，亦曾整过人；干过不少好事，亦曾违心地干过坏事。他用了四十年的时间，将自己从一个热血青年锻造成“老谋深算”的政坛悍将，最终站到了权利的中心。

太监政治家冯保

冯保（1543—1583），字永亭，号双林，衡水市赵家圈乡冯家村人。嘉靖中，为司礼监秉笔太监。

隆庆元年（1567），提督东厂，并兼掌御马监事务。当时司礼监掌印太监一职空缺，按照资历应由冯保担任，但是隆庆帝并不欣赏冯保。大学士高拱推荐御用监的太监陈洪出任该职，冯保从此对高拱产生怨恨。等到陈洪被罢免，高拱又推荐了孟冲，这让冯保更为恼火。孟冲是尚膳监的太监，按规定是不能够担当司礼监职务的。于是冯保开始结交张居正，谋划如何除去高拱。张居正也正有此意，两个人的同盟关系日益紧密。一次隆庆帝生病，冯保秘密通知张居正起草遗诏，这件事情被高拱发现，当面责问张居正："现在是我主持政局，为什么你独自与内臣草拟遗诏？"高拱也更加厌恶冯保，开始思量如何把他赶出紫禁城。

隆庆帝驾崩后，冯保找到李太后告状，诉说孟冲如何在高拱的指使下获得的司礼监职位。冯保又将自己也列入顾命大臣之列，在登基大典上有资格站在皇帝宝座旁边。冯保既掌管司礼监，又提督东厂，手握皇宫内外大权，不可一世。在隆庆帝驾崩的时候，高拱曾经在阁中非常悲痛地说："十岁天子，如何治天下？"冯保利用机会对李太后说："高拱独掌朝纲，目无天子，曾当着百官的面说，一个10岁的孩子，怎么能够当一国之主呢？”李太后听了很害怕，担心高拱专权，威胁皇位，小皇帝也闻之变色。第二天召文武百官入朝，宣读太后与皇帝的诏令。高拱以为诏书是要驱逐冯保，也急忙入宫。等到宣读诏书的时候，诏书中列出高拱的多项罪名，并责令高拱立即出京，返回原籍。这是高拱从未想到的，他作为顾命大臣、内阁首辅，在先帝驾崩后立即遭到驱逐。突如其来的打击，让高拱一下子坐倒在朝堂上，不能站起。张居正把他扶起来，送上一辆骡车直出宣武门，离开北京。高拱被驱逐出京城后，冯保的怨恨仍然没有消除，他想置高拱于死地。

万历元年正月十九日，神宗皇帝清晨出宫视朝，被一名叫王大臣的男子冲撞。皇帝侍卫将王大臣擒获后，从他身上搜出刀剑各一把，随后由皇帝下旨，押送东厂审问。

冯保借机构陷高拱，暗地里嘱咐王大臣，要他假认是高拱所指使。一时之间，谋刺皇帝的谣言迅速传开，朝廷各科道官员人人自危，不敢贸然上疏替高拱辩冤。而都察院左都御史葛守礼、吏部尚书杨博则挺身而出，坚决要求将王大臣案由刑部、督察院与东厂共同审理。张居正迫于压力，只好上疏神宗皇帝，下旨让冯保会同左都御史葛守礼，锦衣卫左都督朱希孝会审。高拱因此被洗刷了冤情，王大臣则被处以死刑。

王大臣一案使得冯保惹恼了朝中众多大臣，大家都对他诬陷高拱的险恶行径嗤之以鼻。而张居正却因此牢牢地坐稳了首辅这把交椅。

张居正成为首辅，在取得太后、皇帝的支持，和内相冯保的配合下，亲政了多年，并推行了“一条鞭法”，增加了国家财政收入。他裁减冗员，减少支出，使大明政权一度出现复苏的局面。张居正固然有大才，但之所以能被委任内阁首辅，施展政治抱负，是因为有冯保的全力支持。但是，冯保贪财好货，广收贿赂，张居正也曾送给他不少宝物。冯保后来又花费巨款，给自己建造了生圹，张居正写了《司礼监秉笔太监冯公预作寿藏

记》，对他歌颂不已。

神宗曾赐象牙图章与冯保，内刻“光明正大”、“尔惟盐梅”、“汝作舟楫”、“鱼水相逢”、“风云际会”，更“直以宰相待之”（《万历野获编补遗》卷一）。后来，冯保更加骄横，即使皇帝有所赏罚，冯保不开口，谁也不敢执行。

宦官通病，都是贪。专权者，皆为己利。冯保亦如此。这一点，张居正也不能免。对此，不用回避。冯保专权，其对政敌，不管是朝上，还是大内，他都毫不留情，亦可说明冯保政治手段狠毒的一面。此与张居正有得一拼。《冯保传》有一个说法：“保所不悦者，斥退殆尽”，由此可见一斑。

但冯保也常常做一些识大体的事。如内阁产白莲花、翰林院有双白燕，张居正弄来给皇帝赏玩，冯保派人对张居正说：“皇帝年幼，不应该用这些奇奇怪怪的东西，使皇帝贪玩。”又能约束其子弟，使他们不敢胡作非为。京中百姓也觉得冯保此人不错。

神宗十八岁时，曾经醉酒调戏宫女。冯保向太后告状。太后愤怒之余，差点废掉神宗帝位。太后命张居正上疏切谏，并替皇帝起草“罪己诏”，又罚他在慈宁宫罚跪六个小时，皇帝因此对冯保、张居正怀恨在心。

万历十年（1582），张居正死于任上。万历皇帝开始清算张居正。当然，冯保也是他从小忌恨之人。冯保自然也躲不过。万历十年十二月，江西道御史李植上疏弹劾冯保，《万历疏钞》曾有记录李植弹劾冯保当诛二十罪。浙江道监察御史王国则上疏，力言冯保欺君误国之罪十条，条条罪大恶极，应按法重处。这时，万历帝对冯保的畏惧感仍然很强，对他们说：“如果大伴上殿来问这件事，朕该怎么办啊？”张鲸说：“既然下旨将他驱逐，他哪里还敢入宫见您呢？”于是万历帝听从了他们的建议，下决心驱逐冯保，让冯保奉旨离开北京，到南京居住。在冯保死后，他的弟弟被削职下狱。冯保的家产被查抄，搜出金银百余万两，各种瑰丽珍宝不计其数。

冯保之死，没有确切的说法。据说，冯保被贬之后，还活了很多年。有一种说法，称其死于万历四十八年。估计也算是寿终正寝了。《冯保传》“久之乃死”的说法，看来是准确的。

《明史》称，冯保有“儒者风度”，大致是对的，冯保学识不凡，颇有文人风骨。网上有一评价，亦极有意思：他不是一个绝对的好人，也不是一个绝对的坏人，甚至不是一个绝对的男人。但是，作为太监，他青史有名，且不是恶名，已然不易了。

生荣死哀张居正

张居正（1525—1582），字叔大，号太岳，幼名白圭。明代湖广江陵（今属湖北省荆州市）人，时人又称张江陵。

据说张居正出生时，其曾祖父做了一个奇怪的梦，梦中的月亮落在水瓮里，照得四周一片光明，然后一只白龟从水中悠悠地浮起来。曾祖父认定白龟就是这小曾孙，于是信口给他取了个乳名“白圭”，希望他来日能够光宗耀祖。

白圭的确聪颖过人，很小就成了荆州府远近闻名的神童，他 5 岁入

学，7 岁能通六经大义，12 岁考中了秀才，荆州知府李士翱很是赏识他。13 岁时，张居正参加乡试，写了一篇非常漂亮的文章，颇受乡试主考官湖广巡抚顾璘赏识，二人成了忘年交，顾称其为“小友”，常对别人说“此子将相才也”，并解下犀带赠予居正说：“希望你树立远大的抱负，做伊尹，做颜渊，不要只做一个少年成名的举人。”不过，顾璘怕他过于顺利得意忘形而终无为，有意磨砺他，强制其落榜，张居正此次并未中举。16 岁时，张居正中举人，嘉靖二十六年（1547），23 岁的张居正中二甲进士，授庶吉士。

世宗后期，张居正升任右中允，与时任国子监祭酒的高拱关系良好。而张居正亦是当时少数能与两大重臣严嵩与徐阶都能保持良好来往的官员之一。张居正与朝廷中宦官和权臣都有密切关系，这对他后来的仕途与施政都有着很大的影响，但也埋下“祸发身后”的悲剧。

穆宗隆庆元年（1567），张居正任吏部左侍郎兼东阁大学士。上《陈六事疏》，声明自己关于改革时政的意见。经历了激烈的内阁斗争后，最终与高拱并为宰辅，为吏部尚书、建极殿大学士。和高拱一起巧妙利用俺答汗孙子来降一事，与鞑靼和解互市，结束了双方多年的战事，是为俺答封贡。在南方，准许广州举办一年两次“交易会”。

神宗万历初，张居正与宦官冯保合谋逐高拱，代为首辅。当时神宗年幼，张居正得到当时摄政的神宗生母李太后的完全信任，一切军政大事均由他主持裁决，前后当国十年，实行了一系列政治经济改革措施，收到一定成效。

他清查地主隐瞒的田地，推行“一条鞭法”，改变赋税制度，使明朝政府的财政状况有所改善；用名将戚继光、李成梁等练兵，加强北部边防，整饬边镇防务；用凌云翼、殷正茂等平定南方少数民族叛乱；严厉整肃朝廷上下。在张居正功成名就之时，他把矛头对准了曾给他带来巨大利益的阶层——文官集团。张居正除了推行“一条鞭法”，使得税收统一收钱不收物，节省了很多土地，更实行考成法，其具体实施方法类似于今天的考勤，方法如下：比如一位知府（五品），年初时就要写好一份计划，不能太少，写好后自己留一份，给张居正一份。如计划过少，就要退回重写。计划通过后，以后的一年里这位知府就要为完成计划而努力。如果到了年末，核对后发现这位知府有什么事没有完成，那知府就会被贬职降为知县。如果到了县里还是如此，那就一直降下去，直到知府什么官都被削去，回家当老百姓为止。

同时，张居正还要求封建社会的最高统治者皇帝勒紧裤带，和大家一道过紧日子。他不仅多次向神宗提出“节用爱民”，“以保国本”，而且在皇室的奢侈性花费上，也是锱铢必较，寸步不让。万历七年，神宗向户部索求十万金，以备光禄寺御膳之用，居正据理力争，上疏说，户部收支已经入不敷用，“目前支持已觉费力，脱一旦有四方水旱之灾，疆场意外之变，何以给之？”他要求神宗节省“一切无益之费”。结果，不仅免除了这十万两银子的开支，连宫中的上元节灯火、花灯费也被废止。在张居正的力争下，还停止重修慈庆、慈宁二宫及武英殿，停输钱内库供赏，节省服御费用，减苏松应天织造等，使封建统治者的奢侈消费现象有所收敛。

万历七年（1579），明神宗因夜与宦官张鲸游玩时行为不检，遭到李太后训斥，张居正为皇帝写了罪己诏，由此埋下日后的祸根。

张居正晚年权倾一时，根本不把皇帝放在眼里。父亲去世，他可以不守孝，以丧服办公。这在当时，可说是不大敬的事情。但是，张居正不以为然，居然还廷杖、贬斥甚至流放反对其遵旨“夺情”之人。可是，一年之后，张居正又请假回原籍安葬父亲，一走三个月。张居正带随从和护卫还乡，地方大员郊迎郊送，送尽赙仪和奠金。江陵城更是倾城出动，葬礼

空前盛大。其回京之时，皇帝和两宫太后，居然都要派员郊迎，其礼数，已不是所谓的恩宠概念了。皇帝嘴上不说，心里则是不悦的。当然，神宗皇帝最受不了的，就是张居正晚年的干部任用，其升贬官员，多凭个人好恶，不例循旧制，甚至根本不征求皇上意见。

通州县知县张伦拍足张老太太马屁，老太太对张居正说："一路烦热，到了通州一憩，才有如游清凉国。"张居正提拔张伦为户部员外郎。

万历十年（1582），张居正病卒，万历皇帝曾为之"辍朝"，赠上柱国，谥文忠，在过世前十天，万历帝加封为"太师"，为有明一代唯一一位在生前受封此职之人。死因正史认为是死于痔疮。也有现代医学认为死时症状类似于直肠癌。其他关于诸如性交纵欲过度的传言，没有其他佐证，只见于野史。

然而，没过几天，便有御史雷士帧等七名言官弹劾潘晟。潘晟者，乃张居正生前所荐之官。由此，清算张居正的斗争开始了。

此时，有人呈进了前任首辅高拱的一份《病榻遗言》，既为申冤，也历数了张居正之过。辽王妃王氏也上奏疏，说张居正诬陷辽王，霸占王府（张居正在老家江陵城住的是获罪辽王的王府），司礼太监张诚等人也纷纷出动，攻击张居正之罪。正所谓"墙倒众人推"。此时的万历神宗皇帝，一个尊其为师的人，终于给张居正加上了众多罪状："诬蔑亲藩、钳制言官、蔽塞朕聪、专权乱政、罔上负恩、谋国不忠"等。于是，万历神宗皇帝下诏，查抄居正之家，削尽其官秩，录夺生前所赐玺书、四代诰命，以罪状示天下，还差点刻棺戮尸，其子其弟等，全部发配"烟瘴地面"。

史料记载，万历神宗皇帝清算张居正的事情是相当惨无人性的。

继万历十一年（1583）三月，神宗诏夺张居正上柱国、太师，再诏夺文忠公谥，斥其子锦衣卫指挥张简修为民之后，明万历十二年（1584）四月，再“诏令查抄居正家产，司礼太监张诚，刑部右侍郎邱橓，及锦衣卫、给事中等奉命前往”。张诚和邱橓，都是张居正生前的政敌。他们心狠手毒，挟私报复。

张居正家远在江陵。四月诏到，当地政府即荆州府、江陵县的大员亲自到张宅封门。张家子女，全部被赶到一个没有食物、甚至连一口水也没有的空屋里，不得出门。直到五月初五，邱橓等钦差大臣才姗姗来迟，打开宅门之时，已饿死十余口人。然后，又是搜检、又是拷问，应有尽有了。但是，邱橓等人还不满意，重刑拷打，非要张家人招出寄存宅外的“子虚乌有”的二百万银两。张居正长子张敬修不堪拷问，自缢而死；张懋修投井不死，不食又不死，侥幸保一条性命。张敬修自缢前，留下血书一封。洋洋千言，写得人心都碎了。“呜呼，天道无知，似失好生之德，人心难测，罔恤尽瘁之忠。”他指责邱橓等人“含沙以架奇祸，载鬼以起大狱，此古今宇宙稀有之事。”最后直呼“邱侍郎”是“活阎王”，“奉天命而来，如得其情，则哀矜勿喜可也，何忍陷入如此酷烈！三尺童子亦皆知而怜之，今不得已，以死明心”。

张居正共有六子一女。即：敬修、嗣修、懋修、简修、允修和静修。其长子张敬修自缢之后，其妻高氏，捶胸顿足大哭，几次上吊自杀未成。后竟然取茶匕，刺伤自己眼睛，左目遂枯瞎。此时，张敬修之子张重辉仅有五岁，后在高氏抚养之下，不到27岁也死了。张嗣修、张懋修等亦被发配到人烟稀少、瘴气充溢之地而死。还有一儿子张允修，亲见家破人亡、长兄死去，一家人受尽凌辱，亦几次寻死未成，几近疯狂。他曾经脱掉衣服，打着赤脚，在恶毒的太阳底下抱着父亲的遗稿，以及家父给孩子们的尺牍信札号啕大哭。不过，仅有此人，后来活到了八十岁。直到张献忠攻下荆州城，张允修才绝食而死。也有一说，此为张懋修。

到了熹宗在朝时，有人称道张居正，熹宗下诏恢复了张居正过去的官职，并安葬祭祀。崇祯三年（1630）礼部侍郎罗喻义等人上书为张居正鸣冤，崇祯恢复了二个荫职及诰命，并恢复了张居正之子张敬修的官职。

张居正一生功过兼有之，但作为一个封建士大夫，能任劳任怨地工作，敢于整顿松弛的政治秩序，能使国富民丰，边疆安全，也称得上是一个正直的好官。

七、落日篇

大明挽歌：一个“亡国之君”的悲剧人生

崇祯，一个被许多人同情的皇帝，连李自成也说他“君非甚暗”，历史上对崇祯帝的评价迥异，否定者，谓他是一个苛察残暴的专制帝王，一个刚愎自用的亡国之君，重用袁崇焕、洪承畴等名将能臣，又亲自给他们掘好了悲剧的坟墓；肯定者，谓他是一个励精图治的勤政皇帝，一个精明强干的青年天子。他的一生是悲剧的一生，最后吊死在煤山一棵槐树上，实现了他“国君死社稷”的志向。

并不美好的童年

崇祯皇帝朱由检（1611 年 2 月 6 日—1644 年 4 月 25 日），明朝第十六位皇帝。明光宗朱常洛第五子，一个一生多灾多难的皇帝，他的不幸从出生那一刻起就从没离开过他。

前文已经说过，崇祯父亲泰昌帝朱常洛的母亲王氏，也就是崇祯的奶奶，是一位地位低贱的宫女，偶然受万历帝宠幸生了朱常洛，并被立为太子。但万历帝并不喜欢这个儿子，连带着，连这个儿子的儿子也不受待见。

泰昌帝朱常洛 39 岁即位，仅过一个月暴毙于寝宫，其死因众说纷纭，这就是震惊朝野的“红丸案”，这一年，崇祯帝朱由检 11 岁，从小到大，他都没能从那个爷爷不爱、整天为太子之位担惊受怕的父亲身上得到多少父爱。

崇祯帝的身世与其父亲相比有过之而无不及，他的母亲姓刘，是太子所薄的卑妾，即便生下皇子，也从未母凭子贵。崇祯五岁时，母亲刘氏得罪，被父亲泰昌帝下令杖杀，崇祯交由庶母西李抚养。数年后，西李生了女儿，照管不过来，改由另一庶母东李抚养至成人。

《明史》载，泰昌帝朱常洛有二李选侍，人称东李、西李。庄妃李氏，即“东李”也。朱常洛之子明熹宗朱由校登基后，李选侍于天启元年

（1621）二月封庄妃。

东李宽厚仁慈。她的地位虽列于西李之前，因其行事谨慎，恪守妇道，不与人争，不与事较，受宠爱的程度却远不能与西李相比。加上膝下无子无女，孤处内宫，十分寂寞。现在奉命抚养皇五子，正是她求之不得的事。朱由检的到来，既可使她寂寞的心怀增加些许温暖，也可使她的爱心有一倾注的对象。而朱由检也从此得到了新的母爱。

《中国宫闱秘史》三《明宫秘史》中记载着这么两件有趣的小事：

一件是朱由检孩童时在宫中生活，每天早晨起来首先拜天，然后去母亲那儿问安。东李选侍特别喜欢他，经常和他一起玩。有一次朱由检做梦看见黑龙盘在殿柱上，就悄悄告诉了东李选侍。选侍暗暗高兴，叮嘱他千万不能泄露出去。因为她深深地知道，在人人自危、暗藏杀机的皇宫里，当皇帝是每个皇子梦寐以求的大事，都在为此事而处心积虑、暗中行事，即便是小小的梦中之兆也有可能引来杀身大祸，所以选侍告诫他不能对任何人讲。由此可以看出，东李选侍确实喜爱皇五子，虽然这个孩子并非是自个儿的亲生骨肉，但为他的安危处处着想，真可谓不是生母胜似生母。

另一件事是朱由检居住的宫中后有两口水井，一天朱由检跟随选侍在井边玩打水的游戏，奇怪的是朱由检从井中捞出了几条金鱼，选侍大为吃惊，又让皇五子从另一口井中打水，结果也有金鱼。看到这种情景，东李选侍认为皇五子命主大贵，将来必定当皇上，喜极而泣，对朱由检说：“吾不能奉侍王矣。”虽然这两件事含有一定的迷信成分，但在东李选侍看来，认为这是上天向她昭示，皇五子就是未来的皇帝。后来，皇五子果真当上了皇帝，“念鞠育功，加上妃封号。与其弟李成栋官，给田千顷。”

东李的为人，不管在宫内宫外，都是赞不绝口的。对于朱由检而言，她更是像亲生母亲一般。但这位给予朱由检诸多快乐和幸福的母亲，最后

却郁郁而死，不得善终。朱由检不能不深受震动与打击。

朱由检就这样在几度失去亲人后，在无数的阴谋与迫害中度过了少年的时光。凭着自己的聪慧和直觉，他逐渐明白了养母的死因。

原来，魏忠贤与熹宗乳母客氏仗着皇帝的宠信，联手把持朝政，大肆排除异己，残害无数忠良，宫禁之内黑暗无比。有的妃嫔为了苟且偷生，只好屈膝媚事客、魏，方得保住性命。而有的则不肯低眉俯首，客、魏就以各种残忍的手段加以消灭。

这种情况下，东李的境遇又如何呢？是否也死于非命？从现存的零星的史料来看，东李是被客、魏间接杀害的。庄妃东李向来持正，尤其看不惯魏忠贤和客氏的飞扬跋扈和阴险毒辣，对他们从不阿谀奉承、仰其鼻息，因而也遭到了他们的排挤和暗算。

《中国宫闱秘史》三《明宫秘史》中披露了客、魏破坏宫中礼制的种种行为："……时魏阉、客氏用事。妃持正抵牾，恒呼忠贤为女鬼，以都有'八千女鬼乱朝纲'之谣也。凡宫中礼制，多被裁抑。妃甚不平。会忠贤同官徐应元为承奉正，每谒妃，怠慢不以礼。尝在妃前，笞宫使。旧例：司礼监秉笔掌印，许自置坐板，舁进乾清门者罚。忠贤乘之出入无忌。内臣不禁地带巾，忠贤又屡冠长者巾至宝月亭。种种诋肆，毫无避忌。妃以是愤气，薨。"当时，魏忠贤一手遮天、党羽众多，她敢于在人前骂魏忠贤是"女鬼"，说明她早已把生死置之度外，反映了庄妃对魏忠贤的厌恶和愤恨，这在那时是正义和果敢的行为。而魏忠贤之流"恶妃持正"，故意裁损宫中礼数，故意肆无忌惮地践踏礼制，庄妃气愤不过，忧郁而死。

自己的养母可以说是被客氏与魏忠贤之辈迫害致死的，而在庙堂之上，客氏与魏忠贤联手，大肆打压、诛杀异己、能臣，大量安插自己的党羽到各个要职，整个朝廷俨然成了魏家的天下。而哥哥天启皇帝朱由校整

日只醉心于他的木匠活，把朝政之事全部交给魏忠贤处理，致使他更加权势熏天，为所欲为。庙堂之上，朝政日衰，天启朝的腐败达到了极点。

崇祯即位后，他有一个中兴大明的梦，而魏忠贤之流成了他实现中兴道路上的最大阻碍，还有那个与魏忠贤搭伴的客氏，对待这两个前有杀母之仇，现在又成了人生道路上最大绊脚石的人，崇祯可以说恨到了骨子里，以至于即位后做的第一件事就是惩治客氏，诛杀魏党。

智除权宦魏忠贤

天启皇帝朱由校临死前曾专门叮嘱弟弟朱由检说，魏忠贤“恪谨忠贞，可计大事”。天启七年（1627）八月，天启皇帝死后的第三天，朱由检正式即位。当时，魏忠贤以司礼秉笔太监提督东厂。魏忠贤的亲信田尔耕为锦衣卫提督，崔呈秀为兵部尚书。朝廷内外遍布魏忠贤的死党。

魏忠贤不敢公然加害崇祯，暗中毒害还是有可能的。所以，崇祯在入宫当天，一夜未眠，取来宦官身上的佩剑以防身，又牢记皇嫂张嫣皇后的告诫，不吃宫中的食物，只吃袖中私藏的麦饼。整个宫中，都处在一种非常恐怖的气氛当中。

登基之后的朱由检，一面像哥哥朱由校一样，优待魏忠贤和客氏，一面将信王府中的侍奉宦官和宫女逐渐带到宫中，以保证自己的安全。魏忠贤始终无法猜透崇祯的心思，于是送一些美女给朱由检。朱由检不好色，

自然对美色毫无兴趣。但怕引起魏忠贤的疑心，朱由检将魏忠贤送来的 4 名绝色女子全部留下，但都仔细搜了身。结果发现，4 名女子的裙带顶端，都系着一颗细小的药丸，宫中称为“迷魂香”，实际上是一种能自然挥发的春药。崇祯命 4 人将药丸毁去。

魏忠贤千方百计地想引导朱由检做一个荒淫皇帝。一计不成，另生一计，就派一个小太监坐在宫中的复壁内，手中持“迷魂香”，使室中自然氤氲着一种奇异的幽香，以达到催情的效果。这一招，同样被崇祯识破。朱由检对此大发感叹：“皇考、皇兄皆为此误矣！”

既然美色无法打动朱由检，魏忠贤干脆采用更露骨的试探方式。一些无耻的臣工们仍然不停地上疏，为魏忠贤大唱颂歌。朱由检读这些奏疏的时候，总是“且阅且笑”。魏忠贤向皇帝上了一道《久抱建祠之愧疏》，向皇帝请求停止为他建造生祠。朱由检的批复不温不火：“以后各处生祠，其欲举未行者，概行停止。”这种顺水推舟之举，抑止了朝野上下对魏忠贤的崇拜，又不致引起魏忠贤的恼怒。

朱由检还不断嘉奖魏忠贤、王休乾、崔启秀等人。自然，朱由检心中明白，这一切早晚都会收回来的。他在静静地等候时机，暗暗设法削弱魏忠贤的影响力。

政治斗争是非常微妙的。也许，当时朝廷中的大臣们，都在寻思保全自己的良策，有投机的，有不动声色的，有冒死直谏的。最后倒魏，竟然首先是由魏忠贤的党羽发动的。天启七年（1627）十月十三日（农历，下同），御史杨维垣上疏弹劾崔呈秀，却美化“厂臣”魏忠贤——“呈秀毫无益于厂臣，而且若厂臣所累。盖厂臣公而呈秀私，厂臣不爱钱而呈秀贪，厂臣尚知为国为民，而呈秀惟知恃权纳贿。”这分明是丢车保帅之策。

崔呈秀在魏忠贤将门下号称“五虎”之一，是魏忠贤的得力干将。而且，由于是魏忠贤的亲信，崔呈秀的儿子崔铎虽然目不识丁，居然中了

进士。除去崔呈秀，等于断了魏忠贤一臂。朱由检免除崔呈秀兵部尚书一职，令他回乡守制。这掀开了倒魏的大幕。

敏锐的官员们觉察到政治局势的动向，于是弹劾魏忠贤的奏疏接二连三地出现。朱由检一直不动声色，任由臣工们攻击魏忠贤的浪潮一波胜过一波，中间还得面对魏忠贤的哭诉。十月二十六日，海盐县贡生钱嘉征上疏，列举魏忠贤的十大罪状：一、并帝；二、蔑后；三、弄兵；四、无二祖列宗；五、克削藩封；六、无圣；七、滥爵；八、掩边政；九、伤民财；十、亵名器。

应当说，钱嘉征此疏并不是空洞的议论，十条罪名大都可以坐实。于是，朱由检立即开始行动，召魏忠贤，命令太监当着魏忠贤的面宣读钱嘉征的奏疏。魏忠贤“震恐伤魄”，立即去找他的赌友——原信王府太监徐应元，讨教对策。徐应元劝魏忠贤辞去爵位，也许可以保富贵。次日，魏忠贤请求引疾辞爵，得到朱由检的允许。

十一月一日，朱由检斥责徐应元，并再次将魏忠贤贬往中都凤阳祖陵司香。然而，魏忠贤是过惯了有权有势生活的人，出京的时候，竟然还带着卫兵 1000 人、大车四十余辆浩浩荡荡地向南而去。一个戴罪的宦官竟然如此跋扈，无疑刺激了朱由检敏感的神经。于是，崇祯接着下了一道谕旨，命锦衣卫旗校将魏忠贤缉拿回京。

十一月六日，在阜城县（今河北阜城）南关的旅舍中，亲兵散尽的魏忠贤孤零零地待在客栈中，听着旁边房间里一名书生的《桂枝儿》小曲。只听得“势去时衰，零落如飘草……似这般荒凉也，真个不如死”。魏忠贤在客栈中绕房疾走，最后自缢而亡。从此，树倒猢狲散，清算魏忠贤余党的行动也很快着手进行。

妄杀名将袁崇焕

袁崇焕字元素，号（或字）自如，广东承宣布政使司广州府东莞县石碣镇水南乡（今广东省东莞市）人。万历四十七年（1619）中进士。

天启二年（1622）正月，袁崇焕奉例入京朝觐，御史侯恂慧眼识英雄，荐袁崇焕为兵部职方主事，负责镇守山海关。袁崇焕刚到任所，便深夜单骑出关了解地形，回来后便称："予我军马钱谷，我一人足守此。"虽是口出狂言，但这番胆识和勇气，也着实让人佩服。不久，他便被升为山东按察司佥事、山海监军，成为驻防边疆的一员勇将。

在兵部尚书孙承宗的大力支持下，袁崇焕在辽东筑宁远城，恢复锦州、右屯等军事重镇，使明的边防从宁远向前推进了二百里，基本上收复了天启初年的失地，他又采取以辽土养辽人、以辽人守辽土的政策，鼓励百姓恢复生产，重建家园。还注意整肃军队，号令严明，大大提高了军队的战斗力。由于治边有方，天启三年，袁崇焕得升为兵备副使，不久又升为右参政。

天启六年（1626）正月，后金国主努尔哈赤率八旗健卒十三万前来围攻宁远（参见宁远之战）。袁崇焕刺血为书，誓师全军，表示誓与宁远城共存亡。在他的感染下。"将士咸请死效命"，同仇敌忾，士气高涨。袁崇焕令城外守军全部撤进宁远城，坚壁清野，又亲自杀牛宰马慰劳将士。他

还将全部库存的白银置于城上，传令，有能打退敌兵，不避艰险者，当即赏银一锭。如临阵退缩，立斩于军前。为了增强火力，袁崇焕令人将城中存有的仿西洋“红夷大炮”架上城头，一切准备就绪，严阵以待。

二十四日，后金军兵临宁远城下。袁崇焕胸有成竹，邀朝鲜使者同坐战楼观战。突然一声炮响，后金军开始攻城。只见八旗兵丁四处散开，满山蔽野而来。袁崇焕一声令下，城楼上火炮齐鸣，弓箭齐发，后金军死伤惨重，只好退军。次日，后金军重振士气，再次来攻，他们把裹着生牛皮的战车推到城墙根，准备凿城穿穴，袁崇焕立即亲率士兵挑石堵洞，又令城上大炮加强火力猛攻敌阵。后金军总帅努尔哈赤在营前指挥作战，忽被飞来的炮石击中，受伤坠马，血流不止。后金军见主帅受伤，匆匆收兵退去。在归途中，努尔哈赤病情加重，死于军中。

宁远一战，是努尔哈赤自二十五岁征战以来唯一的一次败绩。袁崇焕从此威名大振，后来清军也不得不承认“议战守，自崇焕始”。

宁远之战后，袁崇焕被升为辽东巡抚，关外防务，尽归袁崇焕筹划。为了休整军队，他一面派人假意与后金和谈，一面加紧整饬军队，修筑锦州、中左、大凌诸要塞，以防后金的突然袭击。天启七年五月，皇太极果然率军来攻锦州，将锦州团团围住（参见宁锦之战）。锦州守军一面坚持抵抗，一面飞报袁崇焕请援。袁崇焕识破皇太极围锦州的目的是欲诱自己出战，以便借袭宁远。他认为，“宁远不固，则山海必震，此天下安危所系”。于是坚守宁远不动，而派精骑四千绕到清军后面猛攻，致使清军两面受敌。同时又奏请朝廷调蓟镇、保定、昌平、宣府、大同各路守军趋山海关支援。皇太极攻锦州不成，便集中兵力进攻宁远。此时宁远守军已准备就绪，“红夷大炮”整整齐齐地排在城头，引弹待发。清军将领见宁远防守甚严，不易攻破，便劝皇太极不要攻城。皇太极怒斥道：“当初我父攻宁远不下，而如今我攻锦州不下，像这样的野战，如不取胜，如何能张

扬我国威！”说完便下令强攻宁远城。城上明军万炮齐发，矢石如雨。清军久攻不下，损伤惨重，最后只好退兵。皇太极终于还是像他父亲一样，败在袁崇焕的手下，无功而归。

“宁、锦大捷”全靠袁崇焕运筹帷幄，指挥有方。但在明廷论功行赏时，权阉魏忠贤却贪他人之功为己有，不仅自己封赏最厚，连他的爪牙也个个有奖，唯独对袁崇焕，不仅无封赏，反而诬他“不救锦州为暮气”。袁崇焕一怒之下，上疏乞休归乡。

熹宗崩，思宗即位，魏忠贤见诛。朝臣纷请召袁崇焕还朝。崇祯元年（1628）任命袁崇焕为兵部尚书兼右副都御史，督师蓟、辽，兼督登、莱、天津军务。

崇祯二年（1629），袁崇焕击退皇太极的渡河进攻，并向崇祯皇帝上疏说：“臣守宁远，寇被臣创，绝不敢侵犯臣界。只有遵化一路守戍单弱，宜于彼处设一团练总兵”。但没有得到崇祯皇帝的足够重视。当年十月，皇太极亲率八旗大军和蒙古骑兵，绕过袁崇焕的防区，就是关（山海关）宁（宁远）锦（锦州）防线，通过蒙古，突破长城，攻陷遵化，直逼北京。袁崇焕巡视到山海关时，得到了皇太极进攻北京的军报。他心焚胆裂，愤不顾死，急点九千兵马，“士不传餐，马不再秣”，就是行军途中兵不再吃饭，马不再喂草，日夜兼驰，赶在皇太极之前，到了北京广渠门外。并在广渠门外大败皇太极。

在北京广渠门和左安门两战之后，皇太极的八旗大军没有撤退，等待时机；袁崇焕也在休整兵马，准备再战。皇太极一面伺机向北京城发动更强大的进攻，一面使用“反间计”，离间明朝君臣。

《明史·袁崇焕传》中说：“会我大清设间，谓崇焕密有成约，令所获宦官知之，阴纵使去。其人奔告于帝，帝信之不疑。”王先谦《东华录·天聪三年》说得更为确切：明朝有两个太监被后金军俘虏去以后，被

关在金营里。有天晚上，一个姓杨的太监半夜醒来，听见两个看守他们的金兵在外面轻声地谈话。一个金兵说：“今天咱们临阵退兵，完全是皇上（指皇太极）的意思，你可知道？”另一个说：“你是怎么知道的？”一个又说：“刚才我就看到皇上一个人骑着马朝着明营走，明营里也有两个人骑马过来，跟皇上谈了好半天话才回去。听说那两人就是袁将军派来的，他已经跟皇上有密约，眼看大事就要成功啦……”姓杨的太监偷听了这番对话，趁看守他的金兵不注意，偷偷地逃了出来。他跑回皇宫，向崇祯帝报告，崇祯先是逮捕了袁崇焕，八个月之后以谋反罪处死了袁崇焕。皇太极的反间计漏洞百出，这八个月里如果崇祯皇帝仔细地查证，事情一定会大白于天下，但是袁崇焕还是被处死。这源于崇祯多疑的性格。

崇祯即位之初，明王朝内部被魏忠贤搞得一团混乱，派别林立，同时后金的军事力量不断骚扰明朝边境，甚至能长驱直下威胁北京。立志有所作为的崇祯帝不禁“临朝浩叹，慨然思得非常之材，而用匪其人，益以偾事”。对那些他抱有很大期望的大臣，他先是授以大权，而如果他对这些大臣失望，便切齿愤恨，必杀之而后快。因此崇祯皇帝在位 17 年，所杀的大臣不计其数，其中总督有 7 人，巡抚有 11 人。内阁重臣更频繁替换，先后用了近五十人。

崇祯一开始对袁崇焕是非常信任的。4 月他即位后，7 月他就召见袁崇焕，咨询平定辽东的方略：“你不远万里应召来京，忠心耿耿，义勇可嘉。希望你把平定辽东的方略，详详细细地禀奏上来。”袁崇焕回答道：“平定辽东的方略已经全部写进了奏章。臣受到陛下的宠爱，感激涕零，我请求能够得到皇上恩准，我受命在外的时候，可以根据辽东情况斟酌处理平辽大事。如果能够得到皇帝的恩准，臣冒昧地认为，我用 5 年时间就能够全部恢复辽东疆域。”崇祯皇帝非常满意袁崇焕的答复，对袁崇焕许诺说：“如果你能够恢复辽东故土，我不会吝惜封侯的奖赏，你对朕尽心

尽力，你的子孙也会因此受到奖赏！”袁崇焕出关时领有 480 万辽饷，其中米 180 万石，另发内帑 120 万、铠甲 40 万具，红夷大炮 10 门，其他弓箭军械无数。到任后，他立即加强防守，准备收复失地，安抚流亡平民。同时裁汰军队，试图练出一支精兵，并将蓟州精锐部队充实到辽东防线。实际上，此时的辽东边境上后金在军事力量上已经占据了优势，袁崇焕的许诺仅仅是为了安慰年轻的皇帝，但是崇祯皇帝却信以为真。

崇祯二年（1629）春，蒙古部族发生大饥荒，请求开放边境贸易，于是袁崇焕上奏要求开放市场，试图通过税收来资助军队，从而减轻朝廷的军饷负担，但崇祯皇帝发布诏书斥责说：“你与蒙古贸易，这不是明摆着拿物资资助贼寇吗？这怎么能容许？”袁崇焕对此不以为然：“关外市场贸易，只允许用米布交换柴草，违禁物品，依法严禁，而且他们保证不与贼寇（后金）相通。他们都说：‘家中空空如也，如果再不进行边境贸易，用什么来养家糊口呢？’他们愿意用妻子作为人质，断不敢诱导贼寇侵犯蓟辽。”但在后来的后金军队对北京城的围困中，为后金进攻北京带路的，恰恰就是这支袁崇焕在奏章中认同“断不敢诱奴入犯蓟辽”的蒙古部族。因此，虽然袁崇焕力解北京之围，崇祯皇帝也对袁崇焕进行了奖赏，但之前发生的毛文龙事件，加上这次后金军队的骚扰，使得崇祯皇帝内心深处对袁崇焕已有所不满。

毛文龙是明朝边境的地方军阀，他率部在皮岛（今椴岛）至长山列岛之间流动抗击后金，同时联络山东登州一线明军协同作战，遥相呼应，构成掎角之势，一度遏制了后金军的西进和南下。尽管如此，毛文龙的部队独处海岛，朝廷很难节制，毛文龙的部下官员也有贪污、冒认军饷的行径。由于毛文龙不听调遣，崇祯二年（1629）六月，袁崇焕以谈饷阅兵为名，将毛文龙诱骗至旅顺双岛的一处古庙中，将其拘捕，历数其“冒饷饰功”、“不受节制”等 12 条罪状，当众以尚方剑将其斩杀。毛文龙被杀后，

后金军队所受牵制大大减少，崇祯皇帝听到毛文龙被杀的消息“意殊骇，念既死，且方倚崇焕，乃优旨褒答。俄传谕暴文龙罪，以安崇焕心”。但他对袁崇焕“优旨褒答”，仅仅是在毛文龙被杀的既成事实无法改变的情况下的无奈之举。

崇祯皇帝处死袁崇焕还有一个原因，那就是袁崇焕与后金的和议。努尔哈赤死后，袁崇焕未经朝廷允许，私自派使者吊唁。后金皇太极趁机遣使回复，谋求议和。当时，尽管明朝军队屡战屡败，但基于天朝尊严，“诸将罔敢议战守”。虽然袁崇焕的和议战略上完全正确，而且崇祯皇帝起初也同意，但这种与皇太极关于和议的私下书信往来，让崇祯皇帝产生了怀疑。

于是崇祯二年（1629）十二月初一日，崇祯皇帝在北京紫禁城平台（紫禁城建极殿即今保和殿居中向后为云台门，其两旁向后为云台左门、云台右门，又名平台），召见袁崇焕，传谕是要“议军饷”。

袁崇焕来到北京城下。北京这时是九门戒严，城门禁闭。城上用绳子吊一个筐子下来，袁崇焕就坐在筐子里被提到城上。堂堂大明兵部尚书、蓟辽督师，居然不能从城门进去，要缒城而入。袁崇焕到了平台之后，崇祯皇帝严肃地坐在那里，没有议军饷，而是下令将袁崇焕逮捕。

崇祯三年（1630），袁崇焕被以“通虏谋叛”、“擅主和议”、“专戮大帅”、“市米盗资”等十大罪名“磔”死。袁崇焕服刑之惨情，令人毛骨悚然。

明史载：崇焕行经法场前，刽子手一刀一刀的割下其肉，沿途百姓极痛恨辽东鞑子，而更恨汉奸行径，于是有钱的捧钱场，富户们大把扔钱向刽子手行贿，竞价争买崇焕之肉“生”食之，没钱的捧人场，穷人们争相从刽子手手中抢来崇焕之肉生食之，一块肉往往又被争抢撕扯成数块，整个场面直比一场“人肉大拍卖”。至法场时，崇焕已气绝，骨肉无存，只余一头颅，崇祯皇帝命将其首传视九边（长城上的九个边防关口），以此

震慑边将，以禁效尤。

袁崇焕死时被当作可耻的卖国贼，但他死后，明朝“边事益无人，明亡征决矣”。袁崇焕死后 152 年，清朝乾隆皇帝正式公开为他平反。在《清高宗实录》第 1170 卷，乾隆四十七年（1782）十二月初四日留下了这样的记载：“昨披阅《明史》，袁崇焕督师蓟、辽，虽与我朝为难，但尚能忠于所事。彼时主昏政暗，不能罄其忱悃，以致身罹重辟，深可悯恻。

陕西出了个李闯王

李自成（1606—1645），原名鸿基，小字黄来儿，又字枣儿，世居陕西米脂李继迁寨。

李自成少年喜好枪马棍棒。其父死后他去了明朝负责传递朝廷公文的驿站当驿卒，负责照看马匹。

明朝末年的驿站制度有很多弊端，朱由检在崇祯元年（1628）驿站进行了改革，精简驿站。李自成因丢失公文被裁撤，失业回家，并欠了债。同年冬季，李自成因缴不起举人艾诏的欠债，被艾举人告到米脂县衙。县令晏子宾将他“械而游于市，将置至死”，后由亲友救出后，年底，杀死债主艾诏，接着，因妻子韩金儿和村上盖虎通奸，李自成又杀了妻子。两条人命在身，官府不能不问，吃官司不能不死，于是就同侄儿李过于 崇祯二年（1629）到甘肃甘州（今张掖市甘州区）投军。

当时，杨肇基任甘州总兵，王国任参将。李自成不久便被王国提升为军中的把总。同年在榆中（今甘肃兰州榆中县）因欠饷问题杀死参将王国和当地县令，发动兵变。

李自成起事后转战汉中，参加了王左挂的农民军。崇祯二年（1629）后金第一次入塞，北京震动，大将袁崇焕被皇帝凌迟处死。崇祯三年（1630）王佐挂被朝廷招降，李自成投奔张存孟，为队长。崇祯五年（1631）四月，张存孟在陕北战败，也降明。十月，洪承畴正式接任三边总督，逐渐剿灭陕西境内农民军。崇祯六年（1633），李自成率余部东渡黄河，在山西投奔了他的舅父“闯王”高迎祥，称“闯将”。同年，曹文诏率千余关宁军击败山西境内的农民军，高迎祥、李自成、张献忠等均逃到河南被曹文诏、左良玉等多路明军包围。

然而次年，后金军第二次入塞，曹文诏被调到大同抗金，被围农民军从王朴处突围。是年六月，新任五省总督陈奇瑜乃引军西向，约会陕西、郧阳、湖广、河南四巡抚围剿汉南农民军。高迎祥、张献忠、罗汝才、李自成等部见明军云集，误走兴安（今陕西省石泉以东的汉江流域）车箱峡。峡谷之中为古栈道，四面山势险峻，易入难出，唯一出口为明军所截，“马乏刍多死，弓矢皆脱”，情势危殆，李自成用顾君恩之计，贿赂陈奇瑜左右人士，向官兵诈降。此时陈奇瑜释放李自成等人，派五十多名安抚官将农民军遣送回籍，甫出栈道，李自成立刻杀安抚官复叛。

崇祯八年（1635），洪承畴任五省总督后围剿民军，民军退到河南洛阳一带。高迎祥、张献忠、老回回、罗汝才、革里眼、左金王、改世王、射塌天、横天王、混十万、过天星、九条龙、顺天王等十三家七十二营起义军在河南荥阳召开荥阳大会，李自成提出“分兵定向、四路攻战”方略。会后高迎祥、张献忠、李自成率部攻下南直隶凤阳，掘明皇室的祖坟，焚毁朱元璋曾经出家的“皇觉寺”，杀宦官六十多人，斩中都守将朱

国相。因争夺凤阳皇宫的俘虏小太监和鼓吹乐器，李自成与张献忠结怨，李自成分军西走甘肃。

崇祯九年（1636），高迎祥在安徽被新任五省总督卢象升击败包围在郧阳山区。同年四月后金建国改清，六月清军第三次入塞。卢象升调任宣大总督抗清。兵部侍郎王家桢继任五省总督，高迎祥等突围。高迎祥从子午谷进攻西安时兵败被新任陕西巡抚孙传庭所杀。高迎祥残部投奔李自成，李便被推为“闯王”，继续征战四川、甘肃、陕西一带。

崇祯十年（1637），杨嗣昌会兵10万，增饷280万，提出“四正六隅，十面张网”策略，限制农民军的流动性，各个击破，最后歼灭。此举在二年内颇见成效。张献忠兵败降明，李自成在渭南潼关南原遭遇洪承畴、孙传庭的埋伏被击溃，带着刘宗敏等残部17人躲到陕西东南的商洛山中。

崇祯十一年（1638）八月，清兵从青口山（今河北迁安市东北）、墙子岭（今北京密云东北）两路毁墙入关，发动了第四次入关作战。杨嗣昌为贯彻其“安内方可攘外”的战略，力主与清议和，但遭到宣大总督、勤王兵总指挥卢象升等人的激烈反对。崇祯和战不定，卢象升在河北巨鹿战死。清兵撤退后，孙传庭、洪承畴等人均被调往辽东防范清军，李自成在山中得以喘息。

崇祯十二年（1639），张献忠在谷城（位于湖北襄樊）再次反叛，李自成从商洛山中率数千人马杀出。

崇祯十三年（1640），李自成趁明军主力在四川追剿张献忠之际入河南，收留饥民，郑廉在《豫变纪略》载李自成大赈饥民的盛况：“向之朽贯红粟，贼乃藉之，以出示开仓而赈饥民。远近饥民荷锄而往，应之者如流水，日夜不绝，一呼百万，而其势燎原不可扑”。自此李自成军队发展到数万，提出“均田免赋”口号，即民歌之“迎闯王，不纳粮。”

崇祯十四年（1641）正月二十日，李自成攻克洛阳，杀福王朱常洵，

从后园弄出几头鹿，与福王的肉一起共煮，名为“福禄宴”，与将士们共享。称“奉天倡义文武大元帅”。

崇祯十六年（1643）正月，李自成在襄阳称“新顺王”，招抚流亡的贫苦农民，“给牛种，赈贫困，畜孳生，务农桑”，又“募民垦田，收其籽粒以饷军”。3 月，杀与之合军的农民领袖罗汝才。四月杀叛将袁时中。5 月张献忠克武昌建立“大西”政权。十月，李自成攻破潼关，杀死督师孙传庭，占领陕西全省。崇祯十七年（1644）一月，李自成在西安称帝，以李继迁为太祖，建国号“大顺”。

几度流产的南迁之议

所谓南迁，是把首都迁往南京，徐图恢复的应急方案。史家们都以为首先提出这一方案的是李明睿，其实不然，首先提出南迁之议的不是别人，正是朱由检自已。那是在周延儒督师之前，朱由检鉴于内外交困，曾与内阁首辅周延儒秘密商议“南迁”，并叮嘱他不得向外泄露。不知通过什么途径这一机密传到了懿安皇后（天启皇后张世）那里，懿安皇后对周后（崇祯皇后周氏）表示坚决反对之意，说这是周延儒误皇叔，宗庙陵寝在此，迁往何处？周后把这些话转告崇祯帝，引起崇祯帝大怒，立即追查向内宫透露消息的人，由于懿安皇后守口如瓶，查不出个所以然。崇祯帝对懿安皇后极为尊敬，视若母后，此事就这样不了了之。然而毕竟流露出

对于保住北京缺乏信心的内心秘密。

李自成在西安称帝后，集结 50 万大军誓师东征。消息传到北京后，震惊朝野，崇祯帝立即召集朝臣商议对策，期间有人再次提出南迁。

再次提及此事的是左中允李明睿。李明睿，江西南昌人，天启时进士，改翰林院庶吉士，后罢官回乡，由都察院左都御史立邦华、总督吕大器推荐，思宗把他由家乡召至京师，任职左中允。崇祯十七年（1644）正月初三日，崇祯在德政殿召见李明睿，询问“御寇急务”，李明睿请皇上屏去左右，趋近御案，与他展开一场关于南迁的密谈。李明睿说，贼军已经逼临京城，朝廷正值“危急存亡之秋”，唯一明智的选择，就是迁都南京。崇祯帝对李明睿说：“这件事关系重大，不要妄言。”接着又指天问道：“不知上天是什么意思？”

李明睿言道：“惟命不于常，善则得之，不善则失之。天命微密，全在人事，人定胜天。皇上此举，正合天心，差之毫厘，谬以千里，知几其神，况事势已至此极。讵可轻忽因循，一不速决，异日有噬脐之忧。当局者迷，旁观者清，皇上可内断之圣心，外度之时势，不可一刻迟延者也！”

崇祯说：“此事我已久欲行，因无人赞襄，故迟至今，汝意与朕合，但外边诸臣不从，奈何？”显然崇祯帝颇为心动。正如他向李明睿透露的那样，他有志于此久已，只是因为外朝大臣中无人赞襄，所以拖延至今。从他关切备至的询问细节这点推断，他是急于南迁的，在他看来，对于摆脱内外交困的危机，南迁不失为权宜之计，而且几乎是可供选择的唯一最佳方案。因为长江中游有左良玉号称几十万的大军，江淮一带又有江北四镇的军队，南京比北京要安全得多。然而，李明睿毕竟官小位卑，说话没有分量，而崇祯也不敢在放弃宗庙陵寝这样敏感的事情上独断专行，他迫切需要内阁六部有影响的大臣出来力排众议。但是内阁大臣中又有谁独具但是敢冒后人訾议的风险倡议南迁呢？没有，正月十九日上朝，他向阁部

大臣痛哭流涕的表示“朕愿督师以决一战，即身死沙场亦所不顾”时，大臣们只是争先恐后的愿意代帝出征，没有一人提出南迁。崇祯无可奈何地把南迁之事搁置下来。

都察御使李邦华是支持李明睿的，他写给皇帝的秘密奏疏，提出折中方案，派遣太子“南迁”，把南京作为陪都，留下一条退路，维系民众的希望。崇祯看了他的奏疏，赞叹不已，兴奋得绕着宫殿踱步，把奏折揉烂了还不放手。他在接见内阁首辅陈演时，指着李邦华的奏疏连声称赞：“宪臣言是！”陈演本来反对南迁，一听此言，出宫后向外透露皇上的意图，于是群臣争相议论南迁。

二月二十七日，思宗鉴于形势更加危急，在文华殿召见大臣议论战守事宜，李邦华、李明睿分别提到皇上南迁及太子监扶南京两个方案。李邦华意在南迁，恐怕朝论不合，便以太子监抚南京作为过渡方案。李明睿一如既往，力主皇上亲自南迁，不妨先以凤阳为行在，麾召齐鲁之师，二路夹进，实为中兴之策。然而响应者寥寥无几，李明睿见众人狐疑，愤然说：“《易》云：利用为依迁国。《尚书·盘庚》皆言迁事。唐以再迁而再复，宋以一迁而南渡，诸君何所毅而讳言迁乎？”在场的官员听到他的这番议论，错愕不敢应声，只有少詹事项煜发言，请求以太子监军往南京，与李邦华的建议相呼应。大臣对南迁之议讳莫如深，使原本倾向于南迁的思宗感受到舆论的无形压力，立场发生了微妙的变化。第二天他在平台召见内阁辅臣时，面带怒色地说：“宪臣（指左都御史李邦华）有密奏，劝朕南迁，卿等看详来！”阁臣们看了奏本后说：“昨东阁会议，有二臣亦主此论。”崇祯问：“二臣何人？”阁臣奏过姓名及各自主张后，崇祯做出了与他的本意大相径庭的决断：“祖宗辛苦百战，定鼎于此土，若贼至而去，朕平日何以责乡绅士民之城守者？何以谢先经失事诸臣之得罪者？且朕一人独去，如宗庙社稷何？如十二陵何？如京师百万生灵何？逆贼虽披猖，

朕以天地祖宗之灵，诸先生夹辅之力，或者不至于此。如事不可知，国君死社稷，义之正也。朕志决矣！”阁臣们希望太子去南京监军，崇祯反驳道：“朕经营天下几十年，尚不能济，哥儿孩子家，做得甚事？先生早讲战守之策，此外不必再言。”这几句话把南迁的两个方案全盘否定，表明了“国君死社稷”的决心。

至此南迁之议宣告流产。随后崇祯帝询问战守之策，众臣默然不语，崇祯帝叹息道：“朕非亡国之君，诸臣尽亡国之臣！”遂拂袖而去。

含恨吊死万寿山

崇祯十七年（1644）一月，李自成东征北京，二月初二在沙涡口造船三千，渡过黄河，攻下汾州（今汾阳）、阳城（今晋城市阳城县）、蒲州（今永济），隔日攻下怀庆（今河南焦作），杀卢江王载堙。初五日攻克太原，牛勇，王永魁等督兵五千人出战尽殁，初八日以守将张雄做内应，炮轰破城，蔡懋德自缢死。在太原休整八天。十六日，克忻州（今山西忻州），官民迎降，代州（今属忻州）守关总兵周遇吉凭城固守，双方大战十余日，周遇吉因兵少食尽，退守宁武关（今山西宁武境）。周遇吉悉力拒守，最后火药用尽，开门力战而死，全身矢集如猬毛，夫人刘氏率妇女二十余人登屋而射，全被烧死。三月初一日，李自成克宁武关，前后死将士七万余人，伤亡惨重，李自成下令屠城。当晚，大同总兵姜瓖投降，宣

府总兵王承胤降表亦到，又连下居庸关、昌平。三月初八日，兵至阳和。十一日，大顺军开进宣府，“举城哗然皆喜，结彩焚香以迎”。崇祯急调辽东总兵吴三桂、蓟辽总督王永吉、昌平总兵唐通、山东总兵刘泽清入卫京城，并号召在京勋戚官僚捐助饷银。

三月十五日（4 月 21 日）农民军抵达居庸关，监军太监杜之秩、总兵唐通不战而降，同时，刘芳亮率领南路军，东出固关后，真定太守邱茂华、游击谢素福出降，大学士李建泰在保定投降。李自成部开始包围北京，明王朝面临灭顶之灾。

三月十七日，李自成开始围攻京城。十八日晚，崇祯帝朱由检与贴身太监王承恩登上煤山（也称万寿山，今北京景山），远望着城外和彰义门一带的连天烽火，只是哀声长叹，徘徊无语。李自成军攻入北京。太监王廉急告皇帝，朱由检在宫中饮酒长叹：“苦我民尔！”太监张殷劝皇帝投降，被一剑刺死。朱由检命人分送太子、永王、定王到勋戚周奎、田弘遇家。回宫后写下诏书，命成国公朱纯臣统领诸军和辅助太子朱慈烺。又命周皇后、袁贵妃和 3 个儿子入宫，简单叮嘱了儿子们几句，命太监将他们分别送往外戚家避藏。他又哭着对周皇后说：“你是国母，理应殉国。”周皇后也哭着说：“妾跟从你 18 年，陛下没有听过妾一句话，以致有今日。现在陛下命妾死，妾怎敢不死？”说完解带自缢而亡。朱由检转身对袁贵妃说：“你也随皇后去吧！”袁贵妃哭着拜别，也自缢。朱由检又招来 15 岁的长平公主，流着泪说：“你为什么要降生到帝王家来啊！”说完左袖遮脸，右手拔出刀来砍中了她的左臂，接着又砍伤她的右肩，她昏死了过去。同时也挥剑刺死了自己年仅六岁的小女儿——昭仁公主。

朱由检又砍死了妃嫔数人，并命令左右去催懿安张皇后自尽。懿安张皇后隔帘对朱由检拜了几拜，自缢身亡。十九日凌晨，李自成起义军从彰

义门杀入北京城。然后朱由检手执三眼枪与数十名太监骑马出东华门，被乱箭所阻，再跑到齐化门（朝阳门），成国公朱纯臣闭门不纳，后转向安定门，此地守军已经星散，大门深锁，太监以利斧亦无法劈开。三月十九日拂晓，大火四起，重返皇宫，城外已经是火光映天。此时天色将明，朱由检在前殿鸣钟召集百官，却无一人前来，朱由检说："诸臣误朕也，国君死社稷，二百七十七年之天下，一旦弃之，皆为奸臣所误，以至于此。"最后在景山歪脖树上自缢身亡，死时光着左脚，右脚穿着一只红鞋。时年33岁。身边仅有提督太监王承恩陪同。

上吊前，崇祯于蓝色袍服上大书：

"朕自登基十七年，虽朕薄德匪躬，上干天怒，然皆诸臣误朕，致逆贼直逼京师。朕死，无面目见祖宗于地下，自去冠冕，以发覆面。任贼分裂朕尸，勿伤百姓一人。"

至此，统治中国276年的大明王朝宣告覆灭。

李自成进入皇宫之后，不知崇祯皇帝已死，在宫中搜查，也没有找到，很着急。其部下讲，崇祯皇帝一定藏匿民间，不出重赏和重罚不可能找到。于是下令，交出崇祯皇帝者赏万两黄金，封为伯爵；有胆敢藏匿不报者祸灭其族。后来，才发现崇祯已吊死在万寿山。李自成下令将崇祯的尸体连同自缢在宫中的周皇后的尸体一起送往昌平，葬到田贵妃的墓中。田贵妃是崇祯皇帝最宠爱的妃子，死于1642年7月，其墓是崇祯皇帝专门为她建造的，规模很大，颇为讲究。崇祯皇带万没想到，他死后竟也葬在这里。主持崇祯尸体下葬的是昌平州吏赵一桂。据他记载，田贵妃墓的地宫隧道长十三丈五尺，宽一丈，深三丈五尺。地宫分为前后两层，各有考究的石门。第一层是享殿，共三间。殿内陈设各种祭器，正中是石香案，两旁排列着用五色绸缎制作的侍从宫人，殿内还有几个大红箱，箱内存放着田贵妃生前使用的器物衣服等。中间挂两盏"万年灯"。第二层石门内是安放棺椁的大殿，共九间。内有石床，高一尺五寸，阔一丈，上面安放着贵妃的棺椁。 崇祯皇帝和周皇后的棺材运到昌平之后，先停放在祭棚之内，棚内陈设了猪、羊、金银纸扎等祭品。赵一桂和大家一起举哀祭奠，然后，由赵一桂领着夫役进入地宫，将田贵妲的棺椁从石床正中移放到右边，再将周皇后的棺材放到石床左边。最后把崇祯皇帝的棺材安放到石床正中。赵一桂又让人将田贵妃的椁取下，放到崇祯皇帝的棺上，然后点起“万年灯”。关闭石门，结束了安葬活动。崇祯皇帝生前尚没建造陵墓，这是因为，他认为天寿山陵区已无现想的古地，他想建陵于马兰峪，就是后来成为清东陵的地方，但即位后，国事繁乱，尚没付诸实施。所以，死后只好入田妃墓。田妃墓当时尚没建地上享殿，清军入关之后，为笼络人心，下令以帝后礼重新为，崇祯帝后安葬，并改田妲墓为思陵，还冒造了园寝建筑。于是，田妲墓升格为帝陵，成为明十三陵的最后一陵。